やさしく学ぶ保育の心理学

第2版

浜崎隆司
Takashi Hamazaki
田村隆宏
Takahiro Tamura
湯地宏樹
Hiroki Yuji
編

ナカニシヤ出版

まえがき

本書は，保育士や幼稚園教諭になることを目指している学生さんが，本当に大切な最小限の保育に関わる心理学の知識を身につけていくことを目的としております。保育や心理学の基礎知識がなくても十分理解できるようにあえてやさしく丁寧に書くように心がけていますので，幼い子どもを持つお母さんが読んでも役立つような内容構成にしています。

さて，子どもって何でしょうか？ 「子どもはかわいいもの」「子どもは守ってあげるもの」「子どもは大人と違った感性を持っている」「子どもには無限の可能性がある」など様々な見方があります。ですから保育者の持つ子ども観は，子どもへの関わりに大きな影響を与えます。私は，フランスのジャン・ジャック・ルソーの「子どもは子どもでなければならない，子どもには特有のものの見方，考え方・感じ方がある」という言葉が一番好きです。子どもを価値ある存在として認めていますね。子どもに対する考え方は様々ですが，本書では，子どもは庇護《ひご》され，守られるべき存在であるとともに，子どもであってもちゃんと自分の意思を持った存在であることを前提に各執筆者がそれぞれの章を担当しています。

近年，少子化や核家族化，情報化の影響により，子どもたちを取り巻く環境においても，人間関係の希薄化が様々な問題を生み出しています。特に，人間関係を形成する力の低下など，子どもの心が弱ってきているといわれています。それは，保育者や保護者など子どもと接する一人ひとりの関わり方が子どもに与える影響がより大きくなってきていると考えることもできます。選択理論心理学の提唱者ウィリアム・グラッサーは，相手とあたたかい関係をつくる７つの習慣，１耳を傾ける，２励ます，３尊敬する，４受け入れる，５違いを交渉する，６信頼する，７支援することを主張しています。逆に，相手との関係を致命的にする７つの習慣についても，１文句を言う，２脅す，３責める，４罰する，５批判する，６褒美で釣る，７ガミガミ言う，を挙げています。相手とあたたかい関係をつくる７つの習慣を使うと保育者と子どもの信頼関係が築かれ，子どもの自己肯定感が高くなります。自己肯定感とは，自分の欠点や短所も含めて，ありのままの自分を好きになり，自分を大切な存在であると思えるという思いです。ですから，自己肯定感には，自分のことを大切に思ってくれる，自分をありのままに受け入れてくれる他者が必要なのです。その他者の一人が，保育者です。保育とは身体の成長とともに心の成長を促す支援ともいえます。私はこの自己肯定感を乳幼児期に確立することが心の成長にとってもっとも大切なことだと思います。

平成30年度実施の保育所保育指針改定の主旨に則って保育士養成課程における教科とその目標および教授内容等が通知されました。これまでの保育の心理学ⅠおよびⅡは，「保育の心理学」「子ども家庭支援の心理学」「子どもの理解と援助」に再編成されました。本書は，初版『やさしく学ぶ保育の心理学Ⅰ・Ⅱ』の内容に加筆・修正を行い，「指定保育士養成施設の指定及び運営の基準について」の一部改正に基づいて，「保育の心理学」に焦点を当てた改訂版『やさしく学ぶ保育の心理学』として新たに刊行するものです。保育に関わる発達心理学や教育心理学の基本的知識を身につけた上で，発達支援，保育実践の内容が理解できるように構成しています。机上の理論的な基礎知識だけでなく，今の保育の現状はどうなっているのか，何が大きな問題となっているのかなど，現職の先生から保育実践ではどのような保育や支援が行われているのかについて報告・解説してもらい，リアルな保育現場も理解してもらえるようにしています。例えば，子ども同士のけんか，遊びに入っていけない子，保護者とのトラブル，自分の気持ちを出せない子など，様々な問題に先生はどのように対応し保育や支援を行っているかわかります。また，この本を最後まで読んでいけば，保育に関わる心理学の理論的な基礎知識が保育実践と結びついていることがわかることでしょう。

最後になりましたが，鳴門教育大学大学院生の楢林衿子さんには，本書の作成にあたり細かい校正の作業にご協力いただきました。また，ナカニシヤ出版編集部の山本あかねさんには，心理学の学会会場でいつも笑顔で私の本書へのこだわりやコンセプトを真摯に聞いていただきました。おかげで納得のいく本が出版できました。

ここにご協力いただきました皆様に厚く感謝申し上げます。

2020年　1月　浜崎隆司

目　次

第Ⅲ部　子どもの学びと保育

コラム

I　発達をとらえる視点

1

子ども観と発達理論

1．子ども観と発達

（1）子どもとは何だろう―子ども観―

子ども観とは，子どもをどうとらえるか，子どもについてどのような考えを持っているか，ということです。「子どもはかわいいもの」「子どもは守ってあげるもの」「子どもは大人と違った感性を持っている」「子どもには無限の可能性がある」など様々な見方があります。ですから保育者としての子ども観は，子どもへの関わりに大きな影響を与えます。

中世以前のヨーロッパでは，子どもは大人の未熟な存在であり，大人に混じって活動する小さい人，一家の労働力にすぎないというように見られていました。そもそも子ども観という概念が存在しなかったというのが，あたっているかもしれません。

最初に子ども観について述べたのは，18世紀のフランスで活躍した哲学者，ジャン・ジャック・ルソー（Rousseau, J. -J.）です。「子どもは子どもでなければならない，子どもには特有のものの見方，考え方・感じ方がある」と述べて，子どもを価値ある存在として認めました。

子どもに対する考え方は様々ですが，子どもは庇《ひ》護《ご》され，守られるべき存在であるとともに，子どもであってもちゃんと自分の意思を持った存在であることを理解することが大切です。

（2）子どもの発達とは

保育とは養護と教育が一つになって行われるという考え方が一般的です。相手は幼い子どもですから，まず保護するところから始まります。その上で，子どもへの教育も行っていかなくてはなりません。そのためには，子どもの発達についての知識を深めることが大切です。

では，発達するとはどういうことでしょうか？　わかりやすくいうと，受精から死にいたるまでの心や体の変化です。人の発達は一生続きますから，成熟と学び（学習）の連続ということもできます。成熟とは人が生まれつき持っている特性が徐々に芽生えていくようなもので，遺伝による影響が大きいといえます。例えば，生後1年くらいでほとんどの子どもは歩き始め，言葉もこの頃

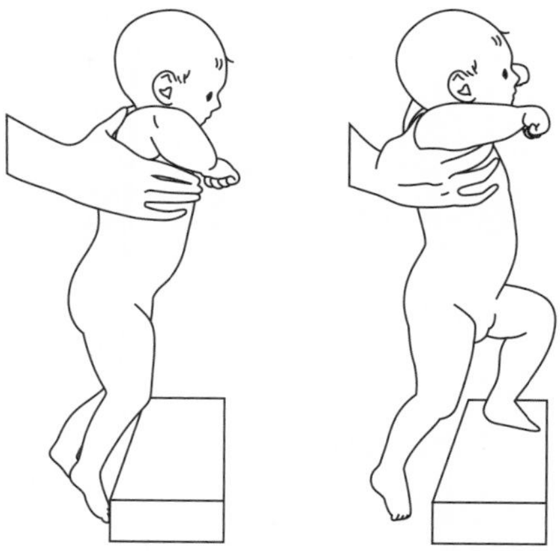

図1－1　赤ちゃんの歩行反射

から発するようになります。10歳くらいから，男女で外見の違いが目立つようになり，男の子は男の子らしく，女の子は女の子らしくといった性的な成熟が見られるようになります。アメリカの心理学者で小児科医ゲゼル（Gesell, A., 1941）は，多くの特性にはそれが現れるための**レディネス**（準備状態）があり，持って生まれた才能や能力には，遺伝的な要因の影響が大きく，その才能が発芽する時期が決まっているというのです。

レディネス
　子どもの心身が発達し，学習する際の基礎条件となる一定の知識・経験・身体などが子ども側に整っている状態。特に子どもの教育に関して用いられる。

　一方で，人の発達には生まれてからの環境や学びが影響するという考え方もあります。例えば，17世紀イングランドの経験主義哲学者のジョン・ロック（Locke, J.）は，「生まれたばかりの赤ん坊は白紙の状態でみな同じ条件であり，その後の環境の違いが人をつくる」というように生まれた後の環境の影響について述べています。例えば，道徳心や思いやりの心は誰かに教えてもらわない限り身につくことはありませんね。

　これまで，発達に影響するのは遺伝（成熟）か環境（学び）かという論争もありましたが，現在では遺伝も環境も発達に影響するという考え方が一般的です（第Ⅱ部第6章，pp.77－79参照）。

　発達と聞くと何か，新しいものが芽生えてくるイメージが強いですが，衰えていくものや失われていくものも含まれます。例えば，生まれたばかりの赤ちゃんのわきを支えて足を床につけるようにしてあげると，足を交互左右に前に出して歩くようなしぐさを見せる歩行反射（図1－1）という動きが見られます。ですがこの歩行反射は半年くらいで見られなくなります。このように発達には，一度出てきたものが消えていくということもあります。また，人生後半になると，覚えたものが思い出せないとか，視力や聴力，運動能力の衰えなど失われていくものもあります。このように，発達とは獲得したり失ったりすることの連続なのです。

2．発達についての理論

発達については，様々な考え方がありますが，代表的な4つの発達理論について紹介します。

（1）フロイトの性的発達段階説

フロイト（Freud, S., 1905）は，**リビドー**という性的エネルギーの満足の程度がそれぞれの発達段階でいろいろな形で現れ，満たされていくことを主張しています。それぞれの発達段階でリビドーが満足されるかどうかが，発達のカギになるというのです。ですので，いずれかの段階においてリビドーが十分に満たされないと，子どもは次の段階へ進むことができず，大人になっても満たされなかった段階に影響される独自の未熟な人格が現れると説明するのです。

リビドー
精神分析の用語。フロイトによれば，もともと性本能を発現させるエネルギーで，性的快感を求める性質を持つものであるが，様々の欲求に変換可能な心的エネルギーでもある。

①口唇期（0歳～1歳半）

口唇《こうしん》とは唇《くちびる》のことです。この時期は，母親のお乳を吸うこと，すなわち唇の役割に大きな意味があります。母親のお乳を吸って栄養を補給するのですが，その時に乳首を吸うことで一種の性的満足を得ているのです。その何ともいえない心地の良さによって，リビドーが満たされます。リビドーの満足こそが，次の段階にスムーズに移る大切な条件になります。

②肛門期（2歳～3歳）

肛門《こうもん》期という言葉に抵抗を覚えるかもしれませんが，文字通りウンチをする行為と関連があります。ウンチをする時に快感を得たり，ウンチすることを我慢することで快感を得られます。それはまた親と自分を関係づけるものでもあります。つまりこの時期のキーワードは「しつけ」です。トイレのしつけが厳しすぎると，排泄することがいけないことと思われ，快感が得られないことになります。トイレのしつけだけでなく，親にあれこれと教え込まれる時期なので，厳しくしつけられるとリビドーは満足されず，出したいのに出してしまうことがいけないという考え方が残ります。

③男根期（4歳～5歳）

性器にリビドーが集まるこの時期は，男女の違いに関心が向きます。「自分の体にペニスがあるのに，女の子にないのはなぜだろう」というように，子どもなりに感じるようになります。この時期は，異性の親を愛して，同性の親をライバル競争相手として憎むこともあります。これは，**エディプス・コンプレックス**といわれます。性器やセックスに関心を向けることをいけないこととして厳しくしつけると，成長してから異性関係で悩むなどの影響が出る場合もあります。

エディプス・コンプレックス
フロイトによる精神分析の概念の一つで，エディプス葛藤ともいう。3歳から5歳くらいの子どもが異性の親に対して愛情を感じ，同性の親にライバル心を感じる状態をいう。

④潜伏期（6歳～11歳）

性の欲求は表に出ることもなく隠れたままで，社会のルールや知識などの学習や知的活動にエネルギーが注がれます。性への関心は穏やかな時期といえます。

⑤性器期（12歳以降）

大人の性や愛が芽生えます。幼児期の自己中心的な愛から，愛する人のために自分を犠牲にするといった最終的な性の形へと変化します。

（2）エリクソンの心理社会的発達理論

エリクソン（Erikson, E. H., 1959）の発達理論は心理社会的発達理論といわれています。人生を8段階に区分して，それぞれに望ましい発達の課題と心理社会的危機（psychosocial crisis），大切な人間関係が設定されています（表1－1）。それぞれの発達の段階には宿題があるようなものです。そこでの発達の課題の成功や失敗は，次の段階の達成に大きく影響を与え，また，各課題において，できるだけより多くの成功体験を持つことが大切であると強調されています。

①乳児期（基本的信頼　対　不信）

何かを信頼するという感覚は，唇でお乳を吸う時に得られるといいます。お腹がすいたら，だれかがお乳をくれて，お腹が満たされ，心も満たされます。

表1－1　エリクソンの社会心理的発達の全段階（Erikson, 1959）

発達段階	年　齢	心理社会的危機	結　果
乳児期	誕生から 1歳半まで	基本的信頼　対　不信	（＋）他者と環境からの支持による信頼の感情の醸成。
			（－）他者に対する恐怖と不安。
幼児前期	1歳半から 3歳まで	自律性　対　羞恥，疑惑	（＋）自己の能力に対する自信の感情。
			（－）自己の能力に対する疑い，恥の感情，独立性の欠如。
幼児後期	3歳から 6歳まで	自発性　対　罪悪感	（＋）行為を自主的に始発させる方法を発見。
			（－）自分の行為が両親などの持つ規範と衝突する場合には罪悪感を持つ。
児童期	6歳から 12歳まで	勤勉性　対　劣等感	（＋）自己の社会的・教育的教育に関する自信の発達。
			（－）達成感の欠如。同年齢の友達との比較の結果。劣等感を持つ。
青年期	12歳から 20歳まで	自我同一性　対　同一性拡散	（＋）自己のユニークさと，果たすべき役割の理解。基本的な社会的・職業的アイデンティティの確立。
			（－）自分の人生における適切な役割に対する無理解と混乱。
成人初期	20歳から 40歳まで	親密性　対　孤独	（＋）愛情関係，性的関係，親友関係など他人との心理的きずなの形成。
			（－）他人と心理的関係を持つことに対して恐怖を感じ，孤独感をいだく。
成人後期	40歳から 65歳まで	生産性　対　停滞	（＋）社会に対する貢献感，仕事の充実と家族の養育。
			（－）自分の行動をつまらないものと考える。不活発で自己中心的。
成熟期･老年期 （円熟期）	65歳以上	自我の統合　対　絶望	（＋）自分の人生の到達点に対する統合的な理解と充足感。
			（－）失われた時と機会に対する悔悟の念。不満と死の予期による絶望感。

授乳は，栄養を補給するという意味ばかりでなく，後の人格の発達の基礎となるというのです。ですから，この時期に子どもが，「人は信じてもいいんだよね」というような信頼感が得られるかどうかは乳児期の課題で，そこでの信頼感の獲得の可否がその後の人生における人間関係に影響を及ぼします。

②幼児前期　(自律性　対　羞恥，疑惑)

この時期になると，幼児は，全身の筋肉が発達してきて，自分で立って歩けるようになり，トイレにも一人で行けるようになります。発達課題としては，排泄《はいせつ》のコントロールを通じて自律性を身につけることができるかどうかが重要となってきます。うまく排泄ができれば親にほめられ，失敗すると恥ずかしい思いを子どもは体験します。

③幼児後期（自発性　対　罪悪感）

この時期は，身の回りの世界に強い関心を持ち，自分を主張していく積極性と，そういうことをするといけないのではないかという罪悪感が発達の焦点となります。これらの発達の方向によって，積極性に富む子どもになったり，罪悪感の強い子どもになったりすることもあります。

④児童期（勤勉性　対　劣等感）

小学校に通うようになると，子どもは学校でたくさんの知識や技能を身につけます。この時同年齢の友達と自分を比較することで，劣等感が生まれることもあります。勉強して，成果があると，物事を完成させる力とその喜びを感じ，先生や親や周囲の友達から認められ，自分の能力を確信し，自分自身を価値あるものとして見るようになります。この時期に仲のいい友達をつくることも重要です。学校での集団活動は，子どもの社会で生きていく力を養うのです。

⑤青年期（自我同一性　対　同一性拡散）

青年期では性的な関心が一段と高まります。これに基づいて自分らしさの概念ができあがってきます。自分の体の変化と社会で生きていく上での様々な悩みや不安が生じます。この時期には，自分がどんな人間なのか，**自我同一性**（ego identity）を確立することが課題となります。これに失敗すると自分の人生にふさわしい役割を見失い混乱が起こって**同一性拡散**（identity diffusion）が生じます。人格が統一されず，社会にうまく溶け込めなくなってしまうのです。青年期には，人は試行錯誤しながら，やがて自分の生き方，価値観，人生観，職業を決定し，社会の中での自分の居場所を見つけなければならないのです。

自我同一性

「自分とは何か」「これからどう生きていくのか」といった問いに対して自分自身の経験を通して，自分が，時間や場面が変わっても，同じ意見を持ち，同じ行動を取ることができる人間であると実感すること。

同一性拡散

「自分が何者なのか，何をしたいのかわからない」というように，自我同一性が達成されず，自分の存在意義や価値を感じることができない状態をいう。

⑥成人初期（親密性　対　孤独）

この時期の発達課題は，他者との親密さといわれています。例えば，恋人との親密な関係を意味します。性というものを通じて，身も心も一体感を抱くような，大人の愛を体験することです。そこでは，自分と異なる肉体を持つ相手とお互いに関わっていくということの大切さがわかります。これに失敗すると，孤独が待っています。

⑦成人後期（生産性　対　停滞）

この時期の発達課題は，生産性です。生産性とは，次の世代を育てていくことに関心を持つということです。結婚して子どもを育てることだけでなく，社会的な業績や知的，芸術的な創造もこの中に含まれます。自分自身にしか関心が持てず，自分だけの世界に閉じこもってしまうと，人格の発達がとまってしまい，以後の発達が難しくなります。

⑧成熟期・老年期（円熟期）（自我の統合　対　絶望）

成熟期は，人生を完結する重要な時期ですので，今までの自分のライフワークや生活を総合的に評価し，「自分の人生はよかったな」とまとめることが大切です。うまく自分を評価できれば，心が満たされ，人間的な円熟や平安の感覚が得られます。しかし，この課題に失敗すると，後悔や挫折感を経験することになります。

（3）ピアジェの認知発達理論

スイスの心理学者のピアジェ（Piaget, J., 1936）は，子どもを細かく観察したり，多くの独自の実験や調査を行うことにより，子どものものの見方や考え方（認知機能）についての発達理論を唱えました。ピアジェによると，認知機能は，子どもと子どもを取り巻く環境の相互作用の中でつくられるとされています。認知機能の枠組を**シェマ**と呼びます。

シェマ
スキーマとも呼ばれ，「図式」とか「枠組」の意味である。人が，自己を含む世界を認識する際に利用しているとされる認知的枠組を指す。

例えば，赤ちゃんはお母さんの乳首に口が触れると乳首に吸い付いてお乳を飲みます。この場合，口に触れるものを吸うと，お腹が満たされるというシェマができます。その後，お腹がすいたら乳首に口が触れるというパターンが身につきます。これを**同化**といいます。つまり，口に触れるものを吸うとお腹が満たされるという簡単なルールが身につくわけです。すると毛布が口にふれても吸うという行為が見られます。でもお腹は満たされませんので，口で吸ってもお腹は満たされないこともあることを知ると，それまでの「口で吸ったらお腹が満たされる」というシェマを変えなければなりません。それを**調節**と呼ぶのです。すなわち，今までのやり方でうまくいかない時，赤ちゃんであってもこれまでのやり方を変え，もっとうまくいくシェマを取り入れるのです。この変化の過程を発達と考えます（第II部第3章，p.45参照）。

（4）スキャモンの発育曲線

図1－2はスキャモン（Scammon, R. E., 1930）の発育曲線といわれるものです。この図では，20歳のところがすべて100％になっています。つまり20歳を身体的に成人とみなし，その時期の値を100として各発達期の相対的な値を示しています。

まず，神経型の発達について見てみましょう。大脳や神経の発達に関する神経系統は，早い時期に発達し，5歳ごろまでに80％の成長を遂げ，12歳でほぼ100％になります。神経系は，一度その道筋が完成するとなかなか消えませ

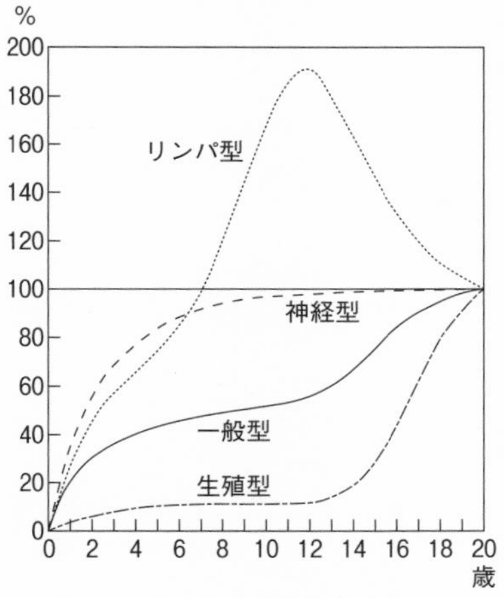

図１－２　スキャモンの発育曲線
(Scammon, 1930)

ん。例えば，幼い時に英語を覚えると，何年間も英語を話さなくても，外国に旅をすると流暢《りゅうちょう》に英語が口から溢《あふ》れてくるということがあります。５歳くらいまでに神経系の基礎ができますから，その時期に，物を見たり聞いたり触ったり，遊びでしっかり体を動かしたりすることなどで，神経回路に刺激を与え，神経系の発達を促すことが重要です。

一般型は，身長･体重や肝臓，腎臓などの胸やお腹の臓器の発育を示します。乳幼児期まで急速に発達し，その後は次第に穏やかになり，思春期ごろから再び急激に発達します。男女の見かけの違いがはっきりしてきて成人の体つきに発達していきます。

リンパ型は，扁桃，リンパ節などのリンパ組織の発達です。生後から12～13歳にかけて急激に成長し，大人のレベルを超えますが，思春期を過ぎると大人のレベルに戻ります。

生殖型は男児の陰茎《いんけい》・睾丸《こうがん》，女児の卵巣・子宮などの発育です。小学校までは，成長はゆるやかですが，思春期あたりから急に発達します。男性ホルモンや女性ホルモンなどの性ホルモンの分泌も多くなります。

コラム１
添い寝っていいの？

日本とアメリカでは，「添い寝」(co-sleeping)の意味が少し異なります。日本では，親子が同じベッドや布団で寝ることだととらえられています。子どもが幼い間は一つの布団で寝ることが多いようですが，子どもが成長して窮屈になってくると，布団をつなげて広いスペースをつくり，添い寝を続けたりもするようです。一方，アメリカでは，親子が同じベッドで寝ることだけでなく，親の寝室にベビーベッドを置き，寝かせることも「添い寝」に含まれています。ただ，赤ちゃんが日常的に親と同じベッドに寝かされることはほとんどなく，親の寝室に置かれたベビーベッドに寝かされるか，早いうちに子ども部屋に移され一人寝が始まります。

「添い寝」の意味が両国で異なるのには，子ども観や親が望ましいと思う子どもの性質の違いが背景にあると思われます。かつて日本では，「７歳までは神のうち」というように，子どもの本性は善であるととらえられていました。ほとんどの赤ちゃんは泣くとすぐにあやされ，求めるままに授乳されました。そして，望ましいのは従順できまりに従い，行儀がよいなど，集団生活に適した性質を持った子どもであるとされています。一方，アメリカでは，子どもは潜在的に悪であるととらえられていました。そのため，赤ちゃんが空腹や排泄後の不快感などで泣いた時，すぐにあやして要求を満たすことは甘やかしであり，わがままを増長させると考えられていました。1960年代には，親が規則的に休めるように授乳や睡眠のスケジュールを決めておくべきであると考えられ，赤ちゃんは泣いても放置しておかれることが一般的だったようです。そして，望ましいのは自立心や自分自身を支える力を持った子どもであるとされています。

子どもの就寝形態についての考え方も大きく異なります。アメリカの子どもが早くから子ども部屋で一人寝を始めることについて，日本では，夜，小さな子に自立を押し付けるのは酷であるととらえる傾向にあります。家族と一緒に寝ることで乳児は相互依存的な関係を築くようになるとする報告もあり，それをよしとする日本では，たとえ部屋数があっても，家族がかたまって寝る傾向にあるということです。日本で添い寝が主流である理由には，家の狭さだけでなく，親子のコミュニケーションを重視する考え方もあるようです。一方，アメリカでは，子どもの自立性や自分自身を支える力を育てるためには一人寝をさせることが重要であり，夜別々に寝ることで赤ちゃんが親に依存する度合いを小さくできると考えられているようです。最近では，アメリカでも赤ちゃんの心理面から親子のスキンシップが奨励されていますが，添い寝については，親の睡眠不足やプライバシーの侵害などが問題点として挙げられるなど，まだまだ否定的なイメージが強いようです。

このように，日米における子ども観の違いや，子どもに求める性質の違いが両国の「添い寝」の意味および就寝形態の違いに結びついているのでしょう。

2

子どもの発達を理解する

この章では，子どもの育ちを支えるために，子どもの発達を理解する方法について学び，一人ひとりの発達過程に応じた保育について考えていきます。

乳幼児期の保育は，生涯にわたる人格形成の基礎，生きる力の基礎を培うために重要です。乳幼児期の子どもは，心身の発達が著しく，一人ひとりの子どもの育ちを保障するためには，子どもの発達について理解し，発達過程や個人差に配慮して保育することが大切です。医師が患者の病気を治療する時，X線写真を撮ったり，血液や尿を調べたり，問診をしたり，カルテを書いたり，カンファレンスをしたりするように，プロの保育者としても保育の専門知識や技術に基づいて子どもを理解することが必要です。

1．子ども理解における発達の把握

（1）見ることによって理解する

よく見ることによって子どもを理解する方法として観察法があります。観察法は，現実のありのままの行動をとらえることができるというメリットがあります。ただし観察する人によって，行動のとらえ方や感じ方が違ったり，表面的な把握におちいりやすかったりする点に注意する必要があります。

観察法には，①そこで自然に起こることを観察する**自然的観察法**，②調査の目的にしたがって意図的に場面を設定し，そこで起こる行動を観察する**実験的観察法**，③保育に参加し，子どもと関わりながら観察する**参加的観察法**，④あらかじめ観察する時間や場所などのポイントを決めて観察する**組織的観察法**などの種類があります。できるだけ観察する日数や回数を多くして，子どもの行動や場面を具体的に記録していきます。ビデオカメラやICレコーダーなどもあわせて使用すると記録に役立ちます。具体的とは，いわゆる５Ｗ２Ｈを心がけて記録するとよいでしょう。

①いつ遊んでいるのか（When）
②どこで遊んでいるのか（Where）
③だれが遊んでいるのか（Who）
④なにをして遊んでいるのか（What）

組織的観察法
組織的観察法には，時間見本法，場面見本法などがある。時間見本法は，観察する時間帯や観察する時間の長さを決めておく方法である。場面見本法は，例えば「砂場」など場面を決めて，そこでどんな行動が見られるかを観察する方法である。

⑤どんなきっかけで遊んでいるのか（Why）
⑥どんな方法で遊んでいるのか（How）
⑦どのくらいの時間遊んでいるのか（How long）

（2）聞くことによって理解する

よく聞くことによって子どもを理解する方法に質問紙法と面接法があります。

質問紙法とは，用紙に書かれたいくつかの質問項目に回答してもらう方法です。アンケートということもあります。質問紙法は，一度にたくさんの対象者に調査できるというメリットがあります。家庭での子どもの生活や行動，園に対する評価や行事に対する感想や意見などを保護者に聞くこともあります。

質問形式には，①はい（○）か，いいえ（×）を選ぶ**二分式**（図２−１の問１），②いくつかの項目の中からあてはまるものを選ぶ**選択式**（問２），③「満足している」「やや満足している」「やや不満である」「不満である」など，どのくらいあてはまるかの程度を選ぶ**評定尺度法**（問３），④自由に回答を記入する**自由記述式**（問４）などがあります。

面接法は，会話によるコミュニケーションによって情報を収集する方法です。そのため，対象となっている人の心を詳しく知ることができるというメリットがあります。面接者は，相手の不安を取り除き，安心して面接にのぞめるように**ラポール**を形成することが必要です。面接法は，臨床的面接法と調査的面接法に大別されます（図２−２）。

ラポール
ラポール（rapport）とは，心が通じ合い，互いに信頼しあっている状態を意味する。

臨床的面接法は，相談する人の心理的な問題の解決に援助を与えるために用いられます。子どもや保護者との面談や保育相談はこれにあたります。臨床的

家庭における絵本に関する調査

問１　ご家庭でお子さんに絵本を読んでいますか？（１つに○をつけてください）
　１．はい　　　　２．いいえ
問２　いつ絵本を読んでいますか？（当てはまるものにいくつでも○をつけてください）
　１．遊びの中で　　２．寝る前　　　３．その他（　　　　　　）
問３　お子さんは絵本が好きですか？（１つに○をつけてください）
　１．好き　　２．どちらかというと好き　　３．どちらかというときらい　　４．きらい
問４　絵本選びは，どんなところに気をつけていますか。ご意見などをお聞かせください。

図２−１　質問紙の例

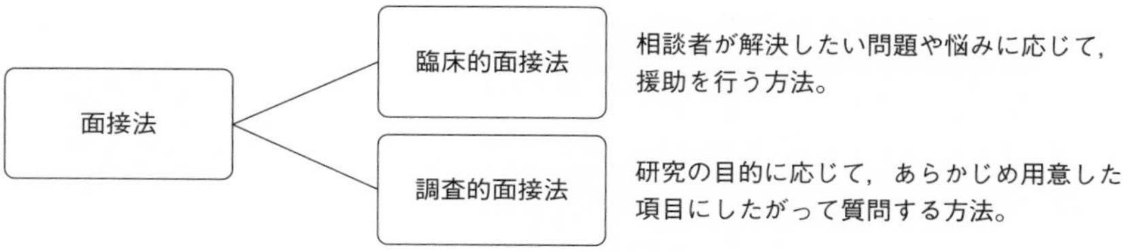

図２−２　面接法の種類

面接が行えるようになるためには訓練が必要といわれています。

調査的面接法は，①あらかじめ用意した項目にしたがって質問していく方法（**構造化面接**），②質問項目は用意しておくが，会話の流れに応じて質問を変えていく方法（**半構造化面接**），③質問項目を用意しておくものの，自由な会話から目的の内容に導く方法（**非構造化面接**）があります。また，１対１で行う個別面接と，同時に何人かの人と面談する集団面接があります。

（３）心理検査をとおして理解する

観察法，質問紙法，面接法などで得られた情報に心理検査で得られた客観的な情報をプラスすることによって，子どもの発達の理解の助けになることがあります。心理検査には比較的短時間に多方面からの診断ができるというメリットがあります。心理検査を行う時には，子どもに緊張を与えないように安心感を与える配慮が必要です。心理検査には，発達検査，知能検査，性格・人格検査，行動・社会性検査，道徳性に関する検査，親子に関する検査など様々な種類があります。

知能検査は，個別検査と集団検査の２つに分かれます（図２−３）。個別検査は１対１で面接しながら行うものです。我が国で使用されているものには，鈴木ビネー式や田中ビネー式，ウェクスラー式（WPPSI，WISC-Ⅳ，WAIS-Rなど対象年齢によって３種類），日本版KABC-Ⅱなどがあります。例えば，田中ビネー式検査は，積木，絵カード，ミニチュア模型，カラーチップ，文字カードなどの道具を使います（図２−４）。

集団検査は，多くの人を一斉に検査しようとするもので，京大NX，田中式などがあります。これには文章題などの言語能力が関係するA式，図形や数字などの問題が多い非言語式のB式，その中間のAB混合式（C式）があります。

知能の表示は，**知能指数**（Intelligence Quotient），知能偏差値（Intelligence Standard Score），パーセンタイル（知能百分段階点）などによって示されます。

知能指数
(Intelligence Quotient)
知的能力の基準を数値化したもの。スタンフォード・ビネー式，ウェクスラー式などの知能検査の指標。

$$\text{知能指数（I.Q.）} = \frac{\text{精神年齢（M.A.）}}{\text{生活年齢（C.A.）}} \times 100$$

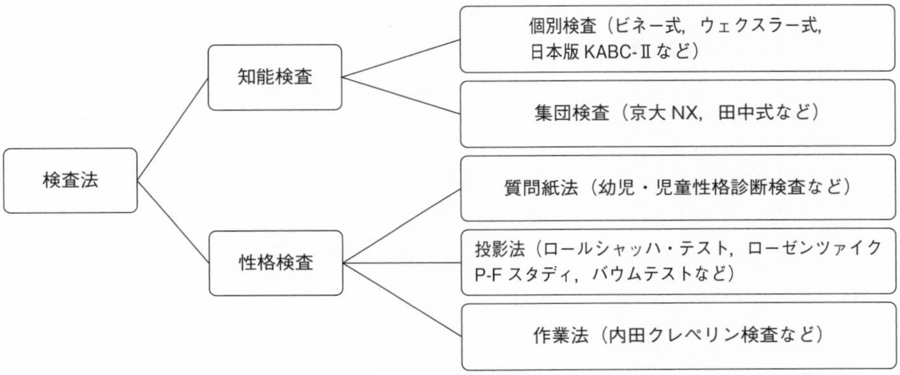

図２−３　知能検査と性格検査の種類

図２－４　田中ビネー知能検査Ｖ（田中教育研究所，2003）

性格検査とは，性格の一面を知るための検査です。質問紙法，投影法，作業法などに分類されます。質問紙法は，YG性格検査がその代表で，質問の回答結果を点数化することにより診断する方法です。投影法は，左右対称のインクのシミから想像したものから人格を分析するロールシャッハ･テストのように，あいまいな刺激を用いて，何らかの課題の達成を求める検査法です。作業法は，ある一定の作業を行わせ，その結果からパーソナリティをとらえる検査法です。例えば，内田クレペリン検査は，一桁の足し算を一定時間，複数回行います。絵画による投影法は，乳幼児にも適用できます。

発達検査は，０歳児から使用でき，乳幼児健康診査や保育・教育機関で広く用いられています。検査には，子どもを観察して評価を行うものと，保護者に質問して評価を行うものがあります（表２－１参照）。

発達指数（Developmental Quotient）
標準化された発達検査を示す指標。子どもの発達段階の相対的な位置を知る目安になる。

標準化されているものは身体・運動や社会性の発達なども含めて発達水準を測定できます。生活年齢（Chronological Age）と発達年齢（Development Age）から**発達指数**（Developmental Quotient）を算出するものもあります。

$$\text{発達指数（D.Q.）} = \frac{\text{発達年齢（D.A.）}}{\text{生活年齢（C.A.）}} \times 100$$

２．個人差や発達過程に応じた保育

（１）保育所保育指針をとおして理解する

保育所保育指針においては，健康・人間関係・環境・言葉・表現の各領域におけるねらいおよび内容に基づいて展開される保育活動全体をとおして資質・能力が育まれている子どもの小学校就学時の具体的な姿として「幼児期の終わりまでに育ってほしい姿」が明確に示されました。「幼児期の終わりまでに育ってほしい姿」は子ども同士の比較や到達すべき目標として用いるものではなく，一人ひとりの子どもの発達過程や方向性としてとらえるべきものです。つまり，「幼児期の終わりまでに育ってほしい姿」を発達が早いか遅いかということや，できるかできないかを見つけることの評価基準にするのではなく，遊びの中で

表2－1　主な乳幼児の発達検査

検査名	適用年齢	所要時間	概要
遠城寺式乳幼児分析的発達検査法	0ヶ月～ 4歳8ヶ月	15分	九州大学附属病院小児科医の遠城寺宗徳を中心に1958年に標準化された検査。1977年改訂。 子ども一人ひとりに見られる全体的な発達の様相の特徴を観察して把握する。検査方法は，生活年齢を中心に検査問題を進めていく。 【領域】3分野：「運動」「社会性」「言語」，6領域①移動運動，②手の運動，③基本的習慣，④対人関係，⑤発語，⑥言語理解。
新版K式発達検査2001	0歳～13， 14歳	30分	京都市児童院（1931年設立，現京都市児童福祉センター）で開発され，標準化された検査。1983年に「新版K式発達検査増補版」，2001年に「新版K式発達検査2001」刊行。 検査用具や検査項目の多くは臨床経験が生かされており，子どもの自発的かつ自然な行動が観察しやすいようになっている。 【領域】①「姿勢・運動」（P−M）②「認知・適応」（C−A）③「言語・社会」（L−S）（全体321項目）。
KIDS（キッズ） 乳幼児発達スケール	0歳1ヶ月～ 6歳11ヶ月	10～15分	1989年全国38都道府県の乳幼児約6,000名によって標準化された検査。 保護者などが乳幼児の日頃の行動に照らして○×で回答する。場所・時間の制限を受けずにどこでも短時間で診断できる。 【領域】①運動／体全体の大きな動き，②操作／手指などの意図的な動き，③理解言語／言葉の理解，④表出言語／話すことのできる言葉，⑤概念／状況依存によらない言語的理解，⑥対子ども社会性／友達との協調行動，⑦対成人社会性／大人との関係，特に親子関係，⑧しつけ／社会生活における基本的なルール，⑨食事／衛生感覚や食事の基本的なルール（約130項目）。
乳幼児精神発達診断法	0歳～3歳 3歳～7歳	20分	「日常生活の中にあらわれるままの行動を集め」標準化の手続きが行われた。「0歳～3歳まで」（津守，稲毛）1961年，1995年に増補版。「3歳～7歳まで」（津守，磯部）1965年刊行。 この診断法は，保護者の日常的な観察に基づいている。発達指数の換算は行わない。子どもの理解に役立ち，指導にも生かすことができる。 【領域】1～12ヶ月：①運動，②探索・操作，③社会，④食事，⑤理解・言語，1～3歳：①運動，②探索・操作，③社会，④食事・排泄・生活習慣，⑤理解・言語，3～7歳：①運動，②探索，③社会，④生活習慣，⑤言語（全438項目）。

子どもが発達していく姿や子どもの育つ筋道としてとらえ，子どもの育つ可能性を保育実践や指導計画などにどう活かしていくかを考えていく必要があります。

また，子どもの個人差と発達過程に配慮して保育することは，一人ひとりを大事にすることに他なりません。しかし，個を育てることと，集団を育てることとは別ではありません。一人ひとりをかけがえのない存在として接する保育者の姿勢が，保育者と子ども，あるいは子ども同士に心の繋がりがあるあたたかい集団を育てるのです。

個と集団については，トウフ集団とナットウ集団にたとえられます。男の子，女の子，年長さん，年少さんというように一つのかたまりとして集団を見るのではなく，一人ひとりの個性が発揮され，お互いが糸を引きあうような関係を保育者はつくる必要があります。

（2）保育記録をとおして理解する

子どもの発達の道筋を理解するために，点と点をつないで線で見ることが大切だといわれています。そのために見たり聞いたりしたことを記述し，**保育記録**をとおして子どもを理解したり保育を見直したりすることが重要です。例えば，４月初旬に泣いてばかりいた子どもが，下旬には自分から遊びを見つける姿が見られました。点と点との間には子どもの成長があり，そこにからみ合った保育者の関わりとしての自分も記述していくのです。

保育記録

保育記録には，メモ，保育日誌，個人記録，面接記録，連絡帳，園・クラス便り，保育要録，指導案（長期・短期），園務日誌，会議記録，行事の記録，写真，VTR，PCで作成するファイルなど，実にたくさんの種類がある。

その際に，なぜ子どもはこういったのだろうか，なぜこうしたのだろうか，こんな気持ちだろうかなどと子どもの行動の意味を考えます。このように，子どもの行動や気持ちを肯定的にとらえようとする姿勢こそ，子どもの内面を理解する手掛かりとなります。

さらに，自分はその時，どういう援助をしたか，援助をした後にどういう姿が見られたか，ということを包み隠さずに書きます。そうすることによって，次の保育への見通しへと繋がります。保育を行いつつ，そして，省察しつつ，また保育していく，その繰り返しが保育の日常だからです。

（3）保育カンファレンスをとおして理解する

保育記録やビデオカメラの映像などを見て，園長，主任，保育士，看護師，調理師，栄養管理士などいろいろな立場の人が，いろいろな角度から，それぞれの気づきをみんなで語り合うことを**保育カンファレンス**といいます。子ども理解を深め，自分の保育を振り返り，お互いの学びになる機会になっています。このように保育者間で情報を共有し，一人ひとりの子どもの理解を進めていくことはとても大切なことです。保育観を共有し，協力しながら，園全体で保育していくことに繋がるからです。

保育カンファレンス

カンファレンス（conference）とは「会議」「協議」という意味である。医療や福祉の現場でも用いられている。

森上（1996）は，保育を開くためのカンファレンスの条件を次のように述べています。

①「正解」を求めようとしない
②ほんねで話し合う
③先輩が後輩を導くという形にならない
④話し合いにおいて相手を批判したり，論争しようとしない
⑤それぞれの成長を支え合い育ちあう

KJ法

KJ法とは，意見や発想を紙に一つずつ書き出し，グループに分類して，その関連を図解していく方法。考案者の川喜田二郎のイニシャルに由来。

付箋紙などを使用すればどんな参加者でも意見を出しやすくなります。付箋

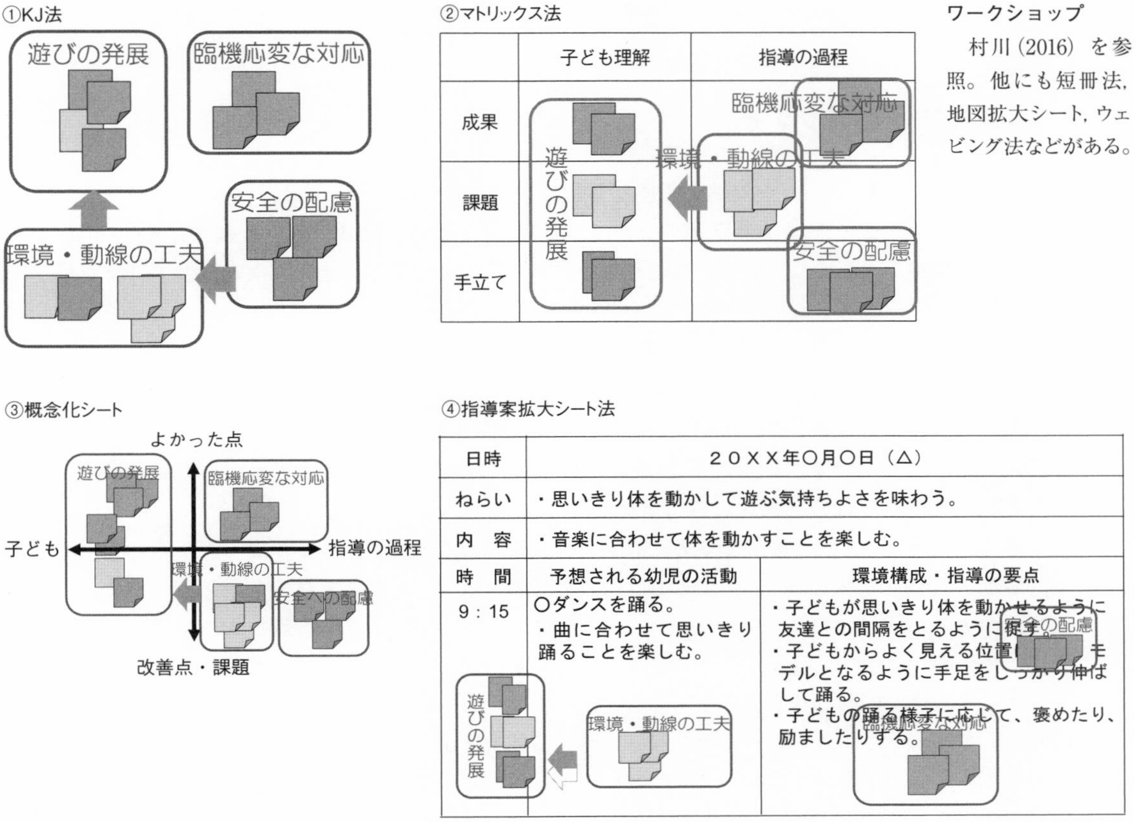

図2－5　付箋紙を用いたワークショップ

ワークショップ

村川（2016）を参照。他にも短冊法，地図拡大シート，ウェビング法などがある。

紙で出た意見を**KJ法**などによってまとめると，多様なアイデアを集約・整理するのに有効で話し合いも深まります（図2－5）。マトリックス法や概念化シート法には見るべき視点が明確になり，短時間で整理できるというメリットがあります。指導案拡大シート法は，どこがよかったか，どこに改善が必要か，保育の流れの中で理解できるところが実際的です。大事なのは，保育所保育指針第１章「３保育の計画及び評価」（「保育士等の自己評価」「保育所の自己評価」）に示されているように，保育の質の向上のために，子どもを見る視点を磨いたり，自分自身の課題を見つけたり，明日への保育の改善などに繋がるようにしていくことです。

以上，子どもの発達を理解する方法をいろいろ紹介しました。保育は，子ども理解から出発するといっても過言ではありません。この他にも保育に関する文献を読んだりテレビ番組やDVDなどの映像を観たり，インターネットや新聞・雑誌などから最新の保育情報や統計データを得たりすることも必要でしょう。絵本，童話，紙芝居，漫画やアニメといった子どもが好きな児童文化に親しむことも子ども理解の手助けになると考えます。個人差や発達過程に応じた保育をするためには，客観的なものさしで子どもを理解することも大切ですが，「**子どもの目**」をもつことも大切です。

子どもの目

鯨岡・鯨岡（2004）は，大人（養育者や保育者）は，子どもの思いに寄り添って子どもの思いを受け止める「子どもの目」と大人のこうしてほしいという思いを伝える「大人の目」の間で揺らいでおり，一人ひとりの子どもの育ちやその時の場面や状況を合わせて考えながら，そのバランスをとっていく「第３の目」を養うことが大事だと述べている。「第３の目」とは，「子どもの目」「大人の目」になっている「自分を眺めるもう一つの目」，「反省する目」である。

コラム2
保育とホスピタリティ

1983年にオープンした夢と魔法の王国「東京ディズニーランド」。「東京ディズニーシー」と合わせて，入場者数は毎年2,500万人以上，この30年間で累計5億6千万人を超えるそうです。この数字を維持できるのは，間違いなくリピーターが多いからです。老若男女を問わず「また行きたい！」と人を魅了する秘密の一つにホスピタリティがあると思います。

みなさんは，ホスピタリティという言葉を聞いたことがあるでしょうか。hospitalityとは辞書では「厚遇，歓待，心のこもったサービス」という意味です。特にサービス業界では，「思いやり」や「おもてなし」として，ホスピタリティの精神が大事にされています。「お・も・て・な・し」は国際オリンピック委員会総会の東京オリンピック招致最終プレゼンテーションでも話題になり，2013年の新語・流行語大賞にもなりました。

ディズニーランドは，全体を一つの巨大なステージであると考え，そこで働く人たちをキャスト，客はゲストと呼んでいます。子どもと同じ目の高さまでしゃがんで話すキャスト，いつも清潔を保つカストーディアル（清掃キャスト），親子が微笑みあうように設計された2種類の水飲み場，効果的な演出……等々，キャストはゲストに対していつも思いやりのある態度で接し，ゲストが楽しく快適に過ごせるような環境を提供します。人的環境と物的環境のホスピタリティが調和し，キャストとゲストが一体となって，夢と感動の舞台を創りだしているのです。

考えてみれば，保育の場でも，一人ひとりの子どもに対して心をこめて接したり，くつろぎの場や生き生きと活動できる場を提供したり，ごく日常として行っているところにホスピタリティがあふれているのではないでしょうか。だから子どもが「また明日も遊びたい！」と言うのでしょう。幼稚園や保育所なども，そういう気持ちがいっぱい引き出されるような環境を子どもたちといっしょに創造し，子どもたちとともに夢と感動を共有できる場でありたいものです。

幼稚園や保育所はディズニーランドではないと異論を唱える人がいるかもしれませんが，日本の幼児教育の父といわれているあの倉橋惣三（1965）も「どこに用意があるのかも心づかせず，全く自分達の心からのように，その用意を受けさせてこそ，客をもてなすというものである」と述べています。何でも子どもに与え過ぎたり，余計なおせっかいをしたりすることではありません。相手の立場に立ち，相手のことを思いやる心だと思うのです。つまり，ホスピタリティ=おもてなしとは，カウンセリングマインドの姿勢そのものなのかもしれません。

II　子どもの発達過程

1

社会情動的発達

社会情動的発達として，世界的にも注目されているのが**社会情動的スキル**と呼ばれるものです。**非認知スキル**や**非認知的能力**，**社会情動的能力**，**ソフトスキル**ともいわれています。他者の気持ちがわかる力，他者と協力する力，我慢する力，物事に集中する力，目標に向かって頑張り続ける力，失敗から学びを得たり前に進んだりする力，自信を持って生きる力などのことで，心と深く結びついています。社会で生きていく上で大切な力であり，これらの基礎が育まれる幼児期は重要です。

一方，学校機関では**認知的能力**とか**認知的スキル**と呼ばれる学力による成績で評価されるのが一般的で，よい成績をとること，よい学校に進学することは，目に見えてわかりやすい子どもの成長としてとらえられることが多いでしょう。しかし，学力だけでは測れない，心と関係する社会情動的スキルも大切です。認知的能力と社会情動的スキルの両者が育ってこそ，大きく変化する現代社会で上手に生きていくことができるのです。

1．就学前教育の重要性

経済学者の**ジェームズ・J・ヘックマン**（古草訳，2015）は，アメリカにおける幼児教育の効果を明らかにしました。経済的に幼稚園に通わせることが困難であったアフリカ系アメリカ人の子どもに対して，幼稚園に２年間（３歳と４歳）通わせて幼児教育を受けさせ，さらに，週に１度の家庭訪問が行われるというプログラムを実施したもので，「ペリー就学前プロジェクト」と呼ばれています。子どもの自発性を大切にした活動を中心に，社会情動的スキルの育成が考えられた指導内容による効果を見ました。調査は，子どもたちが大人になっても行われ，現時点では40歳までの結果が公にされています。当時，幼稚園に通っていなかった子どもに比べて，幼児教育を受けて育ったグループは，高い年収や持ち家率，低い犯罪率などの結果を表しています（図１−１）。また，学力等における知的な能力（IQ）を意味する認知的能力については，在園中での違いは見られましたが，就学してから次第になくなることがわかっています。この調査結果は，幼児教育において育まれた社会情動的スキルの有効性を示すもので，社会情動的スキルが人生において長期的な影響を及ぼしているという見方がなされています。つまり，人生初期である就学前の質の高い教育こ

ジェームズ・J・ヘックマン
アメリカの経済学者で，2000年にノーベル経済学賞を受賞。

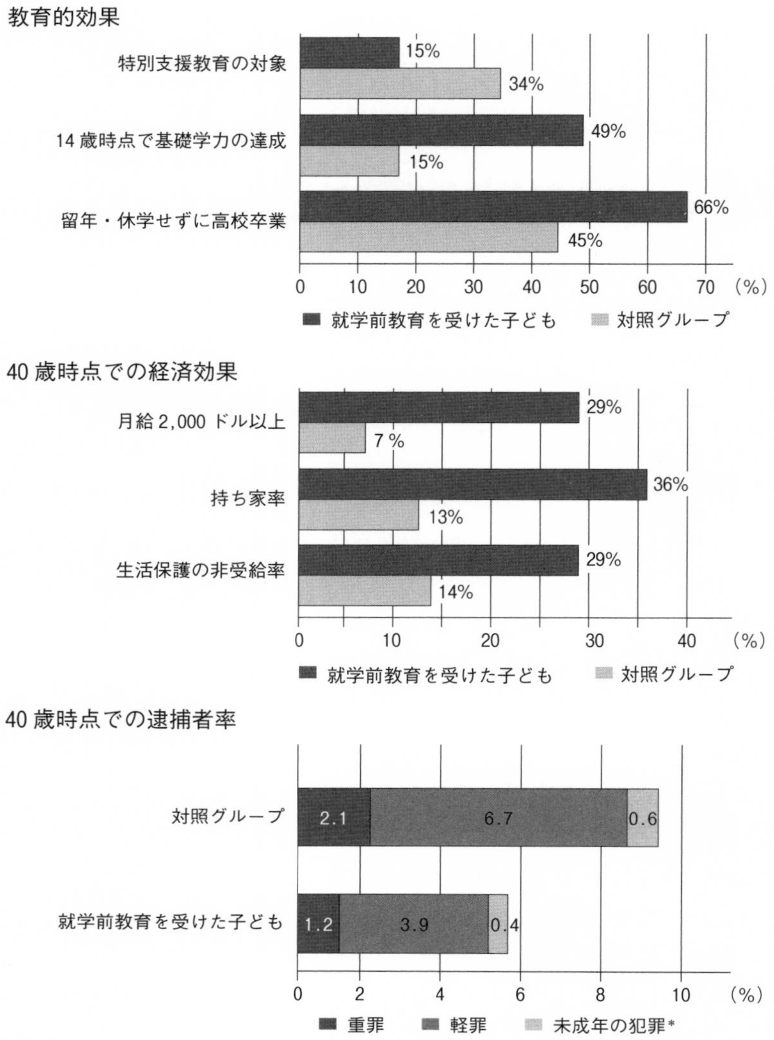

＊19歳未満の逮捕

図 1－1　幼児期における社会情動的スキル育成「ペリー就学前プロジェクト」の効果

(Barnett, 2004; Heckman, 2013古草訳2015より)

そが重要と考えられるのです。

2．社会情動的スキルとは

社会情動的スキルは，「(a) 一貫した思考・感情・行動のパターンに発現し，(b) 学校教育またはインフォーマルな学習によって発達させることができ，(c) 個人の一生を通じて社会経済的成果に重要な影響を与えるような個人の能力」と定義されています（OECD, 2015b 池迫ら訳 2015）。これは，５つの基本的なパーソナリティ特性の側面（外向性，協調性，安定性，勤勉性，開放性）を区別する「**ビッグ・ファイブ**」（詳しくは，第Ⅱ部第６章，pp.76‒77参照）をもとにするもので，５つの要素とそれに含まれる内容の下位特性は表１‒１に示されます。

表１−１　社会情動的スキルに関連する５つの要素と下位特性

（先行研究から得られたOECDが提案する社会情動的スキルに関連する５つの要素と下位特性）

（OECD, 2015a; 内田, 2017を一部改変）

他者とのかかわり	１．**他者への接近とつながりをもつ力**：友人でも他人でも相手とかかわり始めることができ，その関係を維持する。意思疎通や公の場で話す力を含む（外交的で人とのまじわりが苦にならない）。 ２．**自己主張（または勇気）**：意見や要求，感情を表現し影響力を持つ力。目標達成のために自分の意思をはっきりさせ，反対者に立ち向かえる。必要なときは，ほかの人と対抗できる。勇気がある（リーダー役を引き受ける）。 ３．**情熱**：生きる上での情熱や熱意。情熱や自発性をもって物事に向かう。
協働する力	１．**同情心**：他者の立場に立った共感的な配慮に基づいて，親切や心遣いができる。こうした考えを価値観として持ち，親密な関係につながる（誰にでも配慮し親切である）。 ２．**他者への尊敬（礼儀）**：尊敬と礼儀をもって他人とつきあう。公平性，公正性や我慢強さといった考えに基づき，自分がしてもらいたいように応対する。 ３．**信頼**：一般的に誰もが好意的に行動していると感じ，間違いがあったときに許すことができる。独断的に判断せず一度の失敗で判断しない。 ４．**調和的な関係**：ほかの人と調和的に生活し，すべての人とのつながりを尊重する。 ５．**相互依存的な自己構成**：集団の中の自己として自分をとらえ家族のような重要なグループと深くつながり離れることができない（運命共同体意識）。
情動調整	１．**ストレス耐性**：不安感を調整しストレスに対応するのがうまい。大きな心配事があっても振り回されず落ち着いて行動する。 ２．**自信**：自分と人生への肯定的楽観的な期待を持つ。自分の行動の結果を肯定的に予測し，可能性を信じている。 ３．**情動制御**：癇癪，怒り，いらだちを調整する効果的な方略を持っている。 ４．**自尊感情**：自分について受容し肯定的な評価をしている。 ５．**幸福を怖れる**：幸せな状況は悪い結果をもたらすと信じ怖れている（喜びの後には悲しみがともなうものだと思っている）。
課題達成	１．**自制心**：グリット（やりぬく力），我慢強さ，努力を調整する。集中力にかかわる力。現在の課題に集中することができ，個人の目標を達成するために注意散漫になることを避ける。 ２．**体系的整理**：体系的にまとめるスキルは，長期的な目標に向かって計画し実行するために絶対必要なものである（整理し片づける力）。 ３．**責任感**：時間的見通しをもって，時間を守り，献身的に取り組む力は，信頼感を持たれるのに必要（信頼でき，常に頼りになる）。 ４．**目標に向かう力**：自分の目標を高く持ちそれに向かって努力する（何にでも前向きに取り組む）。 ５．**仕事にとりかかる力**：課題を始める力。後に残さないで始める力。
開放的心性	１．**知的好奇心**：さまざまな考えに興味を持ち，知的な探求を好む。 ２．**創造的想像性**：行為や思考から新たな方法を考え，失敗から学び，知見やビジョンを生み出す。 ３．**審美的興味**：芸術や美を経験したり，音楽や作文，ヴィジュアル，パフォーマンスを通して表現したりする。 ４．**感謝**：環境を大切にし，自然との調和に気づき，畏敬・崇敬の念を持つ。 ５．**省察力・内省**：自分の心の動きや主観的な体験過程を認識する（メタ認知）。そうした自分の経験について振り返り説明する力。 ６．**自律性・独立性**：自分で考えて行動する。独立した思考を通して信念に基づく判断や批判的な分析ができる。他者と異なる自分の特異性を楽しむ。

社会情動的スキルは，忍耐力，自己制御，目標への情熱などの「目標の達成」，社交性，敬意，思いやりなどの「他者との協働」，自尊心，楽観性，自信などの「情動の制御」の３つの視点でとらえられています（図１−２）。さらに，これらをふまえて，「目標の達成」や「情動の抑制」といった自分に関する内的な力，「他者との協働」といった他者と関わる外的な力という，２つの方向性

を持つ力として社会情動的スキルを表すことができます。

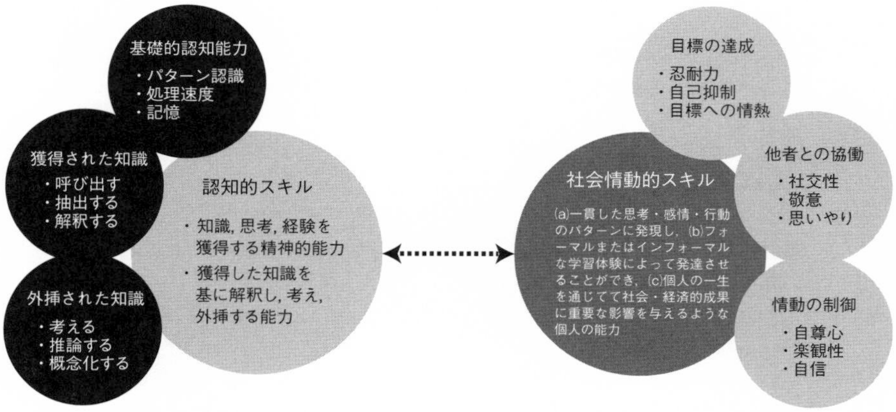

図１－２　認知的スキル，社会情動的スキルのフレームワーク（OECD, 2015b 池迫ら訳 2015）

3．認知的スキルと社会情動的スキルの関係

認知的スキルは，パターン認識，処理速度，記憶などの「基礎的認知能力」，呼び出す，抽出する，解釈するといった「獲得された知識」，考える，推論する，概念化するなどの「外挿された知識」の３つの視点でとらえられています（図１－２）。この認知的スキルと前に示した社会情動的スキルは相互に関わり合いながら成果を導くので，どちらも欠かすことのできない必要なスキルといえます。例えば，志望校を目指し，学力（認知的スキル）を上げるには，目標達成に向けて遊びたい気持ちを抑制し（社会情動的スキル），勉強の時間を確保するための時間調整を行います（認知的スキル）。たとえ模試で悪い点数を採って落ち込んだとしても，気持ちを立て直し（社会情動的スキル），再度，自分の成績や勉強法を客観的に見直して（認知的スキル），粘り強く次に進む力（社会情動的スキル）が必要といえるでしょう。このように認知的スキルと社会情動的スキルは相互に関わり影響を与えています。また，高い学力があれば，優れた学校への進学，さらには，優れた職を得ること，高い収入を得ることにも繋がることが予測されますが，厳しい労働環境においては忍耐力がなく頑張り続けられない，他者との協働ができずトラブルになるといったことが原因で仕事を続けられず，高い学力があるにもかかわらず，収入を得られないということもあります。認知的スキルと社会情動的スキルの両者があってこそ，さらなる様々な社会的成果の予測が可能となるのです。

4．スキルの発達

スキルは，すでに学んだことをもとにして，年齢とともに様々な経験をすることで発達していきます（図１－３）。つまり，スキル発達の速度は，その人の年齢と現在のスキルがどの程度獲得されているかということが関係します。そ

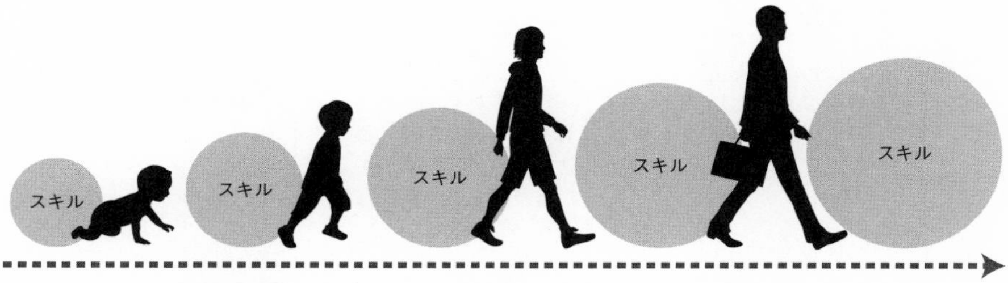

図1－3　生涯にわたるスキルの発達（OECD, 2015b 池迫ら訳 2015）

のため，将来のスキル発達の基礎を育むことになる幼児期は，特に重要な時期といえます。例えば，文字の習得について，幼児期にたくさんの絵本を読んで文字に慣れている子どもと全く文字に触れる機会がなかった子どもでは，小学校1年生のスタート時点で違いが見られることでしょう。幼児期に全く文字に触れる機会がなかった子どもは，小学校に入ってから文字を知り，学ばなければなりません。しかし，幼児期にたくさんの文字に触れ，読むことができる文字がすでにある子どもであれば，小学校の教科書においても，先生に教わることなく読むことができる文字はいくつかあり，さらに知らない文字への学びに進むことができます。子どもの興味・関心においても，小学校に入って平仮名に興味を持つ子どもに比べて，幼児期ですでに平仮名に興味を持ち，小学校に入ってからは漢字に興味を持つという子どもの方が，学びのスピードは速く，子どもの興味・関心と共に，さらなる次の学びのステージに進むことができます。また，子どもの興味・関心や知りたい知的好奇心が示すように，育まれた社会情動的スキルが，認知的スキルの発達をより促進することがあります。例えば，英語の学力（認知的スキル）が同程度である子どもであれば，学校で教わる内容を教科書のみで学んでいくタイプより，知的好奇心が旺盛で学校で教わる内容に加えて教科書以外の英語に関する内容にも広く興味を持ち学んでいくタイプの方が，英語の学力（認知的スキル）はさらに伸びていくと考えられます。

子どもがどのような環境にあるのか，また，その環境においてどのような体験をして，どのように心が育っているのかということがスキル発達に関係します。

5．スキルを育む

（1）学習環境

スキルは，様々な学習環境の中で育まれます。家庭，学校，地域社会というそれぞれに異なる学習環境がスキルに与える影響は，「直接的投資」「環境的要因」「政策手段」の3つに分けて示すことができます（表1－2）。

家庭は，子どもの生活の基盤であり，親子のやりとりは，スキルの育成に直接影響するものとなります。一緒に本を読む，食事をする，遊ぶ，寝るなど，

表１－２　スキルを強化するための直接的投資，環境的要因，政策手段（例）（OECD, 2015 池迫ら訳 2015）

	家　庭	学　校	地域社会
直接的投資	親子のやりとり（例：本を読む，一緒に食事をする，遊ぶ），養育スタイル，親によるモデリング	正課・課外活動，教員の教育スキル及び知識，教育方法，学級風土，見習い実習制度及び職業訓練	地域社会で提供される活動（例：ボランティア，スポーツ団体），メンタリング，メディア，ソーシャルネットワーク，友人によるモデリング
環境的要因	家庭の社会経済的資源（例：所得，教育），親のメンタルヘルス，家庭のストレスや困難な出来事（例：家庭暴力，虐待），親の学校への関与	学校資源（例：支出，施設），学校風土及び安全	公共サービス（例：公園，保育施設，公民館），地域の安全，失業率，所得水準
政策手段	育児休業規定，柔軟な労働形態，保育サービス，学童保育サービス，家庭への補助金交付	教員の募集及び研修	ソーシャルワーカーの研修，文化・スポーツプログラム

愛着
p.128を参照。

日常的な親子の関わりやコミュニケーションが大切です。この時，親子の**愛着**（詳しくは，第Ⅲ部第４章，pp.128－131参照）が形成されていることも大切です。また，親の経済状況や精神状況が安定しているという環境は，親子の関わりや家庭の雰囲気にも反映されるので，スキル育成に間接的に影響します。政策手段では，例えば，育児休業の取得やパート等による短時間勤務の選択，充実した保育サービスを受けられることは，親が子どもに向き合う時間の確保や子育ての援助を受けられることを可能にします。保育サービスにより，親が子育てのスキルアップをできるような学習機会があれば，日常的な親子の関わりにさらに影響するものとなります。また，子育ての援助を受けられることが，親の安定した精神状態につながるので，スキル育成に間接的に影響します。

子どもの成長とともに，家庭以外の場で過ごすことも多くなります。幼稚園や保育所は，子どもにとって初めて先生と出会う場となり，家庭以外の初めての学習の場となります。そのような異なる学習環境によって，さらにスキルを育成することが期待できます。

（２）スキルを育む意図的な関わり

内発的動機づけ
「面白そう」「やってみたい」等，心の内から出てくる意欲。

大人は，子どものスキルを育むように意図的に関わることができます。まず，子どものやりたい気持ちが生まれる環境を大人が整えることで，子どもは，「やってみたい」という**内発的動機づけ**によって，主体的に環境に関わり，挑戦することができます。この時，子どものやりたいことが困難であったとしても，子どものやりたい気持ち（内発的動機づけ）が力となって，目標達成に向かうことを可能にします。しかし，時には，子どものやりたいことが難しく，なかなか達成できないことがあるかもしれません。そんな時，応援してくれる大人や仲間の存在が，子どもを勇気づけ，目標達成に向かうことを可能とするでしょう。大人の助言やちょっとした援助で，目標達成を可能とすることがあります。また，できることを信じて待ってくれる大人がいることで，子どもは諦めないで頑張り続け，目標達成を可能とすることがあります。子どもの心に寄り添う大人の様々な関わりが，子どもの社会情動的スキルと認知的スキルを育むことに繋がります。

６．心を育む社会情動的スキル

社会情動的スキルは，スキルと呼ばれるように，教育によって獲得可能な力ととらえられるものです。心が育まれていくことは，社会の一員として生きるためにも必要なことでしょう。

（１）自分に自信を持つ

自分に自信を持てること，自己肯定感や**自尊感情**（詳しくは，第Ⅲ部第６章，pp.145-146参照）が育まれていることは，他者と関わり生きていく上で大切です。自尊感情とは自分に対して，「これでよい（good enough）」と感じることができる感情のことをいいます（Rosenberg,1965）。この感情は，自分のことをそのまま肯定するもので，自分自身を受け入れている感覚です。他者から認められるかどうかといった他者の評価に関係なく，自分で自分のことを評価して，「これでよい」と感じます。このような感覚は，自分に対する揺るぎない自信であり，たとえ自分がどのような状況にあったとしても，振り回されることのない確かな感覚といえます。例えば，親や先生の顔色を気にして，褒められることばかりを求めて行動する子ども，友達よりもできることばかりを考えて，頑張り続ける子どもがいます。このような子どもは，自己肯定感や自尊感情がそれほど育まれていない子どもでしょう。他者を気にしたり，他者と比較したりすることなく，自分の中から湧き出てくる絶対的な「これでよい」という感情が，どのような自分も受け入れ，前向きに生きていくことを可能とするのです。自尊感情は揺れ動く現代社会において，大切な生きる力です。

自尊感情
p.145を参照。

（２）自分の気持ちをコントロールする

自分の気持ちをコントロールすることは，仲間と共に生きていく上で大切です。自分の感情や行動をコントロールして調整することを**自己制御**といいます。自己制御は，自分の欲求や行動を表して主張する力である**自己主張**（詳しくは，第Ⅲ部第４章，p.132参照）と相手との関係において自分の欲求や行動を抑制したり方向転換したりする力である**自己抑制**（詳しくは，第Ⅲ部第４章，p.132参照）の２つの異なる方向性の力のことをいいます。どちらも大切な力で，相手の気持ちを考え，また，場面や状況によって，**自己主張**したり**自己抑制**したりできることが必要です。例えば，友達と意見が分かれた時，自分の意見を言って自分を押し通すばかりで，自己抑制できなければ，友達と一緒に活動することは難しくなります。また，いつも自分の意見を言えずに自分を抑制するばか

自己制御
自分の行動や感情を自分で調節すること。

自己抑制と自己主張
p.132を参照。

りで，自己主張できなければ，本当に自分がやりたい活動をすることは難しくなります。自己主張と自己抑制のどちらの力も育まれていることが，自分と仲間を大切にして生きるために必要です。

（3）他者への思いやりを持つ

他者への思いやりを持つことは，仲間と共に生きるために大切です。他者のことを思いやって行動することを**向社会的行動**といいますが，向社会的行動が現れるためには，相手の立場で気持ちを理解し，共有する**役割取得**や相手と同じような気持ちになることができる共感が必要です。他者への役割取得や共感の能力が高まれば，困っている友達を助けたり，自分が困っている時に友達から助けられたりするので，共に助け合い，協力して生きていく社会をつくることができます。

役割取得
他者の気持ちや考えを，他者の立場から理解すること。

コラム 3
子どもの心と繋がる関わりとは？

保育者は子どもとの信頼関係を大切にして保育をしています。「信頼関係」といわれても，目に見えないものなのでわかりにくいかもしれませんが，保育者は，信頼関係を築けるような子どもへの様々な関わりを日々，行っています。

具体的には，親和的関わりと呼ばれる，優しく子どもに接する，笑顔で子どもに接する，優しく子どもを見守る，子どもに声をかける，一緒に子どもと遊ぶといった子どもに対する親しみを持った関わりです。また，把握的関わりと呼ばれる，叱る時には本気で子どもを叱る，子どものことを気にかける，子どもの変化に気づく，子どもの気持ちに寄り添い，受け止める，子どものよいところを褒めるといった子どもの内面までを理解した関わりです。

このような関わりを保育者が行うことで，子どもにどのような姿が表れるのでしょうか。例えば，多くの保育者は，子どもが助けを求める，頼る，近づくといった保育者を求める接近態度（行動）が見られること，（子ども自身の）思いを伝える，保育者の名前を呼ぶといった言葉によって保育者に近づく接近態度（言葉）が見られることを感じています。また，保育者の言葉を受け入れるといった受容態度が見られるという報告もあり（岡本，2018），信頼関係による子どもとの相互的なやりとりができるようになるようです。

子どもに関わることは，信頼に基づく関係づくりの第一歩です。どのような関わりがよいかは，子どもの姿を見ながら判断し，行います。そのためには，大人が子どもに対して敏感に気づける力が必要です。子どもの姿をとらえ，多様な関わりができる保育者の関係づくりを見習いたいものです。

2 身体的機能と運動機能の発達

1．生命の奇跡

女性の中で一番大きな細胞である卵子は，毎月１つずつ左右にある卵巣の片方から排出されます。排出された卵子は卵管の先端でキャッチされ，卵管を進んで中央の子宮へと向かいます。この途中，精子と出会うことができると受精卵となり，子宮にしっかりと根を張ること（このことを着床といいます）ができて初めて妊娠は成立します。

産科医院などで妊娠が確認されると，お腹の赤ちゃんの成長を見ながら出産予定日が伝えられます。いつ精子と出会ったのか，いつ子宮に到着したのかなどは，お医者さんであってもはっきり見極めることは難しいのです。そのため，出産予定日は，お母さんの最後の月経の最初の日を妊娠０週０日として，そこから約40週の妊娠期間をとり計算されます。

そもそも，一生のうちで女性が妊娠できる間に排出される卵子は400個未満といわれ，寿命は排卵後たったの１日です。つまり，女性は一生で約400日しか妊娠できないことになります。一方，精子の場合，１回の射精で２億～６億の精子が排出されますが，左右に分かれた卵管のうち，排卵が生じた卵管に間違うことなくたどりつくことができる精子は，わずか200個程度に激減するといわれています。精子の寿命は数日で，受精できるのはその間にタイミングよく卵子と出会った１つだけです（Peter, T., 2008）。

このように考えると，１つの命，生命が誕生するということは，多くの奇跡的な瞬間と選別を超えなければ成立しないのです。だからこそ，誕生した子ども一人ひとりがいかに特別な存在か，実感することができるでしょう。みなさんがこれから保育現場で出会う子どもたちの一人ひとりも特別で尊い存在なのです。しかし，子どもたちは自分がどれだけ特別な存在か気づいていません。その子をとりまく人たちが，その子に「あなたは大切な存在なんだよ，大好きよ」と言葉や態度で伝え続けていくことでそのことを実感し，自分自身を大切にすることや他の人たちを大切にする心が育つのです。

そして，この本を読んでいるあなた自身もまた，特別で大切な存在であるという事実を忘れないでほしいと思います。

2．胎児の発達

（1）五感の発達

妊娠0週から8週までは**胎芽《たいが》期**（embryo）と呼ばれます。ギリシャ語で「膨らみ」という意味を持つこの時期は，卵が人として生きていくための心臓や血管やその他の臓器，脳や筋肉や神経系，そしてそれに関係する感覚器（視覚・聴覚・味覚・触覚・臭覚）を発達させていく大切な時期なのです。加えて，この時期は感受期（sensitive period）とも呼ばれ，お母さんが受けたウイルスや薬物などの影響をひときわ強く受けることが知られています。例えば，この時期にお母さんが風疹《ふうしん》ウィルスに感染すると，心臓形成がうまくいかなかったり，難聴や**白内障**などを発症する可能性が高いことが知られています。そのため，今日では風疹の流行をこまめに情報発信したり，妊娠以前に抗体検査や予防接種を行うことが奨励されたりしています。

白内障
眼病の一種で，水晶体が灰色にくもり視力低下を起こす病気。

妊娠8週以降は，ラテン語で「子」という意味を持つ**胎児期**（fetus）になります。この時期から臓器や器官はそれぞれの機能を出産までに成熟させていくことになります。妊娠11週目では胎児の身長は約6cm，体重は約15gに満たない小さな存在ですが，しっかりと人とわかる姿になっていますし，体内では小さな手足を動かしています（図2−1）。さらに脳内では，まだ機能はしていませんが，思考や言葉などいろいろな活動に関係する大脳，視覚や聴覚の中継役となる中脳，運動調整に関係する小脳，呼吸や心臓などの生命維持機能に関係する延髄への分割が始まっています。

さて，赤ちゃんは視覚・聴覚・味覚・触覚・臭覚の機能を備えて誕生してきますが，この五感のうち胎内で最も早く発達する感覚器官は何だと思いますか？　――正解は触覚です。胎児は子宮内で空気中を漂っているのではなく，羊水と呼ばれる液体の中をぷかぷかと浮かんでいます。その中で，妊娠初期でも顔をさわる行動や指しゃぶりが確認されます。もちろんこれらの皮膚刺激は脳に伝わり，脳の発達を促すこととなります。これは誕生後に痛みや熱さなど，自分の体に生じている危機をいち早く察知するために早い時期から発達するのではないか，と考えられています（小西，2006）。

一方，他の感覚器官は妊娠中期に機能し始めます。妊娠5～6週には耳の形ができてきますが，聴覚は，まだ機能していません。妊娠24週付近になると，音に対して目を閉じるなどの反応が見られるようになることから，聴覚が機能し始めると考えられています（昆・加我，1994）。では，胎児はお腹の中で何を聴いているのでしょうか。子宮はお母さんの腹壁に覆われているので，静かで穏やかな環境なのでしょうか。実はそんなことはないようです。お腹の中にはお母さんの心臓の鼓動や移動の度に生じる骨がきしむ音，食べ物を消化する音，もちろんお母さんの声も響いてきますし，周囲の音も聞こ

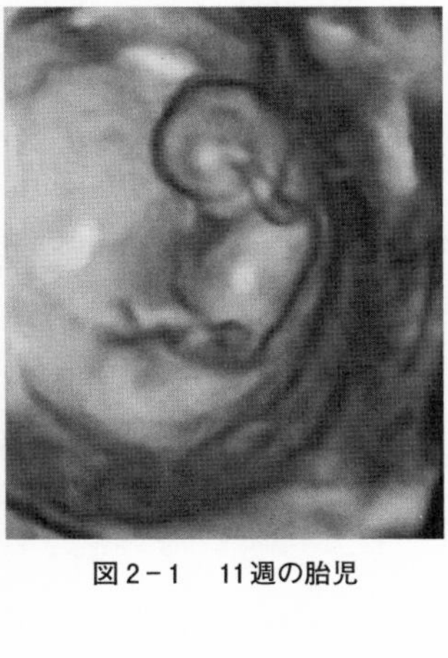
図2−1　11週の胎児

えており，胎児はとても騒々しい子宮内生活を送っているのです。しかも羊水の中にいるので，ぼや〜っと響いてくるように聞こえているようです。そのような環境にあっても，胎児は音を聞き分け，記憶していることが報告されています。泣いている赤ちゃんはお母さんの心音を聴くと落ち着きやすくなることもわかっています（Salk, L. & Gardner, L. I., 1984）。これは，胎内で常に響いていた音を覚えており，その音が赤ちゃんに安心感を与えたからだと考えられています。また，赤ちゃんはお母さんと別の女の人の声を聞き分けようとする仕草も見せるのです（DeCasper, A. J. & Fifer, W. P., 1980）。

お母さんのお腹の中で刺激がとても少ない視覚でも，妊娠12週には色を識別するための錐体《すいたい》細胞が，妊娠24週には明暗を感知する桿体《かんたい》細胞が機能し始めます。これにより，光に対してまばたきをする反射（瞬目《しゅんもく》反射）が見られるようになります。

視覚刺激と同じように，子宮の中で刺激が少ない臭覚も，妊娠８週には鼻が作られ，実際に機能し始めるのは妊娠23週頃だといわれています。胎児は全身を胎脂《たいし》と呼ばれるクリーム状の脂質に包まれており，生まれた時も胎脂が鼻の中に詰まっています。そのため，お母さんのお腹の中で匂いを感じていたとは考えにくいのですが，誕生直後からお母さんのお乳の匂いを嗅ぎ分けることができるという研究報告（MacFarlane, A., 1977）もあり，胎内でも機能していることは確かなのです。

胎児の口は妊娠11週ごろに出現しますが，味覚は妊娠30週を過ぎるころに完成します。誕生後は自分でおっぱいを吸い，飲み込まなくては栄養を摂ることができません。私たちにとっては何気ないこの運動も，実は口内で複雑な筋肉の動きを組み合わせ，初めてできることなのです。その練習として，胎内で指しゃぶりをしたり，羊水を自分で吸い（吸啜《きゅうてつ》運動），飲み込む運動（嚥下《えんげ》運動）を繰り返ししています。飲み込んだ羊水は胎盤（へその緒）を通じてお母さんに取り込まれ，お母さんの尿として排泄されます。ある実験で羊水に染料とサッカリンという甘い液を混ぜ，お母さんの尿の成分を調べてみました。すると，染料だけを注入した時よりも，染料とサッカリンを注入した時の方がお母さんの尿中の染料は増えたのです（Maurer, D. & Maurer, C., 1988）。甘い羊水を気に入った胎児が，いつもよりも多くの羊水を飲んだ証拠です。子どもは甘いお菓子が大好きですが，それはお母さんのお腹の中にいる時から始まっていたのですね。

（２）運動発達

妊娠４週で心臓が鼓動を開始し，６週目には胴体や手足がピクピクと動きだします。この小さな動きをお母さんは感じることができないでしょう。お腹の赤ちゃんの動き（**胎動**）としてお母さんが感じるようになるのは，妊娠20週くらいからだといわれています。このころになると多くの胎動が確認されます（図２−２）。胎動の中でも一番初めに見られるものは，妊娠８週頃に驚いた時にビクンとなる動きを全身で行う驚愕《きょうがく》という動きです。さらに妊娠15週ごろになると指しゃぶりを始めます。この時，胎児は必ず頭の向いた方向の指をしゃぶりますし，指が口に来るまでは口を開けて準備をしていることが確認されています（Butterworth, G. & Hopkins, B., 1988）。つまり妊娠初期においても胎児は，驚愕の動きは全身を，指しゃぶりは頭と指そして口などを用い，体のそれぞれの場所を連携させる**協調運動**を行っているのです。この協調運動ができるということは，すでに脳内には体のそれぞれの機能を繋げる神経ネットワークがある程度形成されていることを示しています（小西，1999）。

さらに小西（1999）は，一般的な**発達の原理**や神経学では説明できない胎児独自の発達過程が存在することを指摘しています。誕生した赤ちゃんの身体運動には，「頭部から尾部へ」という発達の原理があります。具体的には，赤ちゃんはまず頭を持ち上げられるようになると次に肩・頭と肩を連動させて胸を持ち上げ，そして座れるようになり，這い這いからつかまり立ち，歩行と，頭から脚の方向に発達していくことを指します。しかし前述したように，胎児の段階ですでに全身をつかった運動が見られるのです。さらに胎児の指しゃぶりは，誕生後いったん消えて生後２ヶ月ごろにまた出現する，という不思議な現象として見られます。他にもこのように胎内で見られた行動が誕生後いったん消失し，しばらくして出現する運動として，這い這いや歩行につながる足を蹴り出す動きも報告されています。

また，胎児は誕生後，子宮の生活からすぐに地上の生活に適応するために，

発達の原理

発達の現れ方には一定の法則がある。
(1)「頭部から尾部へ」の他には以下のものがある。
(2)発達は変化の積み重ねであり，連続的に進む。
(3)未分化から分化そして統合をくり返す。
(4)発達は関連性を持ちながら次のステップへと進んでいく。
(5)発達の現れる時期や速さには個人差がある。

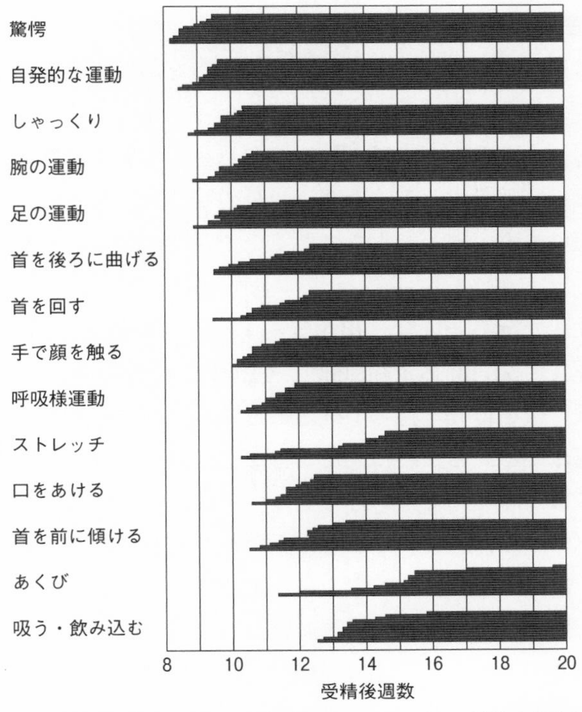

グラフの横線は１本ずつが１人の胎児についてそれぞれの胎動の出現を表す。

図２－２　胎動の出現と変化（Prechtl, H. F. R., 1988）

吸う，飲み込む運動を胎内で練習していると記しましたが，これらの運動の他にも様々な練習を胎内で行っています。例えば誕生後すぐに肺呼吸ができるよう胸をふくらませたり（呼吸様《こきゅうよう》運動），しゃっくりで横隔膜を鍛えたりします。これらの運動は，指しゃぶりやハイハイなどの胎動とは異なり，誕生しても消失することなく，持続して見られる運動です。このような胎動があまり見られない胎児は，発育に何らかの問題や臓器形成に問題が生じているケースが報告されています（Wigglesworth, J. S. & Desai, R., 1982）。

このように，能力や機能の成長，発達は誕生してから開始するのではなく，胎児の段階ですでに始まっています。周囲にいる人たちは，胎児にどのような援助ができるでしょうか。胎児に直接できることは少ないですが，胎児と一体となっているお母さんへのサポートが胎児への援助に繋がっているのです。実際に胎児は胎盤でお母さんと繋がっていますし，妊娠されている多くのお母さんは胎児と一体となっている実感を抱きながら生活しています（蘭，1989）。そのため周囲の人たちができることとして，①お母さんが過度なストレスや飲酒，薬物など胎児の発達に悪影響を及ぼす生活にならないように環境を整えるサポート，②安らかな気持ちで過ごすことができるように何気ない言葉かけや気遣いのサポート，③周囲の人もお母さんと一緒に胎児の成長や変化に喜び，見守っていくサポートが大切だと思われます。

3．生命の誕生

（1）生理的早産の意義

狭く窮屈な産道をくぐり抜け，赤ちゃんは産声をあげて誕生します。その声を聞くことで，お母さんをはじめ，出産に関わった誰もが喜びと安堵の気持ちを抱くことでしょう。この産声は，胎児がお母さんと繋がっていた胎盤から運ばれる酸素によって呼吸する方法から，自分の肺で行う肺呼吸に切り替わったことを意味しています。地上で生きていく上で最初の関門を通過した，一大イベントです。

こうして誕生した赤ちゃんは，出生後約１ヶ月間を**新生児期**（neonate）と呼ばれます。身長約50cm，体重約3,000g，４頭身で生まれてくる赤ちゃんは（図２−３），その重い頭を自分で持ち上げることすらできません。当然，食べること，服を着替えること，お風呂に入ることなど，自分の身の回りのお世話は周囲の大人にしてもらわなくてはいけません。それに対して人間と同じ哺乳類でも，馬や牛の赤ちゃんは生まれてすぐに立ち上がりお母さんのおっぱいを自分で探して飲み，自分の命は自分で守る最低限の機能をもって誕生します。

生物学的に，馬や牛のようにお母さんのお腹の中にいる期間（在胎期間）が比較的長く，誕生した直後から親の保護をあまり必要としない動物は「**離巣《りそう》性《せい》**」と分類され，逆にネズミやウサギなどのように在胎期間が短く未熟な状態で産まれてくるために，誕生後しばらくは巣に留まり親の保護を必要とする動

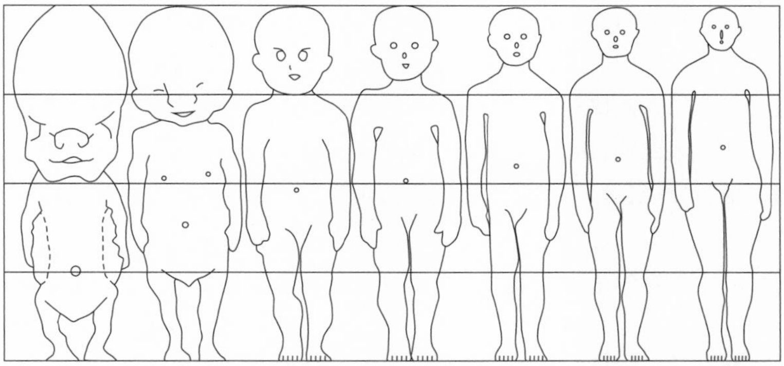

図2－3　発達と身体型の変化（Jackson, C. M., 1929）

物は「**就巣性**《しゅうそうせい》」と分類されています。それでは人間の赤ちゃんはどうでしょうか。人間の赤ちゃんの在胎期間は40週と長く「離巣性」の特徴を備えていますが，「離巣性」の動物のように歩けるようになるまでに1年以上かかります。長い間親の養育が必要な側面は，「就巣性」の特徴を持っているといえます。スイスの動物学者ポルトマン（Portmann, A., 1951）は，誕生直後の赤ちゃんが「離巣性」の動物よりも身体的に未熟であるこの特徴を，「**生理的早産**（physiological premature delivery）」と呼び他の動物と区別しました。

前述の通り，人間の赤ちゃんは頭が大きく重い状態で生まれてきます。ポルトマン（1951）はこの理由を，お母さんのお腹の中にいる期間に，身体運動能力よりも学習できる準備を整えるために脳の発達を優先させたためだと考えました。学習準備を整えた状態で生まれてくるおかげで，私たちは誕生した土地がどのような言語圏，文化圏，気候，風土であろうと，その環境に適応して学習し，柔軟に生きていくことができるのだと考えられています。

（2）生まれながらの力

運動発達はとても未熟で，身の回りのことを周囲の人に任せなくてはならない赤ちゃんですが，生きていくために必要な運動パターンは身につけており，反射という形で発揮します。反射とは，外からの刺激に対して意識されずに生じる一定の運動のことです。そこに赤ちゃんの意思や思いはありません。そして，特に生まれたての赤ちゃんが示す特有のものは**原始反射**と呼ばれます。

例えば口元や頬の当たりを指でつつくとそちらを向き，口をあけて何かを探す動作をします。これは口唇探索反射《こうしんたんさくはんしゃ》と呼ばれるもので，さらに口に指が当たると指を吸う吸啜反射《きゅうてつはんしゃ》が見られます。これはまさに赤ちゃんがおっぱいのありかを探して吸うために役立つ反射です。他にも，人間が猿から進化したなごりだと思える原始反射もあります。急に大きな音がしたり，赤ちゃんの頭部とお尻を45度くらいの角度で支えた状態で頭部の手を少し下にさげると，両腕を左右に広げたあと，抱きつこうとするモロー反射が現れます。また，手の平や足の指付近に指を当てると握ろうとする**把握反射《はあくはんしゃ》**が見られます。これらは，お母さんのお腹や背中で生活している猿の赤ちゃんが，不意の動きにも振り落とされないでお母さんにしがみついておくためにとても役立っていたと考えられます。一方，人間独自の二足歩行に繋がる反射として，赤ちゃんの両脇を支えた状態で前方に少し傾けながら足を床に触れさせると，交互に足を屈伸して歩くしぐさをします。これは自動歩行または歩行反射と呼ばれます。これらの原始反射は，生後半年までにはほとんど見られなくなります。もともと原始反射は赤ちゃんの意思に関係しない運動でしたが，脳の発達が進み，自分の意思で動く**随意運動《ずいいうんどう》**が多く見られるようになると原始反射は消失していきます。新しい動きを獲得する際に原始反射が生じ続けてしまうと，動きが邪魔され，うまく練習ができなくなってしまうからです。そのため，適切な時期に消失することが次の発達や運動パターンを学習するために重要となってきます。

赤ちゃんの動きがすべて意思を伴わない反射なのではありません。新生児の赤ちゃんが意図をもって行う仕草は，自発的な運動（**ジェネラルムーブメント**）と呼ばれています（Prechtl, 1988）。この自発的な運動は，手・足のいずれかの部分から始まり，次第に体全体をなめらかに，そしてスムーズに動かしていき，主に仰向けに寝かせた赤ちゃんによく見られます（多賀，1996）。体を意図的に動かすことで，自分の体の存在を知り，自分をとりまく環境への興味に繋がります。また，誕生直後から現れる情緒・行動の個人差を「気質」と呼びます。生後３～４日の赤ちゃんに，新生児の尺度を用いて運動や感情に関する側面を測定すると，その得点は一人ひとり異なります。つまり生まれた直後から，情緒や行動に個人差が見られ，このことは一人ひとりが個性的な気質を持って生まれてくることを示しています。つまり，赤ちゃんは決して一様に何もできない存在ではなく，誕生直後から一人ひとり異なる個性，性格を持ち生まれてくるのです。

また，反射行動の一つに**生理的微笑**（p.127参照）があります。新生児が見せる笑顔ですが，嬉しい気持ちや楽しい気持ちの表現ではありません。嬉しい気持ちと一緒に笑顔が出る**社会的微笑**（p.127参照）は生後２ヶ月からです。図２－４は，生まれて数時間の新生児が見せてくれた生理的微笑です。寝ている時や何気ない時に穏やかににっこりと微笑んでくれています。なぜこのような反射を備えて生まれてくるのでしょうか。赤ちゃんがこのような笑顔を見せてくれると，見ているこちらも思わず覗き込み，体に触れ，声をかけたくなりますね。お母さんをはじめ，赤ちゃんを養育する人たちの多くはこの笑顔に魅せられ，愛おしい気持ちやこの子を大切に育てたいと思う気持ちが込み上げてくるでしょう。実質的には生活のすべてを周囲の人に依存しなくてはいけない赤ちゃんだからこそ，生理的微笑は，周囲の人からの養育行動を引き出す生まれながらに身についている力なのかもしれません。

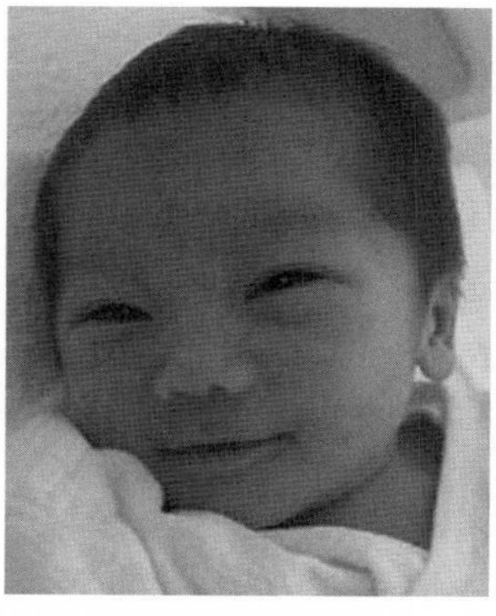

図２－４　生理的微笑

（３）身体発達と発達の連続性

生後１ヶ月から約１年間は**乳児期（suckling）**と呼ばれます。特に身体発達が著しい時期で，乳児期の１年間で体重は約３倍，身長は1.5倍に成長します。新生児期も終わりに近づくと，うつ伏せにすると頭を上げられるようになり，２ヶ月ごろには何度も繰り返して頭を上げられるようになります。その後，３，４ヶ月ごろになると，頭を上げる行動に両肘が加わり，さらに肩の真下に肘がくることで上半身の重みを支え，90度頭を上げられるようになります（図２-５：うつ伏せ・４ヶ月）。この体勢が取れると，自分が見たい方向に自由に顔を向けることができるようになります。と同時に，この時期になると首がすわります。**首すわり**とは，首でしっかりと頭を支え姿勢を保持できるようになる

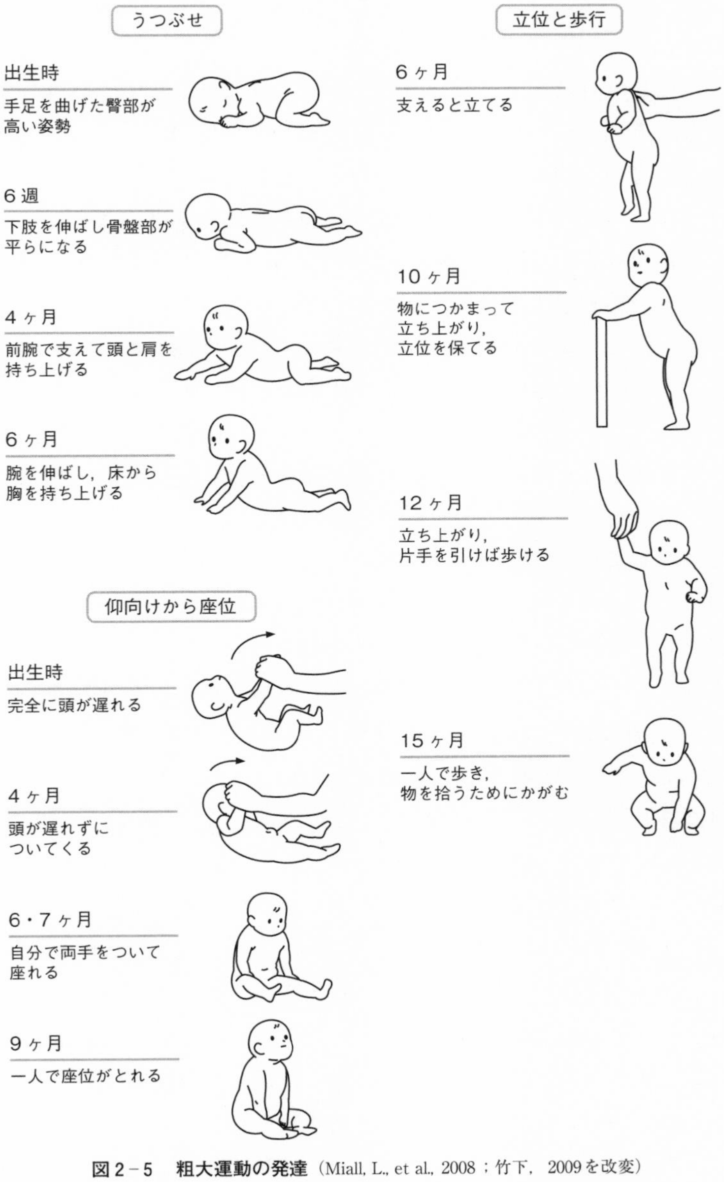

図２－５　粗大運動の発達（Miall, L., et al., 2008；竹下，2009を改変）

ことです。赤ちゃんを仰向けに寝かせ，両手を持ち，引き起こす時に体に遅れず頭がついてくるかどうかで確認することができます。これを引き起こしといいます（図２−５：仰向けからの座位・４ヶ月）。

首すわりは身体の発達の点からも，知的な発達の点からも大きな意味を持ちます。首がすわることで，頭を自由に動かせるようになります。上から下へ，左から右へ，またその逆方向へと，赤ちゃんは興味を持ったものを目で追う追《つい》視《し》ができるようになります。この眼の動きができるからこそ，次に目で見たものを手で触れようとする**目と手の協応**動作が可能になります。自分が見たいものを自由に見ること，それを触り，つかめるようになることで，赤ちゃんはさらに自分をとりまく世界への興味や好奇心を広げていくのです。そうすることで，身の回りのものに関わる機会が増え，知的発達が促されるのです。と同時に，「こうしたい」「これで遊びたい」など，自分の意志を表現できるようになります。

また，生後６ヶ月になると寝返りができるようになります。寝返りは仰向けから横向き，その後うつ伏せ，そしてうつ伏せから仰向け，とそれぞれの運動として獲得していく回旋運動です。この動作を獲得していく中で，うつ伏せ状態で，パーにした手の平をしっかりと床につけ，胸をあげて体を支える状態が取れるようになれます（図２−５：うつ伏せ・６ヶ月）。この体勢は這い這いに繋がる体勢で，移動手段を獲得するための準備ができたことも意味します。

移動手段を獲得し始めた赤ちゃんが必要とする別の能力が，人を認識し，区別する力です。その力は，知らない人に出会うと泣いてしまったり，お母さんにしがみついたりする人見知りとして発揮されます。近い将来，這い這いなど自分で移動できるようになると，移動した先で危険なことや不安なことに出会う可能性が高くなります。そのような時，自分を守ってくれる特別な人を見分けなくてはなりません。そのため，這い這いや歩行ができるようになる前に，人を認識して区別する力を身につけるのです。

保育実習などで乳児クラスを担当した学生から，抱っこしても赤ちゃんに大泣きをされてしまった，ミルクをあげようとしても抱っこもさせてくれなかった，などはよく聞く話です。どの学生も赤ちゃんから拒否されたことが悲しく，落胆していました。確かに，赤ちゃんに人見知りされて泣かれてしまうと，泣かれた方は淋しい気持ちになります。しかし赤ちゃんの側からすればそれは，人を認識し区別する力が身についている喜ばしいことでもあります。また逆に，赤ちゃんが自分にだけ笑顔を向けてくれたり，自分が抱きかかえると泣き止んでくれたりすると，嬉しい気持ちになると思いませんか。「私がこの子を守らないと！」という気持ちが湧いてくるでしょう。実習生でも，優しく関わりを続けていくと，実習が進むにつれて抱っこしても，泣かずに笑顔を向けてくれるようになります。このような経験を通して，短い実習期間中でも赤ちゃんに愛おしさや離れがたい気持ちを感じた，と感想を話してくれる実習生はたくさんいます。このように，人見知りは赤ちゃん自身にとって大切な力でもありますが，養育者や保育者にとっても赤ちゃんに深い愛情を抱くきっかけとなっているのです。

さらにこの時期になると，記憶力も育ってきます。みなさんは「いないいないばぁ」遊びを知っていますか？　絵本などにもありますが，赤ちゃんに対して「いないいないない……」と言いながら自分の手で自分の顔を隠し，「ばぁ」と言いながら手を広げ顔をのぞかせるという遊びです。6ヶ月未満の赤ちゃんはあやし遊びとして喜んでくれます。6ヶ月以降になると，何度か遊びを繰り返しているうちに，手で隠された先には遊んでくれている人の顔があることを記憶できるようになります。そうすると，いつその人の顔が出てくるのかと期待するようになります。そして「ばぁ」のかけ声とともに予想通りその人の顔が出てくることを楽しむのです。この，今見えているものが視界から消えても，見えないだけで存在はしていることを理解することは，**ものの永続性**といわれます。6ヶ月以前の赤ちゃんは，見えているものは存在するが，視界から消えるとその物自体が存在しない，という理解をしています。ものの永続性が獲得されると，以前の記憶を思い出してイメージできるようになり，そのイメージがやがてものの概念や言葉の学習に繋がってくるのです。

物の概念や言葉の学習は，歩行の練習を始める1歳ごろから本格的に始まります。1歳を過ぎると幼児期（infant）と呼ばれる段階に入ります。この時期には，子どもは大人と一緒に対象に関わる行為ができるようになります。例えばお母さんと一緒に絵本を見る，といった行動です。このように，物を介して子どもと人が関わることを**三項関係**といいます。歩行とともに世界が広がると，赤ちゃんは興味をくすぐるたくさんの物に出会います。興味をもった物に指をさし，指された物について大人が応答するなど，周囲の人との関わりを通して赤ちゃんは物の概念や言葉を学んでいくのです。

三項関係
「子ども－大人－第三者（物）」という三項関係が成立する前に，大人との一対一の関わりを通して，特定の大人との基本的信頼をつくる。この一対一の関係を二項関係という。

このように，乳児期は身体や運動の発達が目覚ましく，1年で大きな成長を遂げます。そして身体・運動の発達に伴って，周囲を認識する認知能力や概念や言葉などの知的能力など，様々な力が関連し，バランスを取りながら発達を遂げていくのです。そのためには，子どもが安心して，安定した生活を送れるように配慮することはもちろんのこと，今子どもが発達させている能力や表現したい気持ちをしっかりと受け止め，一人ひとりに丁寧に関わっていくことが大切です。そして，目覚ましい運動発達を援助するために，運動の機会を生活の中で十分に取れるように配慮していくことも大切です。しかし，成長を焦る必要はありません。例えば，つかまり立ちとお尻と胴を上げ行う四つ這いは，同じくらいの時期にできるようになります。這い這いと歩行では歩行の方が発達的により進んでいると思い，歩行の前段階であるつかまり立ちができるようになった赤ちゃんにさらに歩くよう促したり，練習させたりすることは，逆に歩行の獲得を阻害することに繋がります。這い這いは首を持ち上げて前をしっかりと見ながら進みますが，これは歩行の際のバランス保持に繋がります。また，手足の左右交差をバランスよく行うことは，歩行のバランスに繋がります。

歩いていて転んだ時には自分の体を肩や腕で支えなくてはなりません。その肩や腕の筋肉は，這い這いの動作の中で鍛えられるのです。

このように，それぞれの発達段階や順序には一つひとつ大切な意味があるのです。発達の個人差も大きいこの時期だからこそ，子どもの成長を焦ることなく見守り，子どもが安心して過ごせる環境の中で，子どもの欲求や好奇心に丁寧に応える関わり，環境を準備することが大切になるのです。そして，発達原理とは大きく異なる順序や段階を飛び越した発達の様相が見られた時には，注意深く観察し，必要があるならば専門機関と連携し援助を行うことが保育者の大切な役割となってきます。

2017年に「保育所保育指針」「幼稚園教育要領」そして「幼保連携型認定こども園教育・保育要領」の3法令が改定され，「乳児の保育内容」の記述が厚くなりました。共働き家庭が増え，赤ちゃんの時期から長時間保育施設で過ごす子どもが増える中で，一人ひとりの子どもの育ちに寄り添い，愛情を持って丁寧に保育をしていくことがさらに求められているのです。

コラム４
子どもの命・成長に関わることの魅力

第Ⅱ部第２章では，胎児期から新生児・乳児期の赤ちゃんについてお話しました。この章の中にも記しましたが，赤ちゃんがお母さんのお腹の中にいる期間は約10ヶ月，40週です。しかし，その約半分６ヶ月目の23週と１日で出産した友人がいました。

そもそも，出産予定日の２週間前から３週間後までの出産は正期産といわれ，その時期よりも早く出産することは早産，さらに22週未満での出産は流産といわれます。流産とは，その名の通り赤ちゃんが子宮から流れ落ちて産まれてしまい，その後命を繋ぎとめることが難しい状態を意味します。また，赤ちゃんが生まれそうになっている状態は，妊娠22週を境に，それ以後を切迫早産，それ以前を切迫流産と呼ばれます。つまり，誕生後に医療の助けを受けながら，赤ちゃんの命を守り成長へと導いていくことができるかどうかは，妊娠22週を超えるかどうかが１つの判断基準になっているのです。

妊娠22週に入ってすぐお腹の異変を感じた友人は，産婦人科で切迫早産の兆候ありと診断を受け緊急入院をしました。１日でも長く赤ちゃんをお母さんのお腹の中に留めておくために，入院中は絶対安静です。「お母さんのお腹で過ごす１日は体外で過ごす１週間」といわれるくらい，胎児が成長するためにはお母さんのお腹の中が最適なのです。病院の先生からはこの週数で出産しても助かる見込みはかなり低いこと，助かったとしても障がいが残る可能性があることを告げられ，祈る思いで治療を受けていました。

しかし22週の最後の日，体が赤ちゃんを産みだそうとする陣痛が始まってしまいました。そして，23週と１日目に568gの小さな小さな男の子を出産しました。すぐさま新生児集中治療室（NICU）の保育器に移され，命を守るために人工呼吸などのたくさんの管に繋がれました。まだ皮膚もしっかりと完成されていない真っ赤な肌に沢山の管が触れることすら，彼にとっては大きな刺激になったことでしょう。また，未熟な臓器から栄養を取り込むことも難しい状態だったのでしょう。通常でも生まれたばかりの新生児は，生後４日くらいまでに出生体重の３～10％程度体重が減少しますが，彼の体重は８日目に410g，28％も減少してしまいました。友人夫妻をはじめ，先生や看護師さんたちも１日，１日，祈るような思いで治療を続けていきました。そのような状況でも，母親が保育器の中に指を差し出すと彼は必死につかみ，自分が懸命に生きていること，生きようとする意思を表現しているかのようでした。

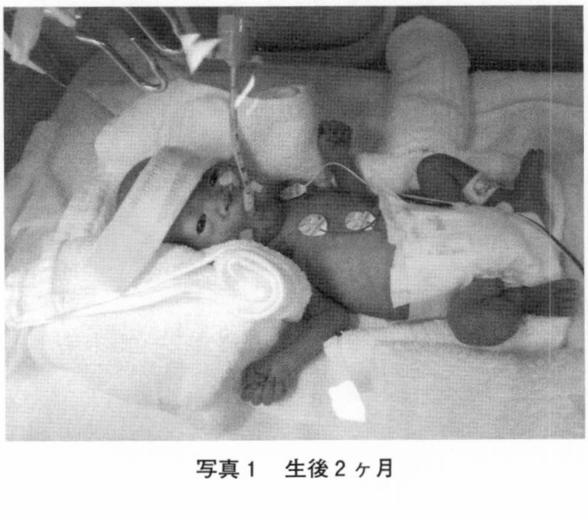

写真１　生後２ヶ月

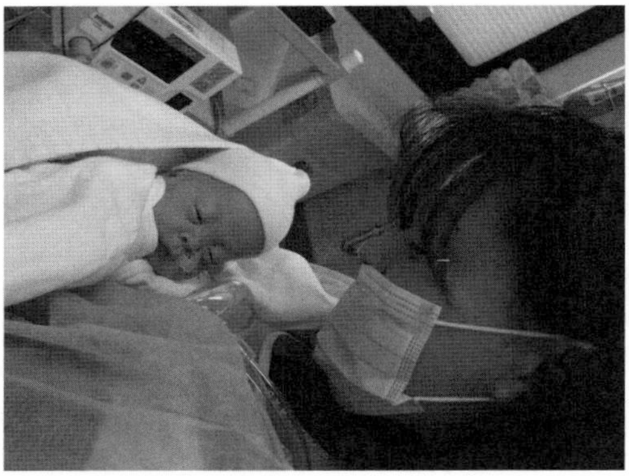

写真２　生後４ヶ月

２ヶ月目にはようやく出生体重まで回復し（写真１），３ヶ月目に1,000gを超えて人工呼吸器が外れるころ，友人は次のように語ってくれました。「初めて我が子をカンガルー抱っこで自分の胸に抱くことができました。小さくて壊れそうな我が子でした。まだ酸素マスクが必要だったため不安でしたが，やっと抱っこという母親らしいことができました」（写真２）。

そして新生児の標準体重の3,000gに達した７ヶ月目に，ようやく退院することができました。さらにこの時のことを次のように語ってくれました。

【母親の手記】

息子が生まれてから退院の兆しがあるまで，毎日祈る気持ちで一杯でした。毎日欠かさず面会に行き，今日も無事だったと確認して帰宅していました。息をする，ミルクを飲む，赤ちゃんが当たり前のように行っていることが息子には困難でした。もちろん育児書なんて全く参考になりませんでした。面会に行っても何ができるわけでもなく，触ったり声をかけたり見守ることしかできませんでしたが，退院できたのは息子の生命力の強さだと思います。またNICUの先生や看護師さんが我が子のように息子に愛情をもって診てくれたこと。本当に感謝の気持ちで一杯です。

実はこの子が生まれる以前，友人は，自分は子どもが好きな方ではなく，子どもを産み，育てることに強い興味や関心を抱いている訳でもなかったと語りました。しかし，超未熟児で生まれた我が子が必死に生きている姿や命を輝かしている姿に触れ，母親としての想いや命に対する尊さを彼から学んだ，と話してくれました。そんな彼は，「希望にあふれ太陽のように人生を輝かせて欲しい」という両親の願いを込めて，陽希（ヒロキ）と名づけられ，現在は９歳，元気に地元の小学校に通っています。そして友人も今は立派な２児のお母さんです。

赤ちゃんや子どもは，たとえ自分の子どもでなくとも，関わる人たちに大きな感動や喜び，そして学びをもたらしてくれる存在です。子どもの心に寄り添い，深く関わることでさらに感動や喜びは増し，子どもと一緒に私たちも成長することができるのだと思います。保育職の魅力はここにあるのだと思います。

3

知覚と認知の発達

1．乳児の知覚・聴覚

（1）知覚の発達

新生児の視力は0.02程度であるといわれています。大人が抱っこした場合，その顔がやっと見える程度です。生後６ヶ月までに赤ちゃんの視力は急激に発達していきますが，それでも0.1程度です。大人に比べると赤ちゃんの目から見える世界は，はっきりしない，ぼんやりとしたものといえそうです。

ファンツ（Fantz, R. J., 1973）は，生後間もない赤ちゃんに，いろいろな種類の刺激を提示した時の凝視時間を調べました。その結果，人の顔に近い刺激をもっとも長く見つめることを発見しました（図３－１）。このことにより，人間は生まれながらにして，人の顔，あるいは人の顔に近い刺激に興味を示すことが明らかになりました。

生後２週目には母親が顔を動かすと，赤ちゃんは目で追うような行動を示します。これは追視と呼ばれますが，生後３ヶ月になると追視が上手にできるようになり，生後４ヶ月には見える物に興味を持ち，自分の手や体を使って触ろうとする行動が見られるようになります。これはリーチングと呼ばれる行動です。最初は距離感がつかめずうまくいきませんが，徐々に上手になり生後10ヶ月になると自分から興味ある物に近づき，触ったり，叩いたりする探索

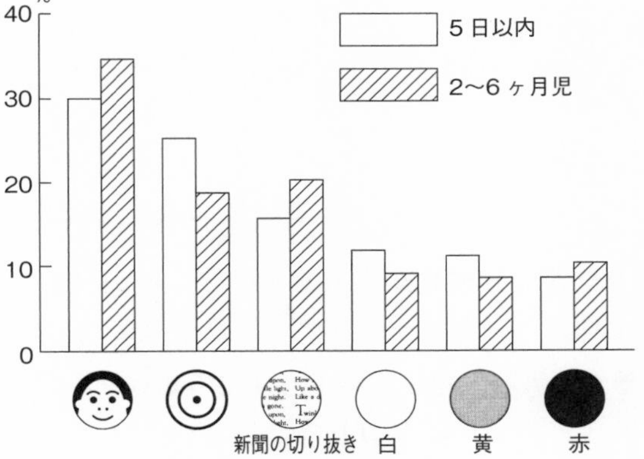

図３－１　対象に対する乳児の注視時間（Fantz, 1973を参考に作成）

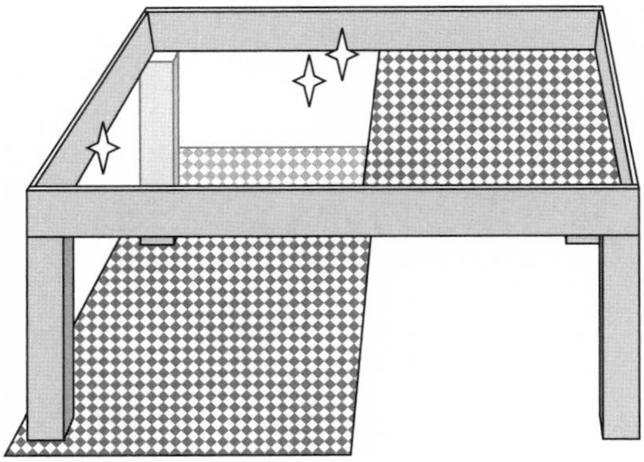

図３－２　視覚的断崖（Gibson R. L. & Walk, R., 1960を参考に作成）

行動が活発になってきます。知的好奇心が芽生えた証拠だといえるでしょう。

遠くにある物は遠くに，近くにある物は近くに感じる奥行き知覚の能力は，赤ちゃんに備わっているのでしょうか。ギブソンとウォーク（Gibson & Walk, 1960）は，視覚的断崖（見かけ上の段差）の実験装置を使って生後６～14ヶ月の赤ちゃんに奥行き知覚の能力が備わっているのかどうかを調べました（図３－２）。実際には段差はありませんが，大きな段差があるように見える実験装置の上に赤ちゃんを座らせると，生後６ヶ月の赤ちゃんでも，「落ちる，怖い」という危険を感じて，見かけ上の段差を怖がって進まないという行動が見られました。このような行動から，このころからすでに奥行きが知覚できると考えられます。

（２）聴覚の発達

赤ちゃんには新生児のころから音への反応が顕著に見られます。出生直後から音のする方向へ首を向けようとする音源定位という行動が見られ，生後３～４ヶ月ごろには自分の名前を呼ぶ母親の姿を探すような行動が出現してきます。

赤ちゃんは低い声よりも高い声，そしてゆったりとしたやさしい抑揚のある声かけを好む傾向があります。こうした特徴を持つ大人の語りかけをマザリーズ（motherese）といいます。ファーガソン（Ferguson, C. A., 1977）は，様々な言語文化圏でマザリーズが見られることを明らかにしました。

２．ピアジェの理論

乳幼児の知覚と認知の発達を知る上で欠かすことができないのがピアジェ（Piaget, J., p.59参照）の理論です。ピアジェは20世紀を代表するスイスの心理学者であり，多くの実験課題を用いて乳幼児の知覚や認知発達を段階的に示しました。それではピアジェの発達段階説について詳しく見ていきましょう。

（1）感覚運動期（誕生～２歳）

生まれて間もない乳児は，見る，聴く，吸う，なめる，触る，つかむ，叩く，握るというような感覚と運動を組み合わせることによって自分の外の世界について知覚していきます。

例えば，ある物をなめるという動作をした場合，なめた結果，得られた感覚が苦かったり，辛かったりしておいしいという感覚が得られなければ，その物をそれ以上なめることはしません。逆に，おいしいという感覚を得られる物をなめた場合は，繰り返しなめようとします。これによって，なめておいしい物とそうでない物が区別されるようになります。同様に，叩くという動作をした場合に，固くて痛いという感覚を得ると叩くことをやめますが，やわらかい物や叩いて音が出るおもちゃ等であれば，楽しいので叩くという動作を繰り返すことになるでしょう。

このように，ある動作を行った結果，得られた感覚によって子どもは自分の周りを多様な世界として認知していくことになります。

ピアジェの理論では，子どもが自分の周りの世界のことを学んでいくためには「シェマ」「同化」「調節」という３つが重要であるといわれています。

ピアジェは同化と調節の働きを可能にするための手立てとして，心の中にある認知構造をシェマと名づけました。子どもは様々な経験で得た情報をシェマに当てはめて理解しようとします。

例えば，子どもが自分の家にある普通車を自動車のシェマとして持っていたとしましょう。その子どもが初めて大型トラックを見た時，それを自動車のシェマに当てはめようとしても，うまく当てはまらないでしょう。その時，子どもはシェマを新しくつくり直し，大型トラックも，バスも軽自動車も自動車として取り込めるようなシェマをつくり上げるわけです。

シェマは子どもの成長とともに少しずつ変化していきます。前述の自動車の例のように，新しく環境を理解するためにシェマを当てはめる過程を同化といいます。もし，同化がうまくいかなければシェマの調節が必要になります。

例えば，子どもが初めて飛行機を見た時，今までの経験で形成されてきたシェマを当てはめようとするため自動車というシェマを当てはめよう（同化しよう）とするでしょう。しかし，あらかじめ持っているシェマを飛行機に当てはめることができない（同化できない）なら，シェマを変化させるか新しいシェマをつくる（調節する）必要が生まれるわけです。

このように認知構造であるシェマが環境を同化できない場合，シェマは環境を同化できるように変化していきます。同化と調節を繰り返しながら，子どもは外の世界を認識していくのです。

（2）前操作期（２歳～６・７歳）

感覚運動期を過ぎると，言語発達に伴ってイメージの世界がどんどん広がっていきます。この時期は操作期の前段階であるので前操作期と呼ばれています。

この段階は「前概念的・象徴的思考段階」「表象的・直観的思考段階」の２つに分けることができます。

表象

外界の対象が目の前になくても，心の中でイメージや記号，言葉などにより再現される人や事物の像のこと。

前概念的・象徴的思考段階（２～４歳）は，イメージや言葉というシンボル（**表象**）によって同化や調節がなされるようになる時期です。この時期には，身近な大人の行為の真似をしたり，空のコップを口に持っていき，おいしいジュースを飲む真似をするなどの「ふり遊び」や，ままごと遊びや電車ごっこ，お店屋さんごっこなどの「ごっこ遊び」をよく行うようになります。表象の発達によって，対象が目の前になくても，その場に存在しているように再現することができる（遅延模倣）ようになるのです。

また，この時期は，周りの世界に対する探索行動も盛んになり，様々な身近な事象・現象の因果関係に関心を持ち，大人への質問が多くなってきます。そして「なぜ」「どうして」「～だから」といった推理をするようになります。

推理の仕方には，個別的な情報あるいは前提に基づいて，一般化された結論を導く帰納的推理《きのうてきすいり》と，その逆に一般化された情報あるいは前提から個別的な結論を得る演繹的推理《えんえきてきすいり》があります。しかし，幼児の推理過程は，そのどちらでもない，いわば特殊な事例から特殊な結論を導き出すような推理をするところに特徴があります。

これは幼児が推理する時，自分の立場からものを考えるので日常の具体的，個人的な経験に引きずられることが多く，論理的思考が十分にできないためと考えられています。このような幼児に見られる特徴的な推理の様式を転導推理といいます。

例えば，自宅を訪ねてきたお客のＡさんがお小遣いをくれたという経験から「家に来るお客さんは誰でもお小遣いをくれる」と考えることなどがそれにあたります。

表象的・直観的思考段階（４～６・７歳）では，さらに言語能力が発達し日常生活に困らない程度の会話ができるようになり，しりとり遊びのような言葉遊びを楽しむこともできるようになります。また，４が１より大きいとか２より５が大きいなどという順系列の理解ができるようになってきます。さらに長い短い，多い少ない，高い低いの比較や並べ替えなども簡単なものはできるようになります。

しかし，まだ論理的ではなく直観的で自己中心的に判断がなされるため，見た目の変化にとらわれやすく，知覚的に目立つ特徴に注意が向き，判断を誤ってしまうことがしばしば見られます（次節（１）「保存概念」を参照）。また，自分の位置からの見え方と自分と異なる位置に立つ他者からの見え方の違いを理解できないという側面があるのもこの時期の特徴です（次節（２）②「三つ山問題」を参照）。

（3）具体的操作期（6・7～11・12歳）

具体的事物や活動の助けがあれば，見た目に左右されずに考えることができるようになります。この時期になると自己中心性から脱し，保存概念が成立するので，前操作期では理解できなかった保存の課題を理解できるようになります。しかし，具体性を離れて論理だけで考えていくことはまだ難しく，経験していないことに対する思考は乏しいといわざるをえません。

（４）形式的操作期（11・12歳～）

具体的な操作で確かめるだけでなく，頭の中で言葉やイメージで考えることができるようになります。この段階に達すると抽象的かつ論理的な思考が可能になってきます。つまり具体的な操作を通して経験しなくても，頭の中で仮説を立てて現実を検証していく能力が身についていくことになります。

３．認知発達の実際

（１）保存概念

対象の見かけが変化しても量や数を足したり加えたり，引いたり減らしたりしない限り，そのものの量や数は変化することはなく同じであることを私たちは知っています。このような法則に対する認識は保存概念と呼ばれます。図３－３および図３－４に示すように保存概念が未成立の前操作期の幼児は液面の高さ（液量の保存）や，おはじきの並んでいる横幅（数の保存）といった見た目の変化にとらわれやすく，知覚的に目立つ特徴に中心化してしまい，保存課題に失敗してしまうことが，しばしば見られます。保存概念が成立するのは具体的操作期に入ってからといわれています。

液量の保存課題の実験を紹介しましょう。同じ大きさ，同じ形のコップAとB，それぞれに同じ高さまで水が入っている時，前操作期の子どもは，それらの水の量が同じであることは理解できます。しかし，Bのコップの水を，子どもの目の前で細長いB'のコップにすべて入れ替えたのちに，どちらが多いかを尋ねてみると，不思議なことに子どもはB'が多いと答えるのです。つまり，コッ

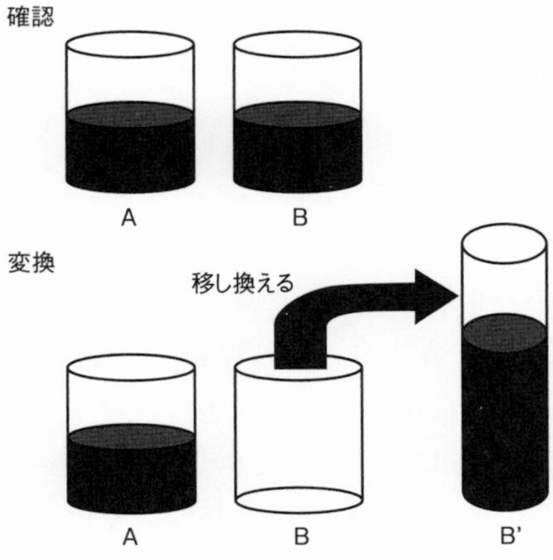

図３－３　液量の保存課題

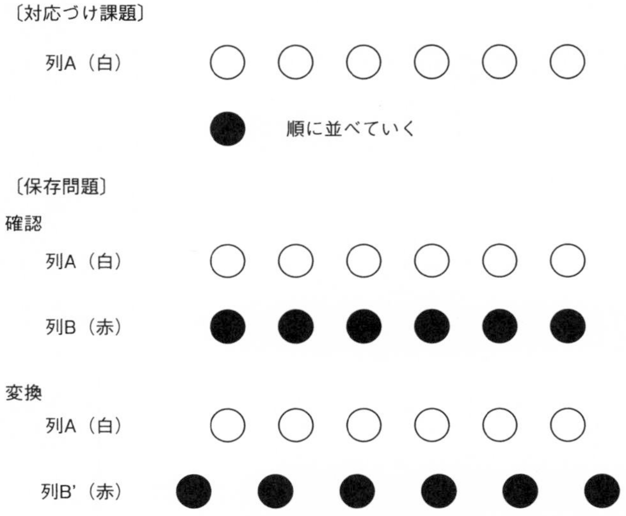

図3－4　数の保存課題

プの水の水位がAよりも高いという見た目の変化に引きずられて，入れ替えた方のコップの水が多いと考えてしまうのです。

これと同様に数の保存課題においても，白のおはじきと視覚的に1対1対応になるように赤のおはじきを並べさせると，白と赤のおはじきの数が同数であることは理解できます。しかし，赤のおはじきの数はそのままで，拡げて列B'のように並べ替えてみると，これも不思議なことに見た目の変化に引きずられて赤のおはじきが多いと答えてしまうのです。

（2）自己中心性

自己中心性は幼児期における思考の特徴の一つとされています。私たちは「あの人は自己チュー（自己中心的）だね」などとよくいいますが，このような相手のことなど考えない利己的でわがままな性格のことを指しているわけではありません。ここでいう自己中心性とは自分の立場から離れて物を見たり考えたりすることができず，自己本位に考えてしまい，他者の立場に立って相手の視点から物事を見たり考えたりすることができないことを指します。このような自己中心性の特徴を立証する例として心の理論と三つ山問題を紹介しましょう。

①心の理論

自分以外の他者の心の状態を推測したり，他者は自分とは異なる考えや信念を持っていることを認知する能力を心の理論（theory of mind）と呼びます。この心の理論を調べるために用いられる課題に「サリーとアンの課題」があります。課題の流れは図3－5に示す通りです。この課題を用いた実験結果より，心の理論が理解できるのは4歳以降といわれています（Frith, U., 1989）。

図にあるストーリーを子どもに提示し，「帰って来たサリーがビー玉を探す

図３－５　サリーとアンの課題（Frith, 1989を参考に作成）

のはどこでしょうか」という質問をします。３歳児の場合，多くの子どもはサリーが「箱」を探すと答えます。これは，自分の立場からしか物事を考えることができないため，自分が知っている情報をサリーも知っていると判断するためであるとされています。しかし，４歳以降になると「カゴ」と正しく答えられるようになります。サリーという他者の立場に立って状況を考え，判断できるようになるからです。

②三つ山問題

自分と別の位置に置いた人形から三つ山がどのように見えるかを推測させる三つ山問題とは，自己中心性を調べるためにピアジェとイネルデ（Inhelder, B.）が行った有名な実験のことをいいます（図３－６）。

まず山が三つ並んだ模型を用意し，子どもに模型のまわりを一周させた後，Aの位置にすわらせます。次にCの位置に人形を置いた時，人形から山がどのように見えるかを尋ねます。すると６，７歳ぐらいまでの子どもは誤答が多く人形の視点を推測することができません。これは自分から見えているものと人

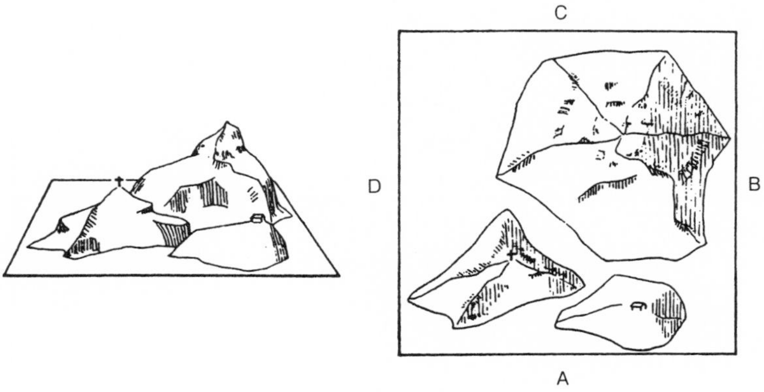

図３－６　三つ山問題

形から見えているものの違いに気づくことができていないからだと考えられます。しかし，９歳以降になると人形の視点を推測することができるようになり，正解率が高くなります。

４．知覚と認知の発達と保育

（１）周りの世界の見え方

幼児の生活の中心は遊びであり，家庭や幼稚園・保育所においても遊びを通して幼児は周りの世界と関わっていきます。この時期の子どもの言動を詳しく観察すると，幼児なりの独特な世界観を持っていることに気づきます。自己中心性という特徴を持ち，主観と客観が未分化で現実と想像の世界が区別できにくいため，幼児は大人と異なる世界観を持っているのです。

日常的に子どもと関わる保育者も，子どもの独特な世界観を理解しながら日々の保育活動を行うことが求められます。ここではアニミズム，実念論，人工論の３つから幼児の世界を理解していきましょう。

（２）アニミズム

生物であれ，生命や意識のない無生物であれ，無差別にあらゆる物に対して生命や意識があるという信念をアニミズムといいます。幼児はぬいぐるみや動くおもちゃや人形などにも人間と同じように生命があり，考えたり感じたりすることができると思っています。同様に草花や昆虫に対しても人間に接するのと同じように声をかけたり対話したりします。**相貌的《そうぼうてき》知《ち》覚《かく》**が生じるのも，こういった特徴から理解できます。このようなことは日常の保育場面でも実際に確認することができるでしょう。

相貌的知覚

幼児は草木が風になびく様子を「おじぎをしている」と言ったり，コップがころがっていると「コップさんがくたびれている。かわいそう」などと表現したりすることがある。また雲や天井のしみなどを人や動物の顔と見たりするなど，対象を表情的に認知しようとする傾向がある。このような対象に対して感情の介入する主観的，情緒的な知覚を指す。

（３）実念論

現実と想像の世界の区別ができず，おばけや絵本・アニメの中の登場人物，想像上のキャラクターなどが実際に現実の世界に存在するという信念を実念論といいます。例えば，映画の中で怪獣が高層ビルを壊した場面を観たとしたら，それが現実であると思ってしまうのです。また，絵本の中におばけが登場すると怖くて「キャー」と悲鳴をあげる子どももいるでしょう。これは，おばけが実在するかのような感覚を子どもが抱くからでしょう。しかし，それは長続きすることはなく，保育者が優しく接することによって，子どもは恐怖感から解放され安心してすぐに笑顔を取り戻します。そして怖いもの見たさに，また「先生，おばけが出る，あの絵本をもう１回読んで」と何回も同じ絵本を読むよう先生にお願いする姿が見られます。怖さの中に面白さを子どもたちは感じているのでしょう。このような子どもの要求に優しく応えるのも保育者の大切な役割といえそうです。

(4) 人 工 論

世の中のあらゆる事物は人間によってつくられたものであるとする信念を人工論といいます。子どもは山も雲も月も太陽もすべて人間がつくったと考えます。

以上のように幼児は独特な世界観を持っています。子どもが心身ともに安心・安全に過ごすことができる環境を整えることに配慮（養護的側面）することにより，子どもは安心して主体的に環境に関わり，周囲の世界を自分なりに感じ，探り，気づく（教育的側面）ことが可能になります。子どもの知覚・認知能力は「養護と教育」が一体となって営まれることにより発達していくものといえます。子どもの世界観を理解し，それを否定するのではなく，受容し共感する姿勢で保育者が子どもと関わると，子どもは安心して心を開いていくことになるでしょう。子どもは子どもの世界を生きているのです。

コラム 5
母親がいれば怖くない？

奥行き知覚のところで視覚的断崖の実験を取り上げましたが，ここでは視覚的断崖を用いた別の実験をご紹介しましょう。

ギブソンとウォーク（Gibson, R. L., & Walk, R., 1960）の実験では，高さを知覚できる赤ちゃんは視覚的断崖の手前で危険を感じて渡ろうとしませんでした。

しかし，ソースら（Sorce, J. F., et al., 1985）は断崖の向こう側にいる母親の表情によって赤ちゃんの行動が変化することを確かめました。断崖の向こう側にいる母親が恐れや怒りの表情の時にはほとんどの赤ちゃんが渡ろうとしませんでしたが，喜びや興味深そうな表情の時には実に70％以上の赤ちゃんがガラス板の上を渡って母親の方へ向かったのです。

これは恐怖を感じていても，身近で最も信頼できる母親の表情を見て，それを参考にして「渡っても大丈夫」と赤ちゃんが判断し，実際に行動に移したといえるでしょう。このように身近な大人の表情によって「危険じゃないよ，大丈夫だよ」というメッセージを赤ちゃんに伝えることができれば，赤ちゃんはそれを察知し自分の行動を調整するようになるのです。赤ちゃんにとっては母親などの家族や保育者が最も身近な大人といえるでしょう。その大人から発せられるメッセージを受け取りながら，子どもは自分の行動を調整していく存在なのです。保育者も子どもから信頼される存在になりたいものですね。

途中からガラス板になっている

図 1　見せかけの断崖実験
（Gibson, R. L. & Walk, R.,1960 を参考に作成）

4

言葉の発達

1．前言語期

乳幼児期は急速な言葉の発達が見られる時期です。言葉の発達というと，多くの方が思い浮かべるのは話し言葉，いわゆるおしゃべりではないでしょうか。特に養育者は，我が子の発話に敏感で，話し言葉の出現をもって安堵するという姿はよく見られます。しかし，それ以前から言葉の発達は進んでいます。話し言葉の出現の前段階を前言語期といい，この時期に言葉に関する様々な能力が発達し，話し言葉に大きく影響しています。

（1）胎児期から新生児期（生後1ヶ月まで）

現在，赤ちゃんはお母さんのお腹の中にいる時，妊娠24週頃には聴覚を獲得していることがわかっています。そのため，誕生前に聞いていた音には敏感で，生後間もない赤ちゃんでもお母さんとそうではない女性の声を聞き分けることができます。ですから，お腹の中にいる時から養育者が語りかけることで，赤ちゃんはその声に慣れ親しむことができます。

新生児期の赤ちゃんは，泣き声で「お腹がすいた」とか「気持ちが悪い」といった自身の気持ちを表現します。おそらく，最初は伝達の意味はありません。しかし，養育者は赤ちゃんが泣くと放っておけません。「どうしたの？」と声をかけたり，抱っこをしたりして，赤ちゃんの泣き声に応答します。それにより，赤ちゃんは泣くことで他者とコミュニケーションがとれることを知ります。

他にも，赤ちゃんは養育者が声をかけると養育者の顔を見つめたり，声のする方に顔を向けたりします。また，授乳中に養育者が声をかけると，赤ちゃんはおっぱいやミルクを飲み始めたり，あるいは止めたりして，養育者の言葉に応答することがわかっています（正高，1993）。このように，言葉でのやりとりはなくとも，赤ちゃんは養育者の声かけに敏感に反応していますから，赤ちゃんの反応を楽しみながらコミュニケーションをとりましょう。これらが言葉の発達の始まりです。

（2）乳児期（1歳まで）

生後2ヶ月ごろになると，赤ちゃんは「クークー」という喉をならすような発声をするようになり，これを**クーイング**（cooing）と呼びます。クーイングはリラックスした状態でよく見られ，赤ちゃんが無意味に発しているのではなく，周囲に働きかけているサインです。ですので，クーイングに対して養育者が赤ちゃんの真似をしたり，「よしよし」と声をかけたりと応答することで，赤ちゃんはさらなる発声を返します。

生後４ヶ月頃になり，喉や舌の機能が発達してくると，**喃語《なんご》**（babbling）が出現します。喃語とは意味のない発声で，最初は「アー」「ウー」といった母音からなるものが多く，次第に「ババババ」や「マンマン」のような子音を伴うものも見られるようになり，より話し言葉に近づきます。

上記のような音声による表現以外に，赤ちゃんが用いるコミュニケーションの手段に**指さし**（pointing）があります。生後６ヶ月ごろから，大人がある物を指さすと，赤ちゃんは大人の指ではなく，大人が示す物に視線を向けることができます。これを**共同注意**（joint attention）といいます。そして，１歳前後になると子どもが指さしをして，共同注意を引き起こします。この際，大人の注意をひくために「ア，ア」などの喃語が発せられることもあります。養育者や保育者は，子どもの指さしに対して，「わんわんだね」「きれいなお花だね」と対象物の名前を伝えたり，気持ちを代弁したりすることで子どものメッセージを共有しましょう。

共同注意
（joint attention）
他者と同じ対象を同時に見ること。共同注意は，三項関係が成立したということを示す。三項関係が成立する前の関係は二項関係であり，子ども－他者（例：お母さん）や子ども－物（例：おもちゃ）といった直接的なやりとりをする。三項関係は，例えば，おもちゃの音が鳴るとお母さんの方を向いてうれしそうに笑ったり，お母さんが反応をするともう一度音を鳴らしたりすることである。

言葉の発達において覚えておきたいのは，言葉は理解して初めて使用することができるということです。例えば，英語の学習を思い出してください。私たちは，英語を聞いたり，読んだりしてその単語や文章の意味を理解して，ようやく話したり，書いたりすることができるようになったはずです。子どもの言葉の発達も同様です。話し言葉の発達には，聞いて理解することが先立ちます。おおむね11ヶ月ごろには，大人の話す言葉を理解するようになるといわれています。お母さんが「くまちゃんのぬいぐるみ持ってきて」と話しかけた時，くまのぬいぐるみを取りに行き，お母さんのところまで持ってきたとすれば，その子は言葉を理解しているということです。先述したように，話し言葉が出現しないと焦る養育者もいますが，まず，大人の言葉を聞いて理解できているかどうかを確認してみましょう。言葉の理解から発話まで，６ヶ月ほどかかるともいわれています。

2．話し言葉の発達

生後約１年間の前言語期の子どもは，発声の練習をし，指さしなどの言葉以外の方法で大人とコミュニケーションをとりながら，話し言葉の準備を進めます。そして，おおむね１歳の誕生日を迎えるころから話し言葉を用いるようになります。

（１）幼児期前期（１歳から３歳ごろ）

①初語

初語とは，子どもが初めて話した意味のある単語のことです。話している子ども本人に意味があるかどうかを確認することは難しく，周囲の大人が子どもの発した言葉に対して意味があると判断することで初語とみなされます。単語の意味としては「母親」「ごはん」「車」など，日常生活において身近なものが多く，音声としては「マンマ」「ブーブー」など繰り返しによるものが多いです。

初語は，おおむね１歳から１歳６ヶ月ごろに見られます。平成22年の厚生労働省雇用均等・児童家庭局（2011）の乳幼児身体発育調査によると，１歳の時点で約50％，１歳６ヶ月の時点で約90％の子どもが１つ以上の意味のある単語を話していると報告されています。当然，まだ不明瞭な発音や意味が不明な言葉の多い時期です。

②一語文

一語文とは１つの単語からなる発話のことで，初語も一語文に含まれます。子どもは，一語文に様々な意味を込めて用います。例えば「マンマ」と言った時，それは単に「ごはん」を意味することもありますが，「ごはんが食べたい」「ごはんが美味しい」「ごはんがなくなった」などを意味しているかもしれません。養育者や保育者が状況や子どもの話し方，身振りなどからその単語の意味を理解し，応答することで，子どもはおしゃべりの楽しさや思いが伝わる嬉しさを感じ，自分の気持ちを表現する意欲が育ちます。この時，子どもの意図を的確に理解することができるとは限りませんが，大人の理解しようとする姿勢が大切になります。

また，この時期の子どもの特徴として，単語の意味を広くしたり狭くしたりして用いることが挙げられます。例えば，「ワンワン」という単語は本来「犬」を意味します。ですが，単語の意味を広げて，猫やライオンなどの犬以外の動物を示す際にも「ワンワン」と言ったりするのです。これを**過度拡張**といいます。一方で，単語の意味を狭くして，自宅で飼っている犬にのみ「ワンワン」という単語を用い，犬一般を表さなかったりします。これを**過度制限**といいます。これらは**概念形成**（**concept formation**）と関連しており，経験と共に次第に大人と同様の意味で使用するようになります。

概念形成
個別の対象や出来事に共通する性質をまとめたものである概念を作ること。例えば，「鳥」という概念は，羽毛とくちばしがあり，卵から産まれるといった属性がまとまったものである。

さらに，子どもは使用する単語の傾向に個人差があり，２つのタイプに分かれるといわれています。一つは物の名前などの使用が多い**指示型**で，もう一つは人との関わりに関するあいさつや慣用句の使用が多い**表現型**です。これらのタイプは年齢を重ねることで次第に区別されなくなりますが，子どもがどのような言葉や物事に関心があるのかを知る手立てとなりますので，声かけや絵本選びのヒントになるかもしれません。

③二語文と語彙《ごい》の増加

子どもが話せる単語（使用語彙）が50語程度になったころ，おおむね２歳ごろまでに２つの単語を組み合わせて話すようになります。これを二語文といいます。最初は「ブーブー　ナイナイ」というように自立語のみで成り立ちます。この時には文法理解がすでに始まっており，子どもは「誰がどうした」（例「ママ　ネンネ」），「誰の何」（例「ママ　テテ」）というような規則的な語順を獲得しているとされています。

一般に，使用語彙は１歳前後で数語，２歳ごろに500～600語，３歳ごろに1,000語，４歳ごろに1,500語，５歳ごろに2,000～2,500語程度であるといわれています。特に，二語文を話すようになる２歳ごろは爆発的に使用語彙が増えます。この現象を，**語彙爆発（vocabulary spurt）**といいます。七木田（2011）は，語彙爆発をコップから溢れる水として喩えています。一人ひとりの子どもが語彙のコップを持っており，そこに様々な語彙が注がれます。コップが語彙でいっぱいになった時，溢れる水のように子どもの口から沢山の言葉が出てきます。このコップの大きさには個人差があり，すぐに溢れ出る子と，溢れ出るまでに時間のかかる子がいます。養育者や保育者は，コップへ水を注ぐように様々な言葉を子どもに語りかけましょう。

また，多くの語彙を獲得するこの時期の子どもは，「これは何？」と様々な物の名前を尋ねてきます（**第一次質問期**）。そのため，絵本も食べ物や動物，乗り物などが乗っている図鑑のようなものを好み，それぞれの名前を尋ねたり，自分の好きなものの名前を言ったりする姿がよく見られます。加えて，簡単なストーリーを理解するようになるため，短い物語の絵本も楽しめるようになります。

このころの子どもは，周囲の大人の姿をよく観察しており，それを真似ることを楽しみます。言葉の発達においても，養育者や保育者など身近な大人が用いる言葉を覚えて使用します。ですから，養育者や保育者が乱暴な言葉遣いであれば，当然子どもの言葉遣いも乱暴になります。子どもが乱暴な言葉遣いにならないためにも，養育者や保育者自身が余裕を持ち，子どもとの会話や読み聞かせ，歌をうたうなどコミュニケーションを楽しむことが大切です。

（２）幼児期後期（３歳から６歳ごろ）

会話の発達

二語文が使用できるようになると，次は「ママ，こっち来て」「もうお腹いっぱいなの」など，三語以上の単語からなる多語文が見られるようになります。複雑な文法表現を獲得し，「あのおもちゃが欲しい」「パパの隣に座りたい」などと，助詞を用いた洗練された会話ができるようになります。また，いわゆる５Ｗ１Ｈのような情報や，昨日・今日・明日といった時間を表す言葉も使えるようになります。これにより，それまでは「いや」としか表現できなかったことを，「○○ちゃんが叩いたからいやなの」というふうに，自分の気持ちや周囲の状況をより適切に表現できるようになります。それと同時に，子どもの質問も「どうして？」「なぜ？」という物事の原因や理由を尋ねるものが増えます（**第二次質問期**）。大人としてはどう説明すればよいか戸惑う質問もありますが，「わからない」と答えたり，はぐらかしたりするのではなく，子どもの知りたいという気持ちに向き合い，一緒に考えてみるのもよいでしょう。また，会話が上手にできるようになることで，子どもの聞いてもらいたいという気持ちがより高まる時期です。養育者や保育者は一日の中に，子どもと顔を向き合わせ，子どもの言葉に耳を傾ける時間を設けましょう。

会話の発達にあわせ，楽しめる絵本や歌の幅も広がります。起承転結のある物語や養育者，保育者の創作話を喜びます。歌も歌詞や音程を覚えて歌えるようになりますが，まだ言い間違えの多い年齢ですので，正確さを求めるのではなく音楽を楽しむことを第一としましょう。

3．幼児期の話し言葉の特徴

(1) 幼児語

言葉の獲得の初期，大人は子どもに対して子ども向けの言葉である**幼児語**を自然に使用しています。例えば「ねんね（寝る）」「たっち（立つ）」「おてて（手）」などがそれに該当します。多くは子どもにとって発音がしやすいもので，日本語独特ともいわれます。言葉の発達に合わせ，おおむね3歳ごろには，周囲の大人は幼児語で語りかけることが少なくなり，子どもも成人語へと移行します。

(2) 幼児音

幼児音とは，発音の誤りや不明瞭さのことを指します。例えば，「ホチイ（欲しい)」という発音の誤り，「トウモコロシ（とうもろこし)」という音の転置などがあります。これらの幼児音は大人からすると間違っている表現ととらえられがちですが，4歳児でも約半数の子どもに見られ，小学校の低学年ごろまで続く場合もあります。発音の発達はゆっくりであることを理解し，養育者や保育者は長い目で見守りましょう。決して，正しく言えるように強制したり，間違っていると指摘したりしないようにしましょう。これらは，子どもからおしゃべりすることの楽しさや自信を失わせることになります。また，養育者や保育者は子どもの幼児音を真似せず，正しい発音で語りかけましょう。大人が幼児音で語りかけることで，子どもが自身の幼児音を自覚することになりかねないですし，子どもは大人が発した幼児音を正しいものとして獲得してしまいます。幼児期は言葉を上手に話すことよりも，言葉でコミュニケーションをとることの楽しさを味わうことが大切な時期であることを心にとめておきましょう。

4．読み言葉と書き言葉の発達

聞くことや話すことが発達すると，子どもは文字に興味を示すようになります。少し古いデータではありますが，1988年の国立国語研究所の調査によると，

5歳児はひらがなの90％以上を読むことができ，約70％を書くことができると示されています（島村・三神，1994）。これらの読み言葉，書き言葉は小学校以降に系統的に学習しますが，幼児期にその芽生えが見られます。

（1）読み言葉の発達

一般に文字を読むことは，書くことよりも先に進みます。個人差はありますが，３歳ごろになると，子どもは絵本に書いてある文字を指して「何て書いてあるの？」と質問するなど，文字に興味を示します。それに対して養育者や保育者が応えることで，次第に文字それぞれに音が対応していることに気づくようになります。その後，文字を音声で識別し，絵本の文字を指さしながら「あ・る・と・こ・ろ・に…」などと読み上げることができるようになります。ただし，幼児期の読み言葉は勉強ではないため，遊びの中で触れながら身につけるようにしましょう。

（2）書き言葉の発達

言葉には**一次的言葉**と**二次的言葉**があります（岡本，1985）。一時的言葉とは，目の前にコミュニケーションの相手がおり，身振りや表情で言葉を補うことのできる状況に支えられた言葉です。一方，二次的言葉とは，話し手が聞き手に対して一方向的に伝えていく言葉です。二次的言葉の最たるものが書き言葉といえます。

文字を書くことについては，まず書く真似が見られます。これは，**プレリテラシー（preliteracy）**と呼ばれ，文字を獲得する前段階です。実際には文字ではありませんが，子どもが文字を書いているつもりになっているのです（図４−１）。

プレリテラシー（preliteracy）
文字の読み書き能力をリテラシーといい，プレリテラシーとはリテラシー獲得前の子どもたちの読み書きに似た行動をいう。親や保育者などを真似て，手紙のようなものを書いてみたり，絵本の読み聞かせの真似をしたりする。

次第に，文字を読めるようになると，その文字を見ながら書き写してみるようになります。しかし，この時期はまだ間違って書くことが多く，よく見られるのは文字が左右反転した鏡映文字です（図４−２）。また書き順も正確ではありません。「正しく文字を書く」ということについては，小学校で学習し，身につけることになります。この時期は，養育者や保育者が書く文字を真似たり，自分の物や製作物に名前を書いてみたりするといった，子どもの生活や遊びに根差した経験が大切です。

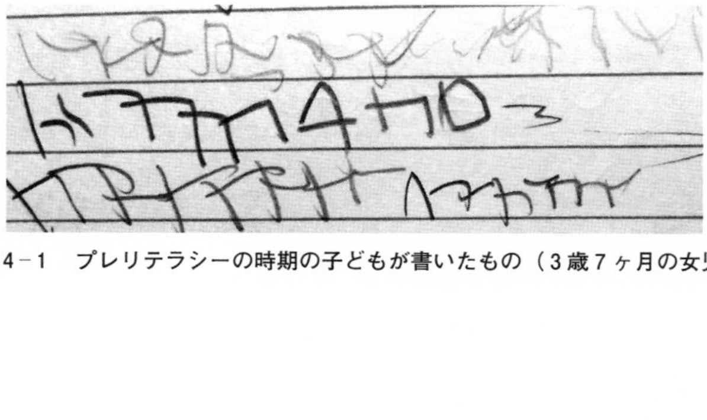

図４−１　プレリテラシーの時期の子どもが書いたもの（３歳７ヶ月の女児）

図４－２　鏡映文字（「あさがお」の「あ・が・お」が反転している）（５歳１ヶ月の女児）

５．言葉と思考

言葉は他者とコミュニケーションをするためだけのものではありません。何かを考えたり，自分自身の行動を調整したりする際にも言葉を使用しています。以下，幼児期の言葉と思考の関係について紹介します。

（１）伝えるための言葉と考えるための言葉

子どもの遊びを観察していると，誰かに話しかけているわけでもなくブツブツと何かを言っている姿がよく見られます。これについて，**ピアジェ**（Piaget, J.）は他者とのコミュニケーションを目的としない**自己中心的言葉**（egocentric speech）と呼び，子どもの未熟な認知の表れであると考えました。

一方で，**ヴィゴツキー**（Vygotsky, L. S.）は子どものひとり言を認知発達の中心的な役割を担うものととらえました。彼は，言葉を**外言**（outer speech）と**内言**（inner speech）に分類しています。外言とは，他者とコミュニケーションをとるための伝達の道具としての言葉です。一方，内言とは，何かを考えたり，意味を理解したりするといった思考の道具としての言葉です。ヴィゴツキーは，子どもは外言と内言を明確に使い分けておらず，自分自身の思考を導く言葉がひとり言として表れると考えました。このような姿は，特に課題解決場面でよく見られると報告されています。例えばパズルで遊んでいる際，「こっちかな」「反対だ」「これじゃない」「できた」などとひとり言を発しながら考えているのです。次第にこのような姿は減り，外言と内言を区別するようになりますが，大人になったからといって全く見られなくなるわけではありません。子どもが何かに取り組んでいる時のひとり言に対して「静かにしなさい」といった，黙らせるような声かけは控えましょう。

ピアジェ（Piaget, J.）
スイスの心理学者で，行動観察や様々な実験から，子どもの認知・思考がどのように発達するかを研究した。感覚運動期，前操作期，具体的操作期，形式的操作期の４つの段階からなる認知発達理論や子どもの思考の自己中心性などを提唱した。

ヴィゴツキー（Vygotsky, L. S.）
ロシアの心理学者で，社会的環境との相互作用によるものとして発達をとらえた。子どもの現在の発達水準と，他者の援助や協力を得ることで達成する水準との間を発達の最近接領域とし，教育はこの領域に働きかけることであると提唱した。

（２）行動をコントロールするための言葉

言葉は行動を調整したり，支えたりするというコントロールの機能を持っています。例えば，かけっこが苦手な子がいたとします。その子は何度練習してもなかなか速く走れません。次第に悔しくて涙がこぼれてしまいますが，頑張って練習しようとしています。そのような時，「泣かない！」と口にして走り出すのです。この「泣かない！」という言葉は，その子にとって，自分自身を勇気づけ，奮い立たせるためのものなのです。これは，養育者や保育者の「○○ちゃん大好き」「○○くんならできるよ」という言葉が，おまじないのようにその子の心を支える言葉にもなるということです。

6．言葉の発達と環境

発達には，子ども自身が生まれつき備えている素質だけでなく，周囲の環境も大きく影響しています。それは言葉の発達においても同様です。

（1）言葉の発達と周囲の関わり

大人が幼い子どもに話しかける際，声が高く，抑揚をつけ，ゆっくりになるといった特徴があり，これを**CDS（Child-Directed Speech：子どもに向けられた言葉）**といいます。このような話し方は，子どもが聞き取りやすく，理解しやすいものであり，言語獲得を促します。また，子どもは言葉という聴覚的情報とともに，表情や身振りなどの視覚的情報も受け取っています。例えば，「すごいね」と声をかける場合，微笑んだり，拍手をしたりすることで言葉の意味を理解しやすくなります。

言葉の学習において，生身の人と関わることの重要性を示した実験を紹介します。クールら（Kuhl, P., et al., 2003）は，英語を母国語とする生後９ヶ月の赤ちゃんを２つのグループに分けて，彼らに中国語の学習をさせました。１つのグループでは，目の前の人物が中国語で話しかけます。もう１つのグループでは，ビデオに録画した映像を見せます。どちらも話しかける人物や内容は同じです。この実験の結果では，実際に目の前に話しかける人物がいたグループの赤ちゃんの方が中国語の聞き取りテストの成績がよかったのです。２つのグループの違いは，生身の人と関わったかそうでないかです。つまり，養育者や保育者が直接子どもに話しかけること，歌うこと，笑うこと，そして子どもの反応にさらに反応するといった実体験が言葉の発達において何よりも大切なのです。

（2）言葉の発達と保育

乳児期の言葉の発達と保育に関して，保育所保育指針では「身近な人と気持ちが通じ合う」という視点で，「受容的・応答的な関わりの下で，何かを伝えようとする意欲や身近な大人との信頼関係を育て，人と関わる力の基盤を培う」と書かれています。ねらいは以下の３つが設定されています。

乳児の「身近な人と気持ちが通じ合う」のねらい

①安心できる関係の下で，身近な人と共に過ごす喜びを感じる。

②体の動きや表情，発声等により，保育士等と気持ちを通わせようとする。

③身近な人と親しみ，関わりを深め，愛情や信頼感が芽生える。

また，その内容には「①子どもからの働きかけを踏まえた，応答的な触れ合いや言葉がけによって，欲求が満たされ，安定感をもって過ごす」，「②体の動きや表情，発声，喃語等を優しく受け止めてもらい，保育士等とのやり取りを楽しむ」，「④保育士等による語りかけや歌いかけ，発声や喃語等への応答を通じて，言葉の理解や発語の意欲が育つ」（③⑤はここでは省略）とあります。つまり，視線，指差し，クーイングや喃語といった子どもが発するサインに対して，保育者が反応することが大切です。自身の発したサインに反応してもらうことで，子どもは自身や他者に対する信頼感を持ちます。そして，自身の気持ちなどを様々なサインを用いて表現する意欲が育ち，この意欲が後の言葉を通して他者とつながる姿をもたらします。

乳児期以降の言葉の発達と保育に関して，保育所保育指針の領域「言葉」には，「経験したことや考えたことなどを自分なりの言葉で表現し，相手の話す言葉を聞こうとする意欲や態度を育て，言葉に対する感覚や言葉で表現する力を養う」と書かれています。ただし，ねらいは 1 歳以上 3 歳児未満児と 3 歳児以上で以下のように異なります。

1 歳以上 3 歳未満児の領域「言葉」のねらい

①言葉遊びや言葉で表現する楽しさを感じる。

②人の言葉や話などを聞き，自分でも思ったことを伝えようとする。

③絵本や物語等に親しむとともに，言葉のやり取りを通じて身近な人と気持ちを通わせる。

3 歳以上児の領域「言葉」のねらい

①自分の気持ちを言葉で表現する楽しさを味わう。

②人の言葉や話などをよく聞き，自分の経験したことや考えたことを話し，伝え合う喜びを味わう。

③日常生活に必要な言葉が分かるようになるとともに，絵本や物語などに親しみ，言葉に対する感覚を豊かにし，保育士等や友達と心を通わせる。

この時期は言葉の発達がめざましい時期ですが，個人差も大きいため，正しさよりも，言葉の響きを楽しむこと，簡単な単語でも自分で伝える意欲，身近な人の言葉に耳を傾ける姿勢を大切にしましょう。言葉の発達に関する保育者の役割は，子どもが自分の気持ちを伝えたり，人の話を聞いたりして，人との関わりを楽しむ経験を支えることではないでしょうか。これらの発達を支えるために保育者は子どもに関わり，また，保育環境を設定します。

まず，「自分の気持ちを伝える」ためにはどうしたらよいでしょうか。幼い子どもは，自身の気持ちを的確に表現する語彙をまだ獲得していません。ですから，例えば泣いている場面で，保育者に「どうしたの？」と尋ねられても，言葉が出てこなかったり，正確に伝わらなかったりするもどかしさを感じます。そのような時に，「お口で言ってごらん」などと声かけをすることは，子どもに緊張を与えてしまいます。「嫌だったのかな？」「こうしたかったのかな？」などと，子どもの気持ちを汲み取り，思いを代弁したり，言葉を補ったりすることから始めましょう。保育者が子どもの言葉にしっかりと耳を傾け，自身の気持ちに寄り添ってくれるという安心感を抱くことで，子どもの「伝えたい」「伝えてみよう」という意欲が育ちます。次第に，自分の気持ちをふさわしい言葉で表現できるようになります。

次に，「人の話を聞く」ことはどうでしょうか。人間関係は，一方通行の関係ではありませんから，他者の気持ちを理解することはとても大切なことになります。そのため，人の話を聞くということは大変重要です。人の話を聞く姿勢は，経験を重ねることにより身につきます。保育者が，「きちんと聞きなさい」という言葉がけをすれば育つというものではありません。まずは，保育者がよい聞き手になりましょう。自身の話を聞いてもらう喜びを知っている子どもは，人の話を聞く姿勢が育ちます。また，子ども同士でやりとりする場合，それぞれの気持ちを言葉で表現することが難しく，いざこざとなることも多々あります。そのような時には保育者が間に入り，「一緒に遊びたいんだって」などと，お互いの気持ちを伝え，相手の話を聞くための仲立ちとなることも必要です。

また，乳幼児期は，「話す」「聞く」を中心として他者とのやりとりを楽しむとともに，絵本や言葉遊び，歌などを通して言葉に親しみを持ちます。これらの教材で言葉に触れながら，イメージを膨らませて楽しみます。さらに，このイメージを他者と共有したり，身体表現など様々な表現をしていく中で子どもの豊かな言葉が育ちます。

コラム 6
言葉がなめらかに出ない

この原稿を書いている現在，筆者の息子はもうすぐ 3 歳で，まさしく言葉の発達の渦中にいます。日々新しい言葉や言い回しを覚え，それらを使いながら子どもらしい発想でお話をしてくれます。彼とのおしゃべりが面白くて仕方がありません。

しかし，面白いことだけではありません。筆者が第二子をお腹に宿してから，息子の言葉に変化が見られました。妊娠が判明したころから悪阻《つわり》が酷く，一日中吐き気に襲われ，毎日のように嘔吐する日々がやってきました。子どもと遊ぶこともままならなくなり，家ではほぼ横になっていました。母親の様子を見て不安になったのか，ある日息子が「かか（お母さん）は病気なの？」と聞いてきました。妊娠について説明するのですが，息子に理解することは難しいようでした。しばらくすると，それまで滑らかに発音していた息子の言葉が詰まるようになりました。いわゆる**吃音**《きつおん》と呼ばれるものです。吃音は言葉の流暢性《りゅうちょうせい》障がいの一つで，3 歳ごろによく見られます。症状としては，音を繰り返したり，音を引き伸ばしたり，音が出なかったりと様々です。息子は，「あ，あ，あ，あのね……」というように，最初の言葉を繰り返すタイプでした。本人も辛そうで，顔を真っ赤にしながら一生懸命話そうとする姿にこちらが参りそうでした。年齢的にも吃音が表れやすい時期で，また女の子よりも男の子によく見られるので，発達的な要因もあると思いつつ，息子を取り巻く環境の変化に要因があると思われてなりませんでした。しかし，かといって自身の体調の悪さはどうにもならず，思うように関われない日々でした。幼児期に見られる吃音の多くは次第に落ち着くといわれているものの，いざ親の立場になると「いつまで続くのだろうか」「このままだと，年齢が上がった時，お友達にからかわれないだろうか」などと心配になりました。

そのような状況で，保育園の先生や他のお母さんに勇気づけられました。保育園の先生は息子の不安定さに気づいておられ，気持ちを汲み取ってくださり，「園ではなるべく抱っこをして甘える時間をつくったり，思いっきり身体を動かして遊んだりします」と，いろいろな配慮をしていただきました。また，息子と似たようなタイプで，チックのある 5 歳の男の子のお母さんからは，「いろいろ悩んだけど，そういう症状で子どもの葛藤に気づくことができるから，丁寧に関われていいのかなと思うようにしている」と前向きに考えるきっかけをいただきました。

ここまでは，原稿を依頼された当時の文章で，あれから 6 年経ちました。息子の吃音は小学校に就学するまで続き，いろいろな方に相談し，アドバイスをしていただきながら過ごしました。いつの間にか頻度が減り，今では興奮した時にときどき見られる程度です。ですが，彼の繊細さは変わらないと感じています。親として，表面に出てくることだけにとらわれず，見えないことにも気をかけねばならないと感じる日々です。

5

感情の発達

感情とは，私たちが何かを喜んだり，怒ったり，悲しんだり，楽しんだりする，いわゆる喜怒哀楽といわれるものや好き嫌いなどのことで，物事に対して抱く気持ちです。悲しい時には，涙がこぼれ，しゃくりあげ，脈拍も呼吸も速くなり，お腹が痛くなることもあります。感情は，当事者本人の見方や感じ方に基づく主観的な心の状態であり，それらの心の状態は表情や行動として表出されます。さらに，心の状態は，血管や内臓の働きを調整する自律神経系やホルモンの分泌を調整する内分泌系の状態にも影響するので，心の状態が顔色や呼吸具合（血流や心拍数）に反映することもあります。私たちは他者の感情を推測する時，相手が発した言葉や，表情，顔色など生理状態を観察し，それらを手掛かりとすることが多いでしょう。感情の中で，怒り・恐れ・喜び・悲しみなど原因が明確で，筋緊張などの身体表出を伴いながら急激に生じる強い感情のことを，特に，情動と呼びます。赤ちゃんや幼児に見られる強い感情反応は情動と呼ぶにふさわしいかもしれませんが，気分や情緒など発達に伴う複雑で高次な反応も含めてここでは感情という言葉を用います。

1．感情の発達の道筋

生まれたばかりの赤ちゃんは，よく泣きます。なぜ泣いているのでしょうか。泣くのは，悲しいからではありません。おむつが汚れていたり，おなかが空いていたり，眠かったり，不快な気持ちを感じているからです。言葉で話せない赤ちゃんにとって，泣くことは自分の感情を表現する手段なのです。

成長につれて子どもたちが表現する感情の種類は増え，表現方法も豊かになっていきます。感情の発達の道筋については，いくつか考え方があります。少し前の知見では，ブリッジェス（Bridges, K. M. B., 1932）に代表されるように，生まれたばかりの赤ちゃんは生活環境が胎内環境からがらりと変わるため漠然とした興奮状態にあり，3ヶ月ごろになると不快（不愉快）や快（上機嫌）の感情を示し，半年も経つと，不快にも「恐れ」「怒り」「嫌悪」が，快にも「得意」「愛情」の感情が分化して現れ，生後1年くらいで喜怒哀楽の感情が見られるようになるといわれていました（図5－1）。ただ，最近の研究によると（Lewis, M., 1993），ブリッジェスが考えていたよりもっと早い時期に乳児は様々な感情を表出しているらしいことがわかってきました。

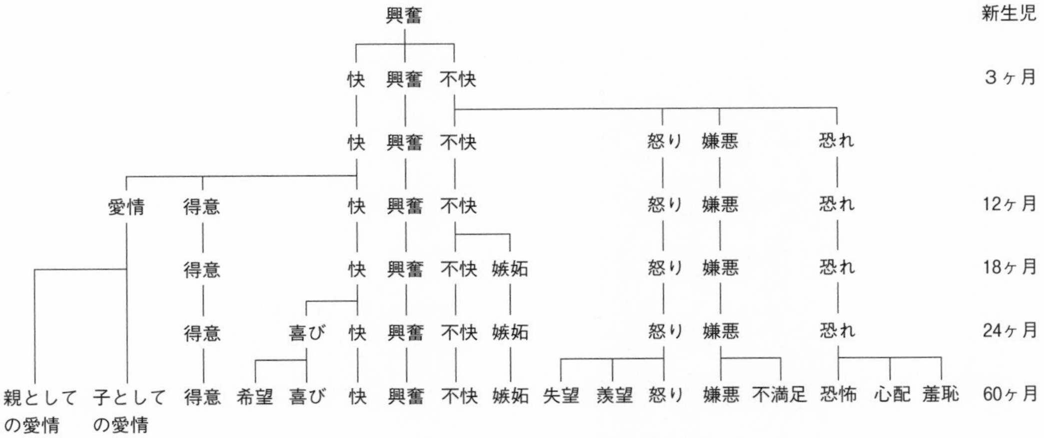

図５－１　ブリッジェスの感情の分化モデル（Bridges, 1932）

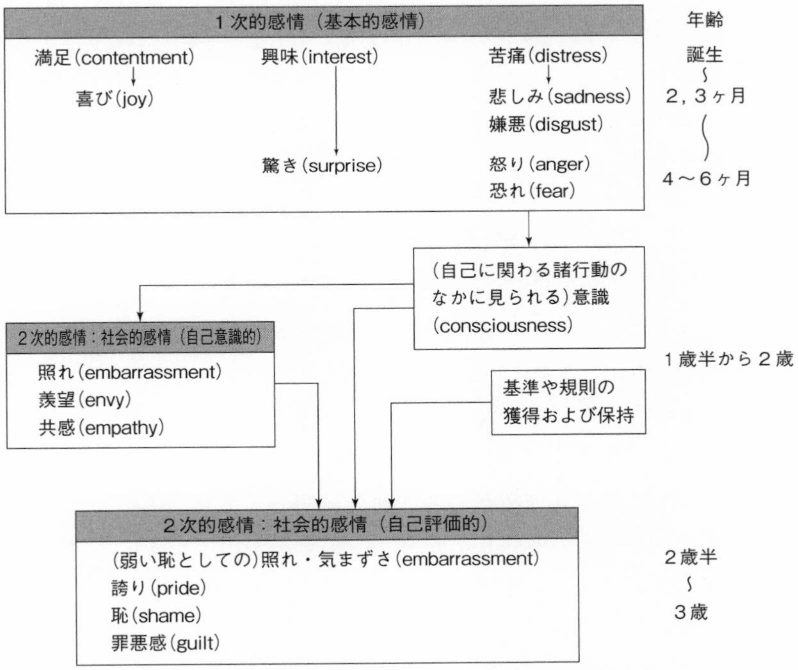

図５－２　ルイスの感情発達モデル（Lewis, M., 1993；遠藤，1995をもとに作成）

ルイス（Lewis, 1993）の感情発達理論（図５－２）によると，誕生時に見られる感情は，「お腹がすいたのでおっぱいがほしい」とか「うんちが出て気持ちが悪いのでおむつを替えてほしい」といった，生理的な要求が満たされるか満たされないかによる「満足」や「苦痛」や，今まで見たことも触ったこともないものに関心を寄せる時の「興味」という３つの感情が考えられています。

生後６ヶ月ごろには，身体の発達に伴って行動範囲も広がり，自らが人や物に積極的に関わる中で，母親に声をかけられて嬉しいといった「喜び」や，見たことのないものに目を見開くなどの「驚き」，母親が自分の視界からいなくなったことにより気分が落ち込むなどの「悲しみ」，嫌いな感触の物を触って嫌がるなどの「嫌悪」，かまってほしいのにかまってもらえない時などに見られる「怒り」，周りに信頼できる人がいないといった「恐れ」などの**1次的感情（基本的感情）**が見られるようになります。

そして，生後1年が過ぎるころ，外への興味がひろがり人への意識が出てくると，目が合うと恥ずかしそうにする「照れ」，嬉しいことや楽しいことがあった時に母親の方をふりむくなどの「共感」，あの子が持っているおもちゃが欲しいなという「羨望」といった**2次的感情（社会的感情）**も見られるようになります。2歳ごろになると，自分の心の状態を言葉で表し，他者の表情を見て他者の気持ちに気づくようにもなります。3歳ごろになると，社会的なルールを意識し，自分がどのように見られているかを気にするようになり，自分は○○ができるといった「自尊心」，おもらしをしてしまって恥ずかしいといった「恥」，食べてはいけないと言われたお菓子を食べてしまったといった「罪悪感」のような感情も見られるようになります。幼児期の終わりごろには，感情は複雑なものだという感覚も持てるようになり，子どもたちは様々な経験をしながら感情を発達させ，青年期になると，大人と同じような感情のレパートリーを獲得します。

2．感情の発達のしくみ

成長につれて，感情が発達していきますが，感情は自然と育まれるものではありません。感情の発達は，脳や身体などの生物学的発達と，親やきょうだい，地域の人たちなどたくさんの人々の中で，泣いたり笑ったり，人々の表情や言動を目にしたり，交流や様々な経験を通じて育まれていくと考えられています。この節では，喜びや悲しみ，興味・関心，怒り，嫌悪などに代表される基本的感情と，外への興味が広がり人への意識が出てくることにより生じる社会的感情の発達のしくみを説明します。

（1）基本的感情が育まれるしくみ

誕生直後に見られる「満足」の感情は，主に，微笑む，笑う，手足をばたばたさせるなどの行動で表現されます。ただ，新生児期の微笑は，人に対して意図的に向けられているのではなく，生理的な状態を反映しており，少しうとうとしている時や，おっぱいをたくさん飲み生理的欲求が満たされた時に，筋肉の緊張が緩んだ結果，微笑んでいるような表情になる現象です。この表情は**生理的微笑**といって，他者を意識した微笑みではありません。ただし，母親や周囲にいる大人は，生理的微笑を赤ちゃんからのメッセージや働きかけとして解釈するので，生理的微笑は大人の声かけや微笑を引き出すといえます。生後3ヶ月前後の乳児は大人があやすと笑ったり，目が合うと笑ったりするようになり，人とのやりとりに応じて微笑を見せるようになります。これを**社会的微笑**といいます。このころの乳児は相手に向かって「アー」「ウー」といった**喃語**《なんご》を発声し，周りの人との関わりに「喜び」を表出し，乳児は体全体を動かしたり，声を出したり，笑ったりしながら人や物と関わるようになります。

「苦痛」の感情は，主に泣くことで表現されます。0歳児が泣いていると，養育者は乳児が自らの苦痛の感情を表出しているサインと推測し，乳児に「おしっこかな？　おむつかえようね」と声かけをするでしょう。乳児は表出したサインに適切に応えてもらえる体験を積み重ね，養育者との交流をより活発に行うようになります。ただし，表出したサインにいつも応えてもらえるわけではありません。自分の思い通りにならないことも経験するようになり，「怒り」「嫌悪」「悲しみ」「恐怖」などの複雑な感情も芽生えていきます。0歳ごろは，身体面の成長とともに，手足をバタバタ動かす→首を動かす→おすわりをする→ハイハイ→つかまり立ち→一人で立つというように運動面が飛躍的に向上し，遊びの内容や活動範囲も広がります。例えば，生後4ヶ月ごろになると，物に触れたり，叩いたりといった物の簡単な操作ができるようになります。ただ，状況によっては，何かをつかもうとしたり，動いたりしたところを養育者に制止され，自分の思い通りにならないことに「怒り」の感情を示すようになります。また，乳児期は，視覚・聴覚・触覚・臭覚・味覚の五感を通して外界の物事を認知する時期であり（**感覚運動期**），乳児が受け取った感覚刺激の種類が，例えば，食事に出されたおかずを口の中に入れた時の触覚刺激や味覚刺激が，乳児にとって苦手なこともあります。その場合，乳児は出された刺激に対して「嫌悪」の表情を示します。

「満足」から「喜び」へ，「苦痛」から「怒り」「嫌悪」「悲しみ」「恐怖」へと感情の分化が進む背景としては，乳児自身の認知（物事を理解すること）発達にくわえて，対人的な側面の発達も関係します。生後2～3ヶ月ごろになると，人という刺激が大好きな乳児は，自分の視界からやりとりをしていた人が消えた時に，「悲しみ」の表情を表出するようになります。いつも自分を世話してくれる特定の養育者との間に形成される情緒的な絆を**愛着**（第Ⅲ部第4章，pp.128-131参照）といいますが，6～7ヶ月ごろになると，愛着を抱いている養育者からかまってもらえなかった時は，「悲しみ」の強度は強くなり，大泣きします。愛着対象者を強く望むようになることに伴い，愛着対象ではない人や初めて会う人や物に対しては，不安が高くなり「恐怖」の表情を見せるようになります。これを人見知りといいます。この現象は，乳児が安心できる人とそうでない人を区別できるようになった発達の証です。

「興味」の感情は，目の前にあるモノをじっと見たり，目を見開いたり，それまでしていた動きが止まったりすることによって表現されます。人は，モノを見る時，好きなモノを注視する傾向があり，生後すぐの赤ちゃんでも，興味を引くモノがあるとおしゃぶりを止めます。乳児は様々なモノと出会う中で，以前に見たモノと今見たモノが違う時は，目を大きく見開き「驚き」の表情を見せますが，一定回数の経験をしてその状況を学ぶと，慣れが生じる（**馴化**《じゅんか》）

喃語

生後2ヶ月ごろから乳児が発する泣き声とは異なった穏やかな音声。喃語は，本来伝達の意図を持たず，言語音の練習や音声遊び的なものであるが，乳児が喃語を発し始めると，周りの者はタイミングよく微笑んだり，語りかけるので，やりとりが成立するようになり社会的な意味を持つようになる。

感覚運動期

ピアジェは，子どもの認知発達過程を4つの時期に分けて説明している。その最初が感覚運動期（0～2歳）である。乳児は周りのモノを，見たり，聞いたり，触ったりという感覚や，つかんだり，落としたり，噛んだりといった意識的に行う随意運動を通じて，外界を知っていく時期である。

馴化

乳児は，ある刺激を提示されるとそちらに顔を向けたり，注視するような反応を示す。しかし，刺激提示が繰り返されると，乳児は徐々に刺激に馴れて注視しなくなる。この一連の過程を馴化という。

ので，「驚き」の表情は見せなくなります。赤ちゃんは様々なものに「興味」を持って関わり，「驚く」経験を通じて，物事を学んでいるのです。

（2）社会的感情が育まれるしくみ

乳児期から幼児期に移行する1歳半ごろになると，感情の面においてさらに大きな成長が見られます。話しかけると母親の後ろに隠れたり，ほめられると恥ずかしそうにしたり，「照れ」が出てきます。これは，他者から見た自分の姿を意識することができるようになったためです。自分にとって愛情の対象（母親や父親）をめぐってライバルが出現した時には，そのライバルを意識して，「嫉妬」するようにもなります。さらに自分の思い通りにならなかった時にうつぶして泣くというような「すねる」行動も見られるようになります。この時期，他者とのやりとりの中で，自己と他者の存在を意識するようになったことで，「照れ」「嫉妬」「すねる」といった感情が見られるようになります。基本的情動（喜び，驚き，恐れ，悲しみ，嫌悪）は，自己が直接関連した出来事が自己にとって有益なのかまたは有害なのかに応じて生じる一過性の心身反応ですが，「照れ」「嫉妬」「すねる」といった情動は他者を意識することがなければ生起し得ない感情です。

さらに2歳ごろになると，自分の行動を評価するようになり，「恥」「誇り」「罪悪感」といった感情が芽生えてきます。ほめられると「得意」になり，黙って戸棚のお菓子を食べたことを大人に見つかってしまった時には「罪悪感」を感じるようになります。さらに2歳から3歳にかけては，「大きくなった」「お兄ちゃんやお姉ちゃんになった」と声をかけられると，「誇らしく思う」「プライドを持つ」といった感情も芽生えるようになります。また，家族やよく遊ぶ友達に対しては，表情や行動を手掛かりにして，相手の喜びや悲しみに気づくこともできるようになります。幼児期になると，より複雑な感情のやりとりが可能になることがわかっており，乳児期の感情の発達は，その後のより高次な感情の発達の基盤といえます。

3．感情の発達における養育者の役割

（1）感情制御

私たちは，様々な感情を抱きますが，抱いた感情を思うままに表出していると，他者とのコミュニケーションがうまくいかないこともあります。その葛藤を解決するために，私たちは自己主張の方法や強さを変えたり，自分の行動を制御したりしながら，表現方法を工夫します。このことを**感情制御**といいます。

私たちが自分の怒りや緊張や興奮を和らげようとする際，身体をゆする，足をぶらぶらさせる，服や物に触るなど，自分の体や物を使って感情を制御することがあります。0歳児でも，泣きながら指しゃぶりをしたり，気を紛らわせるために視線をよそにむけたり，手を見たり，天井を見たりすることから，0

歳児でも自分自身のネガティブな感情をある程度能動的に制御しているといわれています。

砂場で楽しく遊んでいる子どもが，お母さんから「買い物に行くから，今日は砂場での遊びはもうそろそろ終わりにしましょう」と言われたとします。子どもは，「遊びたい，もっと遊びたい」と泣きながら訴えたり，「もう少し遊びたいよ，あと一つ山を作るまで待って」と交渉したりするでしょう。他者と関わる機会が増えるにつれて自分の思うように物事が進まない時の怒りや緊張をやわらげたり，嬉しい時や楽しい時の興奮を調整することが必要になります。

（2）養育者の役割

子どもたちは自分の感情制御を大人に手助けしてもらっていることも多いでしょう。

乳児は困ったことが起こると，たいてい泣いたり怒ったりしながら，養育者に助けを求めます。乳児が泣くと，母親（養育者）は泣きの原因を推測します。例えば，「眠たくなったねぇ。トントンしようね」と言いながら，乳児を抱っこし，背中を優しくたたきます。母親は，眠たいけど眠れない子どもの不快感情を受け止め，不快感情がやわらぐように，そして，入眠できるように優しく声をかけたり，身体を優しくゆすったりしながら，乳児が不快を感じる問題に対処し，乳児の感情を制御（調整）しようとします。乳児が自分の気持ちを表出し，気持ちの調整を助けてもらう際にとる行動は，泣くや怒る以外にもいろいろあります。お母さんに手を伸ばしたり，身体を母親の方に傾けたり，母親にしがみついたり，床におろされることに抵抗したり，母親に向けて抱っこを望む仕草などです。乳児が養育者に助けを求めると，養育者は必要に応じて子どもに介入し，子どもの感情を調整しようと試みることから，感情制御の発達における養育者の役割は大きいといえます（Kopp, C. B., 1989）。

（3）子ども自身の気質傾向と養育者の関わり

感情制御の発達において，養育者の要因がクローズアップされがちですが，感情は子どもの中枢神経系や自律神経系の成熟に強く依存しています。刺激に対する反応傾向や感情表出傾向には個人差があり，そのことを**気質**といいます。活動水準の高さ，感情の強度，欲求不満の耐性の強弱，見知らぬ人への対応や変化に対する反応の速さなどがあてはまります。あやせばすぐに泣き止む赤ちゃんもいれば，なかなか泣き止まない赤ちゃんもいるのは，気質による違いだと考えられています。つまり，感情の発達は，中枢神経系や自律神経系などの生物学的な影響も大きいのです。ただ，神経系の成熟には，子どもの様々な経験が影響します。そこで，近年の感情制御の発達に関する考え方は，子どもの中枢神経系や自律神経系などの生物学的な要因と，養育者からの援助や介入などの環境要因が相互影響的に作用しあって発達するという考え方が主流です（Calkins, S. D. & Hill, A., 2007）。この考え方をトランザクショナルモデル

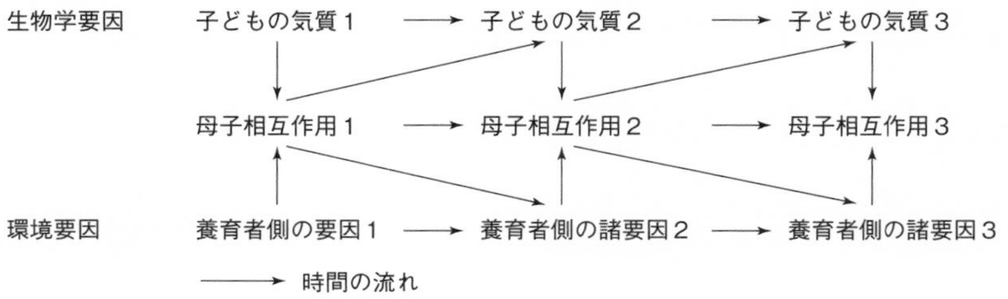

図５－３　感情制御のトランザクションモデル（Calkins, S. D. & Hill, A., 2007）

（transactional model）といいます（図５－３）。

例えば，気質特徴として，新しいものに積極的に関わるか否かという個人差があります。新しい場所に対して緊張傾向が高い子どもに，養育者が「やめた方がいいかもしれない」といった保護的な関わりを繰り返すと，子どもがもともと持っている抑制的な特徴や恐れやすさを強めることになります。新しい場所に対して緊張傾向が高い子どもに，養育者が子どもに安心できるような言葉をかけたり，養育者や友達と一緒に活動することによって緊張が和らぐような関わりをしていると，「新しい場所でも慣れると楽しいな」と感じる経験が積み重なり，子どもは，新しい事態に積極的に関与していけるような制御スタイルを身につけることができます。いずれにしても，子どもたちは自分自身の気質傾向（内的要因）と養育者の関わり（外的要因）の双方の影響を受けながら，感情制御を発達させていくと考えられています。

４．感情発達と認知発達（乳児のモノや人への関わり方）との関係

乳児期，子どもの活動範囲は飛躍的に広がり，新しいモノや人に出会う機会が増えます。大喜びする場合もありますが，怖がって泣いてしまう場合もあります。乳児の感情の発達に養育者の存在はとても重要ですが，生後９ヶ月前後に生じる認知発達（モノや人との関わり方）が，他者の感情理解を促進させることがわかっています。

生後９ヶ月ごろまでの乳児は，人やモノと１対１でやりとりをします。この関わり方を二項関係といいます。乳児が人に向かって手を出す，声を出す，触るといった行動や，抱っこ，おんぶなどのスキンシップ，いないいないばぁ，手遊びなどは，代表的な二項関係でのやりとりです。この時期，大人が乳児におもちゃを渡すと，乳児は楽しさや喜びを表出しますが，おもちゃを大人に見せながら，大人の顔を見て微笑むということはありません。

生後９ヶ月ごろになると，乳児－対象－相手のやりとりが可能となるので，大人におもちゃを見せながら，大人を見て微笑むことができるようになります。この関わり方を**三項関係**といいます。モノを介し他者と遊んだり，他者の模倣をするようにもなります。三項関係を理解している乳児は「指さし」や，他者が見ているモノを一緒に見る「**共同注意**」，新奇場面で他者の表情を見て自分

の意思決定をする「**社会的参照**」行動ができるようになります。例えば，乳児が，他者から話しかけられると，乳児は声をかけた人がいる方向を指さし，お母さんもその方向を見ます（共同注意）。お母さんがにこやかな表情をしていれば，乳児は，初めて見たこの人は安心できると理解し，泣くことはありません。三項関係のやりとりができると，他者の表情から感情を推し量り，行動をとることができるようになるので，同情や共感などの感情のやりとりも可能になります。

5．感情発達と自我の発達との関係

自我とは，他者とは別の存在として，自分を認識することです。「私はこうしたい」「私はこれが好き」という自分の意思が明確になることともいえます。生後1年を過ぎるころ，乳児は自分と他者の存在を強く意識するようになります。自分の名前を呼ばれると振り向いたり，鏡を見て自分の特徴を理解するようにもなります。「自分はこうしたい」「自分でやりたい」という気持ちが強く，養育者の提案は拒否し，自分（我）を主張するようになってきます。「イヤ」という言葉を発することも多くなります。望ましくない欲求は養育者に制止されるので，乳児の「欲求」と養育者の「制止」が繰り返されます。1歳後半から3・4歳の時期は，ダメということをやりたがったり，服の着替えを手伝おうとすると拒否したり，思い通りにならないと泣きじゃくったり，自分の要求が通らない悔しさや怒りの表現として，地団駄を踏んだり，長時間泣くこともあり，第一次反抗期といわれます。養育者は困惑しますが，子どもたちに自我が芽生え，それを表現する力が発達した証といえます。

自我の芽生えに伴い，他者からの視線を意識するようになり，「照れ」「共感」「羨望」などの感情が見られるようになります。また，子どもは，社会的によいとされるルールと自分の行動を比較して，自分の行動がどのように見られているのかを気にするようにもなります。例えば，年長クラスになると子どもは昼食で箸を使うことが多いのですが，箸使いがまだ上手ではない子どもが周りの友達と自分を比べ，箸使いがうまくできないことを「恥ずかしい」と感じ，顔を赤らめることもあります。また，年中クラスの子どもが年少クラスの子どもとけんかになり，相手を押してケガをさせてしまった場合，押すのはよくないという模範的なルールが頭に浮かび，「罪悪感」を感じ，視線をそむけたり，うつむいたりすることもあります。また，年少の子どもが服の着替えを一人でできるようになると，以前の自分の状況と比較して，一人でできたことをポジティブに評価し「誇り」を感じるようになります。

自我の発達によって，「照れ」「共感」「羨望」や「恥」「罪悪感」「誇り」の感情が生じ，さらに，他者の感情理解や社会的なルールの適用具合を考えることが可能になることから，自我の発達は感情発達に大きな影響を与えているといえます。

6．子どもの感情の発達を育む

子どもの感情発達を育むために大事なことは何でしょうか？　例えば，子どもが歌を歌いながらジャンプしている時に，保育者が「歌を歌うことは，楽しいね」と子どもに言葉をかけると，子どもは自分の感じている気持ちは楽しいという喜びの感情であると理解するでしょう。またオムツをとるトレーニング中の子どもが，保育園の年上の子どもたちがはいているキャラクターの絵柄パンツが羨ましくて，自分もお兄ちゃんのパンツをはきたいと言い出すことがあります。保育者の「お兄ちゃん，かっこいいね」という声かけは，子どもにとって，他者に対するあこがれや尊敬の感情に気づく機会となるかもしれません。

保育者は，子どもが自分自身の感情や友達の感情を理解できるように，また，自分の感情をコントロールできるように，子どもの発達レベルにあった言葉を用いながら，友達の気持ちを代弁したり，両者の意図や気持ちを確認することを何度も繰り返していきます。保育者は子どもの感情発達において調整的な役割を果たしていますが，近年，情緒的利用可能性（emotional availability）という考え方が注目されています（Biringen, 2000）。情緒的利用可能性とは，養育者は子どもの状態を気にかけ「敏感さ」「迅速で的確な応答」をするというよりもむしろ，あくまで「子どもにとって」必要な時に養育者は必要な応答を行う，情緒的に利用可能な存在であればいいという考え方です。養育者と子どもの行動が相互に影響しあうものであり，養育者側の要因には，「子どものサインに敏感であること」「相互作用へのルールや枠組みを提供すること」「侵略的でないこと」「敵意がないこと」，子ども側の要因には「養育者を相互作用に引き込むこと」「養育者への応答的であること」が想定されています。

自分の思うようにならない事態に遭遇した時の子どもの姿から，情緒的利用可能性について考えてみましょう。0～1歳児は，相手をたたいたり押したりかみつくことによって，2歳前後になると押すといった行動に加えて「ダメー」「○○ちゃんのもの」といった言葉を発しながら，自分の思いを通そうとする行動が増えてきます。直接相手に向ける行動が増えるこの時期，子どもの不快感情の調整や子どもたち相互の意図の調整は，保育者の仲立ちがないと難しいでしょう。2歳過ぎになると，少しずつ自分の感情を言語的に主張することが可能になりますが，自分の思いを的確に伝えることはまだ難しい時期です。思い通りにならない時や自分で何かをしたい時に，子どもは大声を出す，叫ぶ，のたうち回る，床を転がる，足を踏み鳴らす，ものを投げるなどの激しい怒りの表現をとることもあります。保育者が子どもの感情の調整を試みる場合，子どもが保育者を巻き込もうとする状況では，保育者はそれに積極的に応じることが必要でしょう。しかし，子どもが保育者を巻き込もうとせず，自分でどうにかしようとしている場合には，保育者はすぐに介入せずに，その状態を見守っていくことも重要です。

仲間との活動機会が増える２歳以降，仲間と遊んでいると意見が合わないこともあります。仲間同士は大人との上下関係とは違う横の対等関係なので，子どもは自分の主張を言い続けたり，泣いたりといった持続的，感情的な反応をとることが多いようです。乳児期では，大人が提案した自己主張や感情調整方法を子どもたちがそのまま学習していくことが多いですが，幼児期になると，大人が提示した方法よりも，少し未熟な**社会的スキル**であっても同じ発達水準である仲間が提示した方法を模倣することが増えてきます。もちろん，保育者の仲立ちは３歳児クラスでも必要ですが，少しずつ自分の視点と他者の視点が異なることを理解し，自分たちで調整ができるようになります。保育者は子どもたちだけでどこまでできるかを見極めることが必要となります。４・５歳児クラスになると，仲良しの友達もできるようになり，仲間に対して愛着を感じるようになります。仲良しの友達がいることで，不安な場面を一緒に乗り越えようとする場面も見られます。保育者は，仲間との情緒的な結びつきが個々の感情の発達を育むきっかけとなること，つまり，子どもの自立性を侵害しないことを大切にしながら子どもたちと関わっていくことが重要になるといえるでしょう。

コラム7
乳児期における「かみつき行動」について

1歳から2歳ごろにかけて，周りの友達と関わることが増えてくると，自分の思いを伝えたい時，そして，特にそれが自分の思いどおりにならない時に，相手の手や体にかみついたり，ひっかいたりすることがあります。このような行動は，実は，「自分は○○したい」という自分の思いが育ってきた証です。

低年齢児の集団保育で生じやすいかみつき行動に着目した倉盛（2008）によれば，1歳児クラスでの発生頻度は，おおむね秋から冬にピークがあり，その後，押し倒す，たたく，蹴るなど体を使う方法（身体的方略）が見られます。しかし，このような身体的方略は徐々に減少し，説得や抗議などの言語的方略が増えていきます（図1）。また，多くの事例報告では，感情制御能力や言語能力の発達とともに，言葉でのコミュニケーションができるようになると，かみつき行動は少なくなることから，かみつき行動は自己主張行動の発達の一過程ととらえられています。

ただし，かみつき行動は相手に怪我を負わせてしまうこともあるので，保護者はかみつき行動を問題行動ととらえ，家庭での愛着やしつけの問題と解釈してしまいがちです。かみつきやひっかきは，相手へのダメージが大きいだけでなく，保護者を含めたトラブルを招きかねない問題になりやすいため，保育現場では，自己主張行動の発達の一過程と理解しながらも，かみつき行動の発生をいかに未然に防ぐかに注意を払っているという矛盾を抱えています。

自分の思い通りにならない時に，自分の衝動や感情をコントロールし，言葉で相手に伝えることができるようになるという課題は，乳幼児期だけでなく，児童期・青年期を通じて潜在化している問題です。このことから考えると，かみつき行動の発生をいかに未然に防ぐかだけではなく，適切な自己主張行動の発達を促す意味で，保育者の援助の仕方を考えることも重要だと思われます。保育園の1歳児クラスの子どもたちを対象に，子どもの自己主張行動における身体的方略および言語的方略の頻度と，子どもの言語発達および保育者との愛着関係との関係を検討した倉盛（2013）によれば，身体的方略が多い子どもと言語的方略が多い子どもはともに言語発達が進んでおり，言語的方略が多い子どものみが言語能力が高いということはありませんでした。違いが見られたのは，身体的方略が多い子どもは，保育者に自分に関心を持ってもらいたい気持ちが高く，言語的方略が多い子どもは保育者と離れて活動できることでした。つまり，身体的方略から言語的方略へのシフトは，保育者との愛着関係が重要だといえます。

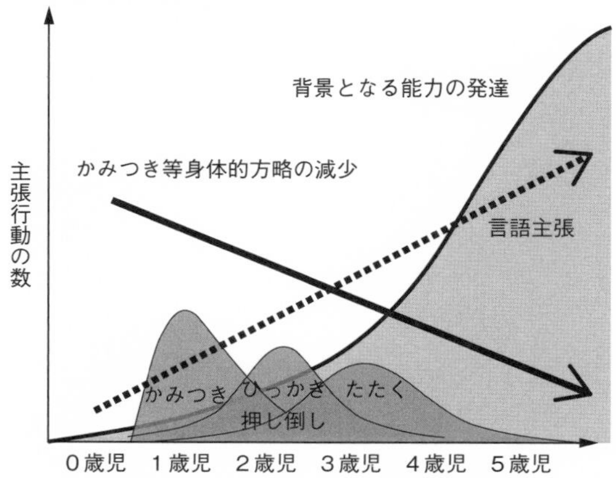

図1　年齢に伴う自己主張行動の変化の模式図

6

性格の発達

1．性格とは

懐かしい友達と再会した時「相変わらずよく喋るな」「無口なままだな」など「昔と全然変わらない」という印象を感じたことはありませんか。このように，性格とは，時間が経っても変化しにくい，「個人を特徴づけている，一貫した行動や考え方の傾向」と考えられています。すなわち，よく喋る人は，その場だけでなく昔も今も一貫して喋っていることが，その人の考えや行動を特徴づけていることになります。

では,「あなたはどんな性格ですか？」と聞かれるとどのように答えますか？「明るい性格」「冷静沈着な性格」「内気な性格」などすぐに答えが返ってくる人もいます。しかし，他人に関しては「Aくんはああいう性格だから」「Bさんとは性格が合わない」などと簡単に表現することはできても，いざ自分の性格について聞かれると少し戸惑ってしまう人もいるのではないでしょうか。

このように「性格」とは普段何気なく使用していますが，自分に当てはめてみると，少し理解するのが難しい概念です。そこで本章では，「性格はどのような構造なのか」「どのように形成されているのか」といった説明を通じて，子ども理解や保育実践に役立てることを目指しています。

2．性格の構造

心理学では，性格を理解するために様々な研究がなされてきました。ここでは，「類型論」「特性論」という性格を理解するための考えを解説します。

（1）類 型 論

普段生活の中で他人について「あの人は内気だ」とか「あの人は典型的なA型だよね」「ひとりっ子みたい」などということがあります。こんなふうに，タイプ分けして性格を知ろうとする考えが類型論です。

精神科医の**クレッチマー**（Kretschmer, E.）は，精神病が特定の体格の人に表れることに気づき, 体格と気質の関係を調べました。そして, 人の体格を「肥満型（太り型）」「細長型（やせ型）」「闘士型（筋肉質型）」に分け，それぞれ

クレッチマー
(Kretschmer, E.)
精神病と体格の関連を体質的・生物学的な視点から見いだした。

表6－1　クレッチマーの3類型の特徴

そううつ気質 （肥満型）	基本的特徴：親切，温かみがある，善良 明朗性：ユーモアがある，興奮しやすい，活発 ゆううつ性：静か，無口，落ち着いている，柔和，ゆううつ
分裂気質 （細長型）	基本的特徴：非社交的，もの静か，用心深い，変わり者といわれる 敏感性：臆病，はずかしがりや，繊細，敏感，神経質，自然や書物を好む 鈍感性：従順，お人好し，無関心，鈍感，平板な感情
粘着気質 （闘士型）	基本的特徴：熱中しやすい，几帳面，秩序を好む，頑固 粘着性：まわりくどい，過度のていねいさ，仕事などは確実だが手早くやるのは苦手 爆発性：突然激しく興奮する，カッとしやすい，爆発的に怒る

に体型に対応した気質を示しました（表6－1）。

具体的に，①肥満型の人は「そううつ気質（循環気質）」と呼ばれ，社交的，親切で温かみがあるといった一般的な性格特徴に加え，高揚した気分と沈んだ気分が交互に極端に現れやすいとし，②細長型の人は「分裂気質」と呼ばれ，非社会的で物静か，内気といったそううつ気質とは対照的な一般的な気質に加え，神経質，周囲への無関心，鈍感性を持ち合わせているとし，③闘士型（筋肉質）の人は「粘着気質」と呼ばれ，熱中しやすい，几帳面，頑固といった一般的な気質に加え，「まじめな人」として信頼される反面，まわりくどい，カッとしやすいといったタイプ分けをしました。

その他に，日常生活において何を重視するのかによって性格を6つのタイプに分類した**シュプランガー**（Spranger, E.）の理論や，心理的なエネルギーが他人に向かう「外向性」と，自分に向かう理論派の「内向性」の2つで性格を区分する**ユング**（Jung, C. G.）の理論等があります。「彼は外向的な人だな」などの言い方はこのユングの理論が元になっています。

シュプランガー（Spranger, E.）
ドイツの心理学者，哲学者。「理論」「審美」「経済」「宗教」「社会」「政治」のいずれかを志向するかによって，性格を分類した。この分類がオールポートらの性格検査に影響を与えている。

ユング（Jung, C. G.）
スイスの精神科医で分析心理学の創始者。無意識を個人的無意識と集合的無意識に分け理論化した。コンプレックス，アニマ・アニムスといった有名な用語を生み出したことでも知られる。

（2）特性論

人の性格を表現する時，先に挙げた「内気だ」「明るい」といったタイプに分けて表現することもあれば，「明るいし，周りの人にもすごく気を使えるまじめな人」といったいくつかの側面を挙げて表現する場合もあります。この「明るい」「周りの人にも気が使える」「まじめ」といった要素（特性）の強弱で性格を知ろうとするのが特性論です。

特性論では，どのような特性についての強弱を測るかが重要になります。特性論を提唱した**オールポート**（Allport, G. W.）は，ウェブスターの大辞典に収録されている言葉から性格に関連するものを抜き出し14の特性で性格を理解しようとしました。そしてその後も，様々な研究者が検討を続け，最近では，**ビックファイブ**（Big Five）と呼ばれる5つの特性で性格が構成されるという考えに収束しています（研究者により，その構成は異なっています）。

村上・村上（1999）は，日本社会に適応するにあたって外向性（他の人と交流するのが好き－嫌い），協調性（空気を読むのが上手－下手），勤勉性（まじめ－ユーモアがある），情緒の安定性（落ち込みにくい－やすい），開放性（好奇心が強い－弱い）という5つの特性を用いています。類型論の時に取り上げ

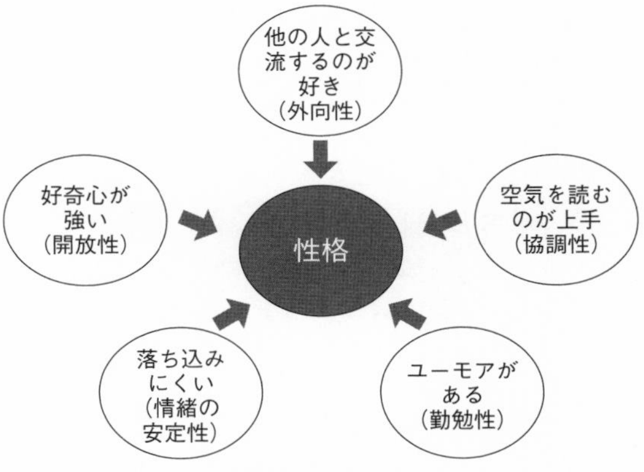

図６−１　特性論の理解（そううつ気質）

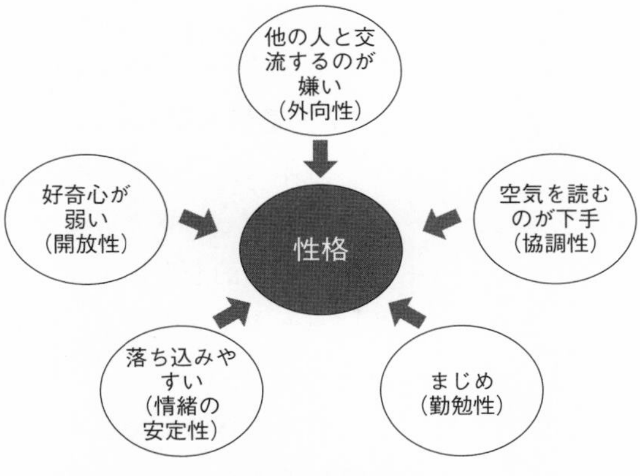

図６−２　特性論の理解（分裂性気質）

たそううつ気質，分裂性気質をビックファイブで表現すると図６−１および図６−２のようになります。

３．性格の成り立ち

“十人十色”という言葉があるように，あたりを見回すと人々の見た目や考え方は様々です。例えば，公園で賑やかに遊んでいる子どもを目にした時，「かわいいな」と感じる人もいれば，「うるさいな」と感じる人もいます。見ている状況は同じでもそこから生まれる感情や行動は一人ひとり違います。このような違いはどのように形作られるのでしょうか。

生まれたばかりの赤ちゃんを観察すると，運動量や泣き方，機嫌のなおりやすさなど赤ちゃんによって違いが見られます。これらの特徴は性格を形成する上で重要な要素になります。加えて，親の養育態度やきょうだい関係などの環境的な要因も影響します。

（１）遺伝か環境か

人の性格がどのように形作られていくか考える場合，「遺伝と環境」の関係を考慮していくことが必要です。しかしながら，この２つを明確に区別することは簡単ではありません。例えば，親と子どもの性格が似ている場合は，遺伝によって性格が似たと考えられがちですが，「子どもは親の背中を見て育つ」という言葉があるように，生活を共にすることで似た性格になった可能性もあります。

また，参観日等で友達の両親を目にした時，友達と容姿や体型がそっくりだと驚いた経験はありませんか。この遺伝による影響が強いと考えられる体型や容姿が，性格の形成に影響を与えている可能性もあります。例えば，自分の体格や容姿に自信がない場合，それをカバーしようとして努力家になる人もいるかもしれませんし，逆に強い劣等感を抱くようになるかもしれません。さらに，虚弱な子どもの場合は，両親から過保護に扱われることによって，臆病で親を頼るようになる可能性もあります。

（2）遺伝も環境も

近年は，「遺伝か環境か」という志向ではなく，「遺伝も環境も」との考えが主流になってきています。すなわち，私たちの心身の発達には，親から引き継いだ遺伝的な要因と，出生後の個人をとりまく環境の要因が連なって関わっているとの考え方です。このように遺伝と環境の両方に着目した説の一つに，**シュテルン**（Stern, W.）の輻輳《ふくそう》説（相和説）があります。「輻輳」とは，物が一か所に集まることを意味しており，遺伝と環境の両方が集まって，発達が成り立っているとの考えです。

この考えを性格に当てはめ，成り立ちを説明するものとして，宮城（1960）の考えがあります（図6－3）。図6－3は性格について，遺伝を基に，環境から受ける影響を示しています。もっとも内側にある「気質」「体質」は人間が生まれながらに親から引き継いだ遺伝的な要素を示しています。この部分は素の性格を指しており，他者に対してネガティブな部分を隠そうとする意識が働きます。その際，リラックスした状態や平常心を保った状態だと，自らを上手に隠すことができ，素の性格が表面化することは少なく，周りの人から気づかれません。しかし，不安な時は自分を隠せなくなるので，素の自分が出てくると考えられます。また，気の許せる恋人や友人の前では，素の性格を隠す必要がないため表面化することも多くなります。

その周りに形成されるのが，「狭義の性格・人格」になります。これは，気質を中心としてつくられ，幼児期までの親などの身近な他者との関係で形成される後天的な性格になります。その次に位置するのが，「習慣的性格・態度」と呼ばれる性格です。この性格は，友人や教員・保育者といった家族よりも広い範囲での交流によって形成される性格になります。

そして，もっとも外側にあるのが「役割的性格」になります。職場などにおける立場や，子どもが生まれて親になるといった環境の変化から強く影響を受

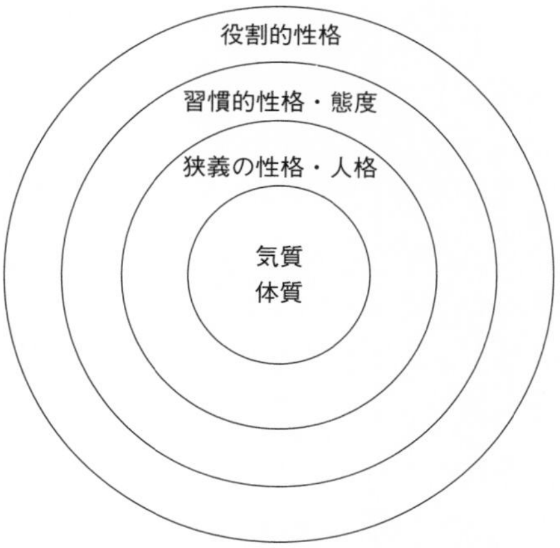

図6－3　性格の構造（宮城，1960を一部改変）

ける性格になります。例えば，恋人ができた時や恋人に振られた時，その前と性格が大きく変容してしまうことがあります。これは，「役割的性格」や「習慣的性格・態度」が環境の変化によって変容したために起こる現象です。しかし，恋人との関係が落ち着くと，変容した性格はもとに戻っていきます。

これらのことから，人の性格というのは，生まれてから大人になるまでのうちに，もともと生まれた時に持っていた「気質・体質」はそのまま持ち続け，その後の家族の関わりから「狭義の性格・人格」を形成していくものだということがわかります。そして，友人や教員･保育者との関わりから「習慣的性格･態度」を獲得し,その後の職場などの立場や環境の変化によって「役割的性格」を一時的に変化させながら少しずつ性格を変容していくということになります。

それでは続いて具体的な関わりについて挙げていきます。

4．性格の形成

（1）気質との関係

生まれた赤ちゃんは，どのような性格（気質）を秘めているのでしょうか。**トマスら**（Thomas et al., 1963）は，赤ちゃんの気質の特徴的なものとして3つの類型を示しています。①扱いやすい子どもは，生活が規則的でいつも機嫌がよく新しい人や場面に容易に順応するタイプ（約40％），②扱いにくい子どもは，生活が不規則でよく泣き新しい人や場面に順応しにくいタイプ（約10％），③始動の遅い子どもは，活動水準が低く反応が弱く順応が遅いタイプ（約15％）です（残りの35％は平均的な子）。こうした特徴が性格の基盤になります。そしてこれらの気質が，親の養育態度にも影響を与えていきます。例えば，扱いにくい子どもが空腹で泣いていた場合，授乳をして子どもの要求に応えたとしても機嫌はなおりにくく，ぐずってしまいます。そのため養育者にかなりの忍耐と寛容さが要求され，それが継続すると，イライラから子どもへの扱いが粗雑になることもあります。このように,子どもの気質によって親や,きょうだい，友人等の関わりにも影響を与えることも示されています。

（2）環境的要因

性格の形成に与える環境の影響として，詫摩（1980）は表6－2のような例を挙げています。ここではその中から，親，きょうだい，友人との関係を中心に解説していきます。

①親との関係

性格の形成において，乳幼児では多くの時間を共有する家族，とりわけ母親との関係が非常に重要なものとなります。親子関係は，保護や教わるといった「タテ」の関係のため，どのように育てられるかが性格形成に影響を与えます。

表6－2　性格特徴に影響を及ぼす環境要因（詫摩，1980）

育児方法	授乳や離乳の仕方，食事，睡眠，着衣，排せつなど基本的習慣のしつけなど
親の養育態度	親が子どもに示す一般的態度（保護的，拒否的，放任的，溺愛的，受容的，支配的など）
親の個人的要因	親自身の生育歴，人生観，宗教に対する態度，子どもに対する期待など
家庭の社会経済的地位	親の職業・収入，家庭の一般的雰囲気など
家族構成・家族関係	家族の人数や関係，きょうだいの数と出生順位，家族間の愛情，親子の心理的距離など
友人関係	友人の数と付き合いの程度，なかま集団での地位など
居住地域	都市か農山村か，過密か過疎か，住宅地か商工業地域かなど
文化型	その文化圏の生活様式，習慣，価値基準，政治形態，歴史など

サイモンズ（Symonds, P. M.）は，親の養育態度について拒否－受容の軸と，支配－服従の軸を設定し，その組み合わせから４つの養育態度を導き出しています（図６－４）。４つの養育態度とは「無関心型」，「残虐型」，「甘やかし型」，「過保護型」です。「無関心型」とは，子どもの行動や考えに無関心で思いやりがないタイプで，拒否的で服従的な養育態度を指します。「残虐型」とは，子どもの気持ちを無視して自分の考えを押し付けるタイプで，拒否的で支配的な養育態度を指します。「甘やかし型」とは，子どもの気持ちを尊重しすぎて，子どものわがままを黙認しているタイプで，受容的で，服従的な養育態度を指します。「過保護型」とは，子どもの気持ちを汲み大切にする一方，あれこれと口やかましく注意するタイプで，受容的で支配的な養育態度を指します。

心理学においては，母親の養育態度をいくつかの類型に分類して，子どもの性格形成との関係を検討した研究が数多くあります。その中で詫摩（1980）は母親の養育態度の関係を表６－３のようにまとめています。

母親の養育態度は，いつも同じではなく，母親の状態とも複雑に絡み合っています。例えば，母親が幸せな気持ちであれば，子どもに対して愛情深い関わりができるでしょうし，不幸せな気持ちであれば，子どもに対しても粗雑に関わっていくと予測されます。これを示すように，数井ら（1996）の研究では，夫婦関係の良好さが子どもの発達によい影響を与える結果も示されています。つまり，夫婦関係が良好であれば，母親の気持ちも安定し，子どもに対して愛

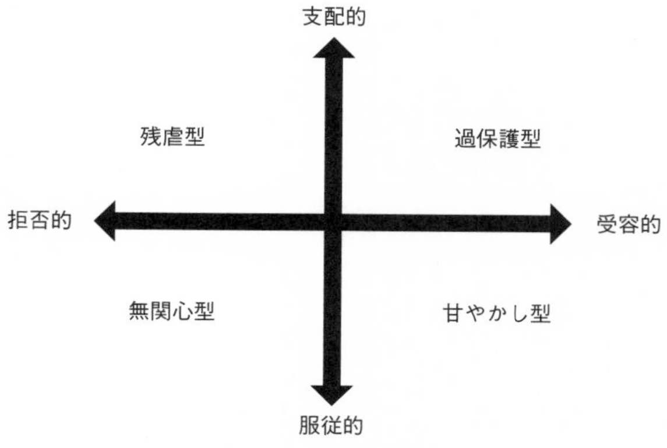

図6－4　親の養育態度

表6－3　母親の養育態度と子どもの性格（詫摩，1980）

母親の養育態度	子どもの性格
支配的	服従的，自発性なし，消極的，依存的，温和
かまいすぎ	幼児的，依存的，神経質，受動的，臆病
保護的	社会性の欠如，思慮深さ，親切，神経質でない，情緒安定
甘やかし	わがまま，反抗的，幼児的，神経質
服従的	無責任，従順でない，攻撃的，乱暴
無視	冷酷，攻撃的，情緒不安定，創造的，社会的
拒否的	神経質，反社会的，乱暴，注意を引こうとする，冷淡
残酷	強情，冷酷，神経質，逃避的，独立的
民主的	独立的，素直，協力的，親切，社交的
専制的	依存的，反抗的，情緒不安定，自己中心的，大胆

情ある関わりができますが，夫婦関係が険悪な場合は，母親の気持ちが不安定になり，子どもへ適切に関わることが難しくなることが指摘されています。

また，「元気に育ってほしい」「いい大学に入ってほしい」などといった親からの期待（**発達期待**）は，子どもの性格の発達に影響を与えています。例えば，子どもがすり傷をして帰ってきた場合，「元気に育ってほしい」と考えている親は，よく遊んだとほめるでしょうが，「怪我なく育ってほしい」と考えている親は，学校や周囲への批判を強めます。このように子どもの行動へのほめや叱り等が性格へ大きな影響を与えます。また，発達期待は，子どもの性別や出生順によっても表6－4のような違いがあることが示されています。

②きょうだいとの関係

赤ちゃんにとって親は，生存のためになくてはならない存在です。きょうだいも面倒を見る（見られる），勉強を教える（教わる）といった保護の要素も含んではいますが，自分と親の間に入る邪魔な存在としてとらえることもできます。そのため，ライバルとしての関係も含む「ナナメ」の関係といえます。

きょうだいの存在が性格に与える影響として，家族内での役割分担意識があります。人は誰しも，「他人と同じでいたくない」という意識を持っています。そのため，きょうだいとの関係の中で，自分のポジションを求めます。例えば長子には，「自分がしっかりしなくっちゃ」といった責任感が生まれてきます。このように，きょうだいの存在自体が性格に影響を与えています。加えて，先に挙げた発達期待も，出生順によって異なるため，出生順によって親の養育態

表6－4　子どもに期待する性格特性（波多野，1971をもとに作成）

	兄	弟	姉	妹
期待する性格特性	落ち着きがある 指導性がある 意志強固	勇気がある 冒険心がある 楽天的	落ち着きがある 世話好き 控えめ	なし
許容できる性格特性	威張りたがり 気難しい 怒りっぽい	強情 粗野	なし	依存心がある わがまま おしゃべり

度が異なり，子どもの性格形成に影響を与えています。

具体的には，長子は「何かする時，人に迷惑をかけるかどうかをよく考える」などのしっかり者の性格を，末っ子は「お母さんにいつも甘ったれる」などの甘えん坊の性格を形成しやすいことが示されています（依田・飯島，1981）。ただし，中間子については，はっきりとした特徴が導き出されていません。また，一人っ子については，「わがままだ」といわれることが多い風潮にありますが，特有の性格特性については，明らかになっていません。

5．保育における関わり

（1）友人関係

乳児期から保育所・こども園に通園する子どもは，低年齢の時から同年齢の子どもと関わりながら成長していきます。また成長に伴い同年齢・同世代の子どもと遊ぶ機会が増えます。家庭では決められたメンバーで生活していましたが，園では多くの子どもの中から，自分の好きな友人を選び，徐々に親密になるという過程を経ていきます。その際，自分が主張するだけでなく，他人を受け入れていくことが必要になります。よって，本来持っている気質を中心としながらも，友人の性格や自分と友人との関係・文化を受け入れながら性格を変容させていきます。

保育所保育指針総則（3）保育方法においても，「エ　子ども相互の関係づくりや互いに尊重する心を大切にし，集団における活動を効果あるものにするよう援助すること」が挙げられており，個々人の気質や性格を想定し保育者が関わっていくことが求められています。例えば，始動の遅い子どもだと，新しい環境への抵抗が強く，遊びが盛り上がるのに時間がかかり友人との関係が成立しにくくなります。また扱いにくいタイプだと，すぐに友人とはしゃぐことはできますが，もめごとがあった時には，相手を攻撃しやすく，拒絶されやすくなります。これらの特徴を把握し，子どもの気質に応じた関わりが必要になってきます。具体的には，始動の遅い子どもには，その子の個性を大切にして見守っていくことも必要ですし，自分の殻を破りたそうにしている時には「○○くんも一緒に遊ぼうか？」といった声をかけ後押しすることも必要です。すべての園児に対して同じように関わるのではなく，園児一人ひとりの気質を把握し，その子に合った関わりが必要です。さらに，保育場面で個別に関わる場合は少ないため，保育者が中継役となり，友人との関わりを促進させていくことも求められます。

（2）保育者の役割

保育場面においても，子どもの気質・性格に合わせた保育者の関わりが重要です。例えば，けんかを多くしてしまう子どもは，トラブルを起こしやすく迷惑な存在として理解されやすくなってしまいます。そうならないために，気質・

性格を念頭におき，長所である積極性を尊重し，攻撃性を和らげるために，意識的に他の園児の気持ちを伝える機会を増やしていくことなどが必要です。このように一人ひとりの子どもの個性を理解し，子どもがその気質によって不利益を受けないようにしていくことが大切です。

また，園での生活が長くなると，徐々に気質による行動は目立たなくなります。しかし，この変化は本質的に性格が変わってきたためではなく，気質はそのまま維持されていることも忘れてはいけません。友達とのケンカなどがきっかけで，それらが表面化していくことが多々あります。

ただし，これらにとらわれすぎ，類型論のように「○○なタイプ」と子どもに対する過度の固定観念を抱かないことも意識してください。過度の固定観念は，保育実践を妨げる場合もあります。あくまでも，一人ひとりに個性があります。そこで，他の保育者や外部の専門家に助言を受けつつ，客観的に子どもの気質・性格の特性を理解し続け，子どもに合わせ保育を実践していくことが求められてきます。

さらに，保育者も子どもの性格に影響を与えてはいますが，多くの時間を過ごす家庭での関わりがもっとも大きなウェイトをしめていることは疑いようのない事実です。そこで，保護者等への関わりを通じて，間接的に子どもの性格の形成に影響を与えることも想定しておく必要があります。

近年は，少子化や都市化による地域の教育力低下等により，子どもへの発達期待の増大・偏りや，子育てへの知識不足等の問題を抱えるケースも予測されます。もちろん，親の子どもに対する期待はある程度は必要です。しかし，それが過度になることは，子どもにとって大きな負担となります。このようなことを防ぐためにも，そして子どものよりよい発達を促進させていくためにも，気質・性格等を保育者がしっかりと理解した上で，日常の子どもの様子をしっかりと観察し，子どもの様子を保護者に伝えることが重要です。この伝達により，保護者の子ども理解の促進へと繋がっていきます。

コラム８
一人っ子の性格とは？

授業や学生との日常会話の中から，「心理学の面白いことはどんなことなのか？」ということを再認識させられます。その一つが卒業論文です。私のゼミでは，自分の興味あるテーマを発表してもらい，そのテーマに関する先行研究を読みながら，徐々に視点を絞っていきます。この卒業論文のテーマを決める際，毎年出てくるのが，「性格と親子関係」「性格ときょうだい関係」です。

どうしてこのようなテーマを選択したのかを尋ねると，決まって「自分は長男だからしっかりしていると思われる」「弟がしっかりしているから，自分は勉強しなかった」など，自分の経験から興味を持つ学生がほとんどです。私も２つ上に兄が，８つ下に妹がいます。幼いころは兄の後ろばかりをついて歩き，とにかく真似をしながら遊んでいましたし，妹が生まれてからは，時間があると抱っこしていたのを覚えています。それらのきょうだいとの関係が自分の性格の形成に大きな影響を与えてきたことは間違いありません。

そんなとき，ある学生が「一人っ子はわがままと思われがちだけど，自分はそうじゃないのでそれを証明したい」と卒業研究のテーマに「一人っ子の性格」を選びました。先行研究を調べていくと，心の理論などの特定の能力には，一人っ子特有の性質が示されていましたが，性格を扱った研究では，一人っ子の性格特性は明らかにされていませんでした。そこで，「性格と養育態度」の調査を行い，きょうだいの数や出生順によって性格が異なるのかを調べることにしました。

結果は，先行研究と同様，一人っ子特有の性格は導き出されませんでした。しかし，きょうだいの人数ごとに分けて性格と養育態度の関係を見ていくと，一人っ子は，きょうだいがいる場合よりも性格と養育態度の関係（相関）が非常に強いことがわかりました。この結果から，一人っ子の場合は，親の目が一人の子どもに集中するため親の養育態度の影響を受けやすいのではないかという考えにたどり着きました。具体的には親が過保護だと強いわがままになる子が多く，その反面親が厳しい養育態度だと，非常におとなしくなる子もいるのではないかとの結論に至りました。

この結果から，学生は，自分と親との関係を振り返り，「自分は一人っ子だけど，親が厳しく育てたから今の性格になったのも……」と少し納得して卒業研究を書き終えることができたようです。また，わがままな子はクラスでも目立つので「一人っ子＝わがまま」と認識されやすいのに比べ，おとなしい子は目立たないため，一人っ子として認識されにくいことが今の一人っ子に対する認識に繋がっているとの考えも導き出したようでした。

このように，心理学は日常生活の疑問を自分の手で検証し，自分の人生を振り返ることができる学問です。先行研究を読むのは，初めのうちは大変かもしれませんが，それを重ねることで新たな自分に気づけるとても面白い学問です。

7

生涯発達と初期経験の重要性

1．生涯発達と発達援助

心理学で人の発達を取り上げるのは発達心理学の領域です。これまでの発達心理学では，人が生まれた時から発達のピークにあたる青年期までを対象としていましたが，近年では人の発達とは受精から死に至るまでの心や身体の変化であるという生涯発達の視点に立った生涯発達心理学の考え方が注目されるようになってきました。この考え方に大きく貢献したのが**エリクソン**（Erikson, E. H.）です。エリクソンは人の生涯を乳児期，幼児前期，幼児後期，児童期，青年期，成人初期，成人後期，成熟期・老年期の８つの段階に分け，それぞれに発達課題と危機があることを指摘しています（表１－１，p.６参照）（Erikson, 1959）。エリクソンはこれら一つ一つの段階が次の段階の基礎となり，前の段階の危機を乗り越え，一つの発達課題が達成されたら次の段階に進むことができるという漸成論《ぜんせいろん》の考え方をとっています。エリクソンのこのような考え方は，保育の対象となる乳児期，幼児期前期・後期の危機を乗り越えて発達課題を達成することが，それ以後の長い生涯にわたって土台となるものであり，その土台をしっかりとしたものにするために乳幼児期に発達を援助することがとても重要な役割を果たしていることを示しています。

乳幼児期の発達課題と危機を挙げると，乳児期では「基本的信頼－不信」，幼児期前期では「自律性－羞恥・疑惑」，幼児期後期では「自発性－罪悪感」となっています。これらは，主として養育者との関係の中で達成される発達課題であり，養育者との関係に何らかの問題があった場合に陥る危機ということになります。乳児期では，養育者との間に基本的な信頼関係を築くことが大きな課題となりますから，養育者がいかに愛情豊かに子どもに関わるかが大きなポイントとなります。幼児期前期では生活習慣のしつけが始まり，その中で養育者は子どもの自律性を育むことが大切になります。さらに，幼児期後期では子ども自身の力でできることが増えてくることから，養育者は子どもの自発性を育むことが大切になります。

子どもが乳児のころから保育所に通っている場合，親よりも長い時間，保育者から養育を受けることになり，保育者との関わりの中でこれらの発達課題を達成するということも大いにあります。また，保育者との関係でうまくいかないことがあれば，これらの危機に陥るということも考えられるのです。保育者は，子どもの生涯にわたる発達のもっとも基礎となる土台が作られるとても大切な時期に，その子どもの発達支援に直接関わっているといえるのです。

2．生涯発達と初期経験としての養育・保育の重要性

乳幼児期の発達課題をクリアすることがその後の長い生涯の土台となることは指摘しましたが，実際に乳幼児期に望ましい養育や保育が受けられなかった場合，どのような影響があるのでしょうか。特に子どもの発達にとって初期経験が大切であると指摘されていますが，乳幼児期の養育や保育はまさにこの初期経験の時期にあたります。この初期経験がいかに大切なものであるかについては，望ましい養育・保育を受けられなかった子どもがどのような発達を示すのかを見ることでクローズアップできることでしょう。

まずは極端な例を取り上げてみましょう。20世紀初めのころ，インドのある村で狼の群れの中にいたとされる２人の女児が保護されました（シングSingh, J. A. L., 1979）。１人は８～９歳くらい，もう１人は２～４歳くらいで姉妹であろうと思われる子どもたちでした。保護されたときには，言葉を話せないのはもちろんのこと，四つ足で歩き，生肉を食べ，昼間は寝ていて，夜になると活動し，遠吠えをするという状態であったとされています。また，彼女たちが保護された後，人間社会に適応できるように言葉を教えられたり，生活習慣の様々なことを訓練されたりしましたが，言葉の学習は困難で，感情表現などもほとんど獲得できなかったといわれています。近年では，彼女たちが幼少のころから本当に狼に育てられていたのかについては疑問視されているところもありますが（鈴木，2008），恐らく彼女たちは普通の家庭とは異なる極端な環境で育ったということは推測されるでしょう。このような場合，人との関係を築くのに不可欠な言葉や感情表現の獲得が困難になるということであれば，その後の生涯の順調な発達が保証されない深刻な事態に陥ってしまうことが理解できますね。言葉の獲得については誕生から初語が出る１歳ごろまでの１年間に十分に言葉に触れていなければならず，この時期を逃すと，獲得が著しく困難になるためで，特に初期経験が大切になります。感情表現も，乳児期から養育者との関わりを通して次第に身につけていくものですから，人と全く触れない環境では獲得しようがないということになります。この側面でも初期経験の大切さがクローズアップされるでしょう。

このような極端なケースでなくとも，乳幼児期の望ましくない養育・保育が子どもの発達に望ましくない影響を与えることを示す例があります。バクウィン（Bakwin, H., 1949）は20世紀半ばのアメリカの孤児院で育てられた子どもの特徴を調査しました。当時の孤児院では養育に携わる大人の数が少なく，養育者が子どもに十分に関わることができない環境で育てられていたという実態がありました。そのような環境で育った子どもたちはどのような特徴を持つの

でしょうか。調査結果によると，孤児院の子どもは普通の家庭で親に育てられた子どもよりも，「何事にも無関心」「動きが少ない」「おとなしい」「微笑やあやしかけに対して反応しない」「食べ物に無関心」「吸う習慣の欠如」「食事量に対して体重が増えない」「衰弱と青白さ」「発熱しやすい」「頻繁な便意」「浅い睡眠」「さみしそうな表情」といった，様々な側面において発達の遅れを示す特徴が見られたというものでした。このように施設で育った子どもに発達の遅れが見られることをホスピタリズムと呼びます。

これらの発達の遅れが，その後の生涯の発達においていかに望ましくない影響を及ぼすかについて見てみましょう。「何事にも無関心」と「動きが少ない」という特徴は，知的発達に関わる特徴です。人は乳児のころから見たことがない珍しいものに対して強い好奇心を持ち，触ったり，なめたりして活発に探索活動をすることで，様々な知識を身につけていきます。それが，何事にも無関心で動きが少なければ，成長にふさわしい知的な発達が順調に促され難くなります。「おとなしい」「微笑やあやしかけに対して反応しない」という特徴は，社会性の発達，特に他人とのコミュニケーションに関わる特徴です。これらの特徴は他人とスムーズにコミュニケーションをする機会を失わせるものでしょう。人は社会的な動物と呼ばれるくらい，生きていく上で人との関わりが必要です。他人とのコミュニケーションが難しくなれば，生涯にわたって困ることが多いでしょう。「食べ物に無関心」「吸う習慣の欠如」「食事量に対して体重が増えない」「衰弱と青白さ」「発熱しやすい」といった特徴は身体の健康に関わることです。まず丈夫で元気な身体を持つことは，生涯にわたり大切なことになるでしょう。食が細く，身体が華奢で病弱であれば，何をするにしても頑張りがきかないということになります。「頻繁な便意」や「浅い睡眠」は，神経症的なストレス反応に関わる特徴です。子どもは安定してリラックスしたポジティブな心理状態の中でこそ順調に育っていくものですから，このような反応が見られるストレス状態にあると，当然，様々な領域の発達の遅れに結びついていきます。「さみしそうな表情」も感情表現に関わる特徴で，ネガティブな心の状態が反映されています。このようなネガティブな心の状態が絶えず続いているとしたら，様々な領域の発達の遅れに結びついていくことでしょう。これらのことから，生涯発達における大切な初期経験の時期に望ましい養育・保育を受けられなかった場合，その後の発達にとって大きなダメージを与えかねない様々な影響が及んでいることが理解できることでしょう。

これらから，乳幼児期はとても大切な時期であり，この時期に子どもが望ましい養育・保育を受けることが，生涯にわたっての発達を順調に促すことに結びついているといえます。乳児のころから保育所で過ごす子どもはその大切な初期経験の多くを保育者との関わりの中で経験します。保育者はこの時期の保育の大切さを十分に理解し，日々の保育のあり方についてしっかりと考えていく必要があります。

次節以降では，胎児期から老年期までの生涯発達の流れを追いながら，それぞれの時期の発達が乳幼児期の初期経験で身についたこととどのように関係しているかについて見ることによって，重ねて初期経験の大切さを指摘してみましょう。

3．胎児期・新生児期の発達

胎児期とは，女性の卵細胞と男性の精子が結合した受精の瞬間から出産までの，赤ちゃんが母親のお腹の中にいる約10ヶ月間のことを指します。この時期に，1個の受精卵が細胞の分裂を繰り返し，身体の主な器官が形作られます。受精後約2ヶ月というまだ母親が妊娠に気づいていない時期に，すでに胎児の身体の大切な器官は形作られています（図7−1）。このように胎児は驚くべき速さで成長しているのです。この胎児期には，ウィルスや放射線，化学物質（薬品，アルコールなど）の影響を受けやすく，母親は注意をする必要があります。また，こういった外的な要因だけでなく，母親に大きなストレスがあるといった内的な要因も胎児の発育によくない影響を与えることが指摘されています（Malaspina, D., et al., 2008）。妊娠中の母親は，ウィルスや化学物質，放射線などに注意するだけでなく，自らの心の状態もできるだけポジティブに保っていることが大切になるのです。

誕生から生後4週間までを新生児期と呼びます。この時期は，胎児期には母胎に頼っていた呼吸，栄養を摂ること，体温を調節することなど，生きるために必要なことを，すべて赤ちゃんが自分でできるようになるために外界に適応する準備の段階にあります。この段階には，新生児反射と呼ばれる，赤ちゃんが意図したことと関係なく生じる反射行動によって生命を維持するという特徴が見られます。例えば，頬に何かが触れると，顔を向け，くわえようとする口

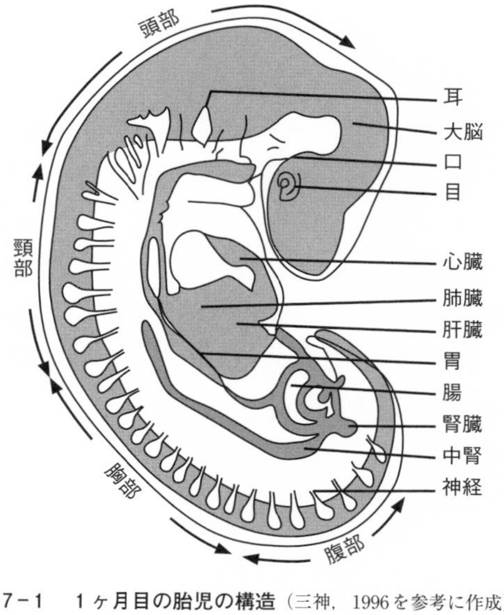

図7−1　1ヶ月目の胎児の構造（三神，1996を参考に作成）

図７−２　人間と動物の大人と子どもの形態比較（Lorenz, K., 1943を参考に作成）

唇探索反射や，唇に何かが触れると吸い込もうとする吸啜反射は，おっぱいを吸う行動が赤ちゃんの意志とは関係なくできるということで，食の細い赤ちゃんでも十分に栄養摂取ができるようになっています。さらに，この時期には周りの大人の注意を自分に向けて，養育行動を促すための様々な行動ができるようになっています。例えば，泣いたり，人の顔をじっと見たりすることで，大人の注意を向け，自分のそばに引き寄せ，大人があやしたり，微笑みかけたり，抱いたりするといった関わりを促しているということです。このような赤ちゃんの行動を**愛着行動**と呼んでいます（Bowlby, J., 1958）。また，赤ちゃんが「かわいい」と感じられる姿をしていることも大人の養育に関わる行動を引き起こさせることに大きな役割を果たしていることも，指摘されています（Lorenz, 1943）。この赤ちゃんが「かわいい」と感じる姿をしているという特徴は，親が子どもを育てる習性をもつ哺乳類や鳥類にも共通しているようです（図７−２）。このように新生児期は生きていくためや大人から望ましい養育行動を引き出すための様々なしくみが充実している時期であるといえるでしょう。

この胎児期・新生児期は，保育者が関わる機会があまりない時期ですが，関わる子どもをより理解する上では，妊娠期間中の母親が子どもをどのように育ててきたか，どのような気持ちを抱いてきたかを知ることも大切です。そこから，保育者として一人ひとりの子どもにどのように関わることが望ましいかについても考えることができるでしょう。

４．乳幼児期の発達

保育所では生後８週から保育をするため，保育者が実際に保育で関わるのはこの乳幼児期（0歳から小学校就学まで）であるといえます。乳児期前期には新生児期に見られた反射行動が少しずつなくなっていき，子どもが自分の意志で行動することが増えてきます。前に述べたエリクソンの発達課題によると，「基本的信頼」の時期にあたり，養育者との間に基本的な信頼関係を築くことが大きな課題となります。乳児のころから保育所で過ごす子どもは養育者だけでなく，保育者との関わりの中でこの信頼関係を築くことも大切になります。特に保育者はこの乳児期が人格形成のもっとも基礎となる大切な時期であることを十分に理解した上で子どもに関わることが必要です。エリクソンの指摘する基本的信頼関係を築くことはボウルビィが重視する愛着形成とも密接に関わっていることでしょう。この愛着形成についてスターン（Stern, D. N., 1985）は，養育者が乳児の感情や行動の意味を読み取り，それに見あった応答をすることが愛着の形成にとって大切であることを指摘しています。この乳児と養育者のお互いの関わり合いは情動調律と呼ばれていますが，乳児と関わる保育者はこの情動調律の機会をできるだけ増やして，感情豊かな関わり合いを乳児にたくさん経験させることが大切です。この時期に乳児が保育者との間にしっかりとした信頼関係や愛着を築くことで，言葉の獲得，二足歩行などの基本的な行動の獲得をはじめとして様々な領域の発達が順調に進み，幼児期の発達課題にスムーズに向かえるのです。

幼児期前半（3歳まで）は，エリクソンの発達課題では「自律性」にあたり，1歳を過ぎるころから食事や睡眠といった基本的生活習慣の基礎を築くことが大切な課題となります。食事習慣についてはみんなで楽しく食事をする，睡眠習慣については就寝時間をリズム化する，といったことが大切になります。保育者は，子どもが保育所でも経験する食事や午睡が基本的生活習慣の基礎を築くための大切な機会であることを理解して保育を実践することが大切になることでしょう。2歳を過ぎるころになると，しつけが本格的に始まり，様々な基本的生活習慣を少しずつ身につけていきます。それに伴って，「いや！」「だめ！」といった言葉が目立ってきます。これは，自己主張の表れで，自己意識がはっきりしてきていることを示しています。しかし，まだ能力は十分ではないため，子どもの中では自立と依存が葛藤している時期でもあります。保育者にとっては子どもの自己主張を大切にしながらも，基本的生活習慣が身につくように社会のルールに従わせる必要もある，という関わりが難しい時期にもなります。3歳を過ぎると，親と離れることで不安になることもあまりなくなり，言葉や身体もだいたいは自分の思い通りに操れるようになることから，感情のコントロールができるようになり，かんしゃくを起こすことも少なくなります。

幼児期後半（4～6歳）は，エリクソンの発達課題では「自発性」にあたり，さらに運動能力が高まって，活発に活動する時期で，ここで自発性がポイントとなってきます。4歳ごろには，運動能力だけでなく，認知的な能力も高まるにつれて，想像力が備わり，自分の行動やその結果を予測して不安になるなどの葛藤を経験します。3歳のころまでは自己主張が目立っていましたが，このころになると周囲の人の気持ちを察して自分の気持ちを抑えて我慢ができるといった，自己抑制の側面も表れてきます。5～6歳ごろになると，仲間と一緒に遊ぶことが目立ってきて，言葉で共通のイメージを持って遊んだり，ルールのある遊びもできるようになってきます。さらにある目的に向かってグループで行動することもできるようになります。また，ものを考える力（思考力）や物事を理解する力（認識力）が高まり，自然や社会の中で起こる出来事に対する興味や関心も高まってくる時期でもあるのです。

幼児期前半から後半にかけては，特に基本的な生活習慣の確立，社会性の発達，思考力・認識力の高まりといった，次の学童期以後の発達課題に向かうために必要な行動や能力が備わる時期であるといえるでしょう。そしてこの時期に身につけたことは生涯を通して達成していくべき発達課題をクリアするために必要なものとなるのです。保育者は，この時期の子どもが身につけたものが生涯にわたって大きな影響力を持つものであることを十分に理解して保育にあたる必要があります。幼児期は，これらの行動や能力の獲得に個人差が目立つ時期でもあることから，保育者はこの時期の子どもに関わる際には，一人ひとりの子どもの発達段階を見極め，適切に関わることが大切です。

5．学童期・青年期の発達

学童期はちょうど小学校の6年間にあたり，エリクソンの発達課題では「勤勉性」になります。この時期には，友達との関係を中心とした社会性や，学校での教科の学習を中心とした知的な側面も大きく発達します。「よく学び，よく遊べ」といわれますが，この時期は勉強にも遊びにも一生懸命に取り組むのが特徴になるというところでしょうか。社会性の発達については，同じ年齢の仲のよい友達と一緒に過ごすことが多くなり，児童期半ばを過ぎると**ギャングエイジ**といわれる時期に入り，仲間との関係が強く密接になり，閉鎖的で時には反社会的な行動をすることもあるような仲間集団を作るようになります。児童期の子どもは仲間と集団で行動する中で，ぶつかり合ったり，仲直りしたりしながら協調性を身につけることによって，さらに高度な社会性が発達していくのです。この発達は，いうまでもなく幼児期に獲得した社会性を基礎として成し遂げられるものです。そのような意味でも幼児期に社会性を身につけることは初期経験としてとても大切であることが理解できるでしょう。

知的な発達では，この時期に筋道立ててものを考えるという論理的な思考が可能になるという大きな特徴があります。**ピアジェ**の指摘によると，幼児期には論理よりも見た目に左右された判断をするのに対して，児童期には見た目に左右されず論理的な判断が可能だということです（Piaget, J. & Inhelder, B., 1966）。よく知られた液量の保存を扱った例では，同じ大きさの2つのコップに同じ量の水が入っているものに対しては同じ量であると判断できます。しかし，その2つのコップのうち，1つの水を細長いコップに移し換えると，幼児期には細長いコップの水の量が多いと判断してしまうということがあります（図３－３，p.47参照）。それに対して児童期には見た目に左右されず，どちらも同じ量だと判断できるようになるのです。児童期の教科の学習では，こういった論理的思考をもとにして科学的な思考力も大幅に発展させていくといえます。このような知的な発達も，幼児期の遊びを通して様々な経験をする中でその基礎が培われます。保育者は，子どもにできるだけ豊かな経験ができる遊びの機会や環境を用意し，児童期以後に著しく発達する思考力の基礎をしっかりと築く必要があるのです。

青年期は中学生になったころから20歳ごろまでを指します。エリクソンの発達課題では**自我同一性**にあたり，自分がどのような大人になるのかというイメージを明確にする時期ということになります。この時期は「疾風怒濤」の時代とも称されるように，第二次性徴に関わる身体の変化もあいまって精神的にもとても不安定になりやすいことが指摘されています（Hall, G. S., 1904）。この時期に「自分は何者なのか，どのような道を目指すか，自分は社会の中でどのような存在なのか，人生の目的とは何か」といった問いかけに対して，ポジティブに確信を持って答えられるようになることが大切になります。エリクソンは，この自我同一性は幼児期以来形作られてきた同一化や自己像が青年期に取捨選択されて確立されると指摘しています。ということは，幼児期の発達はこの青年期の自我同一性の確立に向けての第一歩ということになるわけです。保育者はこのことを十分に理解し，日々の保育に向かう必要があるでしょう。ある幼児が毎日熱心に取り組んでいたお絵描きを保育者に褒められ，絵を描くことに大いに自信を持ったことが，その子どもの青年期に「絵を描くことに一生を捧げたい」というような明確な自我同一性の確立に直接的に関わってくるということも考えられるのです。

内的作業モデル

対人関係を判断する認知的枠組みのことを指す。この概念によると，子どもは養育者が自分を受容してくれるのか，自分の要求に応えてくれるのか，といった愛着対象への期待とともに，自分は愛され，保護されるに値する存在なのか，といった自分自身についての主観的な信念，表象を形成し，それをもとにその後の対人関係を判断するようになる，ということである。

６．成人期・老年期の発達

成人期は20歳から65歳ごろまでを指します。エリクソンの発達課題では，「親密性」（20～40歳）と「生殖性」（40～65歳）が対応しています。この時期は青年期で確立した自我同一性を核として，自己実現を目指す時期であるといえます。その中で新たな家族を作り，子どもを産み，育てていくことが主な発達課題となります。心身の発達では，いわゆる老化が始まり，記憶力，身体能力などに衰えが見られることも否めませんが，その反面，豊富な知識・経験に基づいた優れた判断力を示すといった特徴も見られ，生産性，創造性が豊かになる時期であるともいえるのです。この時期に幼児期の初期経験が影響していることとして考えられるのは，自分が幼児であった時の養育者や保育者の関わり方が親としてのモデルや子どもに対する関わり方のモデルになっているということでしょう。**ボウルビィ**の愛着理論では愛着スタイルが世代間で伝達していくことが**内的作業モデル**という概念で説明されていますが（Bowlby, 1969,

1973，1980)，確かに親の子育てはその親が子どもだったころに自分の親から受けていた子育てと同じようなものになる傾向があるようです。保育者も親と同じように子どもの養育に関わる存在ですから，幼児期の子どもに対する保育者の関わり方が，成人期を迎えたその子どもの自らの子どもに対する関わり方に大きく影響するものであることを理解して保育にあたることが大切になるでしょう。例えば，保育者が子どもの考え方や感じ方を大切にする関わり方をしている場合，その子どもが親となった時に自分の子どもの考え方や感じ方を大切にする子育てをするということに繋がっているということになります。したがって，幼児期の初期経験は，次世代の子育てにまで影響するほどの壮大なスケールを持ったとても大切なものだといえるでしょう。

老年期は65歳以上を指し，エリクソンの発達課題では「自我の統合」に対応しています。この時期は人生の中で様々に経験してきたことをとらえ直し，新たな意味を見いだすという特徴があります。この時期の認知機能は単なる低下・喪失ではなく，特に言語的な知能はかなりの高齢まで維持されることが明らかにされています（Wechsler, D., 1972; Salthouse, T. A., 1982)。特に知能については，新しいことを学習したり，新たな環境や課題に柔軟に適応・対応したりする**流動的知能**はある程度は衰えるものの，過去の経験に基づく判断力や一般的常識，理解力，状況を処理する能力に関わる**結晶的知能**は高齢期でも若年層とほとんど変わらないことが明らかにされています（星，1994)。また，健康的な人の場合，基本的な性格特性もほとんど変化しないことも示されています。性格特性は幼少期の養育・保育経験から形成されるという側面もありますから，保育者はこれについても十分に認識して保育にあたる必要があるでしょう。例えば，保育者から常に清潔にすることを心がけるように働きかけられた子どもは，綺麗好きという性格特性を持ち，その子どもが老年期に入ってもずっと綺麗好きという性格特性を持ち続けられるということになる訳です。幼児期の経験が生涯の最終段階に至るまで影響を及ぼしているということから，この老年期から見ても初期経験がいかに重要なものであるかが理解できるでしょう。

以上から，乳児期の初期経験がそれ以後の児童期から老年期までの生涯発達全般に大きな影響を及ぼしていることが理解できるでしょう。保育者は，乳幼児期の保育が一人の子どもの生涯にわたる発達にとって大きな影響力を持つものであることを十分に理解した上で日々の保育実践に携わることが大切になります。

コラム 9
三つ子の魂百まで

「三つ子の魂百まで」という諺があります。この意味は 3 歳くらいの小さなころの性質は100歳になっても失われない，ということで，幼児期の初期経験の大切さを指摘したものだといえるでしょう。しかし，これを，できるだけ小さなころに様々な知識・技能を身につけることが望ましいという解釈で，早期教育の大切さを強調したものとしてとらえられているふしもあるようです。もちろん，芸術やスポーツ，勉強に関することでも，幼少期にいろいろな体験をすることは子どもの発達にとってよい経験になるという側面はあるでしょう。ただ，幼少期に身につけたものが生涯にわたって強く影響し続けるのであれば，単に芸術やスポーツ，勉強に関わる限られた知識・技能だけではなく，子どもが生涯にわたって強く生きられるような力がつく経験も大切ではないかと思うのです。

長い人生にはいろいろなことがあります。うまくいくこともあれば，うまくいかないこともあります。むしろ思い通りにならないのが人生というものでしょう。例えば，小さなころから歌が大好きで，歌手になることだけを人生の目標として一生懸命に努力している子どもがいたとします。しかし，その途上で，自分の限界を知り，別の道を進まなければならないこともよくあることです。そんな時に，人生に絶望せず，その挫折を乗り越えて，新たな道を力強く歩んでいける強さが必要になってきます。このような絶望的な状況を克服し，立ち直る力のことをレジリエンス（resilience）といいます。このレジリエンスが高い人は，新しいことに対して興味・関心が強い（新奇性追求），感情をコントロールしやすい（感情調整），将来に対して明るい展望を描ける（肯定的な未来志向），といった性質を持つということが指摘されています（小塩ら，2002）。これらの性質は，特に養育者・保育者との関わりの中で育まれるものなのではないでしょうか。

新しいことに対して興味・関心を持つというのは，乳児のころには誰にでもある性質です。養育者・保育者がこの性質を大切にし続けて子どもに関わった場合，大きくなってもこの性質が保たれることでしょう。感情をコントロールするということも，養育者・保育者のしつけの中で育まれてくるものです。将来に対して明るい展望を描けることも，養育者や保育者の働きかけから育まれる性質だと考えられます。三つ子に身についた魂がこれらのようなものだったら，子どもはどんなに辛いことがあっても絶望せず百まで強く生きていけることでしょう。

「三つ子の魂百まで」の意味を早期教育の大切さを強調するものだけに留めたくないものです。

Ⅲ　子どもの学びと保育

1

乳幼児期の学びに関わる理論

2017（平成29）年３月に厚生労働省より保育所保育指針が告示され，2018年４月１日から適用されました。今回の改定の特徴は，ヨコのつながりとタテのつながりが強化されたといわれています。すなわち，ヨコとは，保育所，幼稚園，幼保連携型認定こども園において３歳以上の教育の共通化が図られ，保育所における幼児教育の積極的な位置づけがなされたことを意味します。タテとは，幼児教育と小学校教育，さらにはその先の中学校・高等学校への学びの連続性が図られたことをいいます。

この章では，タテとヨコをつなぐための，「健やかに伸び伸びと育つ」「身近な人と気持ちが通じ合う」「身近なものと関わり感性が育つ」の３つの視点,「育みたい資質・能力」の３つの柱，「幼児期の終わりまでに育ってほしい姿」等について，保育所保育指針[1]に沿って具体的に考えていきます。

1．育みたい資質・能力とは

（1）乳児期は学びの出発点

保育所保育指針の改定のポイントの１つに，「乳児・１歳以上３歳未満児の保育に関する記載の充実」ということがあります。乳児期の子どもが周囲のものやひとと関わっていくくことから「学び」が始まるという認識がなされたのです[2]。

> 乳児から２歳児までは，心身の発達の基盤が形成される上で極めて重要な時期である。また，この時期の子どもが，生活や遊びの様々な場面で主体的に周囲の人やものに興味をもち，直接関わっていこうとする姿は，「**学びの芽生え**」といえるものであり，生涯の学びの出発点にも結び付くものである。（保育所保育指針解説書　序章　４改定の方向性）

特に乳児期は，発達の諸側面が未分化であるため，「**健やかに伸び伸びと育つ**（健康な心と体を育て，自ら健康で安全な生活をつくり出す力の基盤を培う）」「**身近な人と気持ちが通じ合う**（受容的・応答的な関わりの下で，何かを伝えようとする意欲や身近な大人との信頼関係を育て，人と関わる力の基盤を培う）」「**身近なものと関わり感性が育つ**（身近な環境に興味や好奇心を持って関

1　改定にあたり幼保連携型認定こども園教育・保育要領・幼稚園教育要領との整合性が図られました。

2「保育所保育指針の改定に関する議論のとりまとめ」（社会保障審議会児童部会保育専門委員会，2016）には，学びの芽生えの記述として，ほかに「１歳児から２歳児にかけては，歩行の始まりから完成，言葉の獲得が見られる時期であり，人や物への興味・関わりを更に広げ，気づいたり，考えたり，主張することを繰り返しながら自己を形成していく。簡単な言葉なども用いた子ども同士の関わりの中で，他者と関わる力の基礎も育まれていく」とあります。

養護
　子どもの生命の保持および情緒の安定を図るために保育士等が行う援助や関わり。

教育
　子どもが健やかに成長し，その活動がより豊かに展開されるための発達の援助。

わり，感じたことや考えたことを表現する力の基盤を培う）」の３つの視点が示されました（図１−１）。保育所保育指針に「養護における「**生命の保持**」および「**情緒の安定**」に関わる保育の内容と，一体となって展開されるものであることに留意が必要である」とあるように，実際の保育においては，**養護と教育が一体**となって展開されることに留意することが必要です。例えば，おむつをただ黙って換える人はいないように，「いっぱい出たね」「気持ちがいいね」などと子どもの心を受け止めながら応答的に関わっていきます。ミルクを与える時には抱っこしながら目と目を合わせて「おいしいね」「全部飲めたね」と語りかけ，眠る時には子守歌を歌いながら優しくとんとんするように，保育の行為には養護と教育のどちらも作用しており，明確に区分できるものではありません。

（２）幼児期の学びと資質・能力

　保育所保育指針においては，育みたい資質・能力について次のように記載されています。

> 　保育所においては，生涯にわたる生きる力の基礎を培うため，１の（２）に示す保育の目標を踏まえ，次に掲げる資質・能力を一体的に育む（下線や太字は筆者。以下同様）よう努めるものとする。
> （ア）豊かな体験を通じて，感じたり，気付いたり，分かったり，できるようになったりする「**知識及び技能の基礎**」
> （イ）気付いたことや，できるようになったことなどを使い，考えたり，試したり，工夫したり，表現したりする「**思考力，判断力，表現力等の基礎**」
> （ウ）心情，意欲，態度が育つ中で，よりよい生活を営もうとする「**学びに向かう力，人間性等**」

「思考・判断・表現力等の基礎」に関しては，学校教育法（第23条）に「思考力の芽生え」「表現力の芽生え」とあったのですが，「知識・技能の基礎」については，これまで幼児教育にはあまり馴染みがなかったように思います。しかし，これからは知識・技能を育てることが大切だからといって，読み書き計算など小学校の教科内容の前倒しをすることを意味するものではありません。「知識・技能の基礎」「思考・判断・表現力等の基礎」は，やはりあくまでも「基礎」であるという認識が必要です。ここで思い出すのは，倉橋惣三先生の言葉です。私たちは花や果実などの結果を急ぎがちですが，乳幼児期だからこそ「根の力」が大切だということに気づかされます。根がしっかり土をつかまえているからこそ，その先に，思考力の芽生え，豊かな感性と表現力の芽生えが培われるのだと思います。大事なのは，学んだり育ったりする主体としての子どもに関心を寄せ，その自己発展力を信じることだと思います。

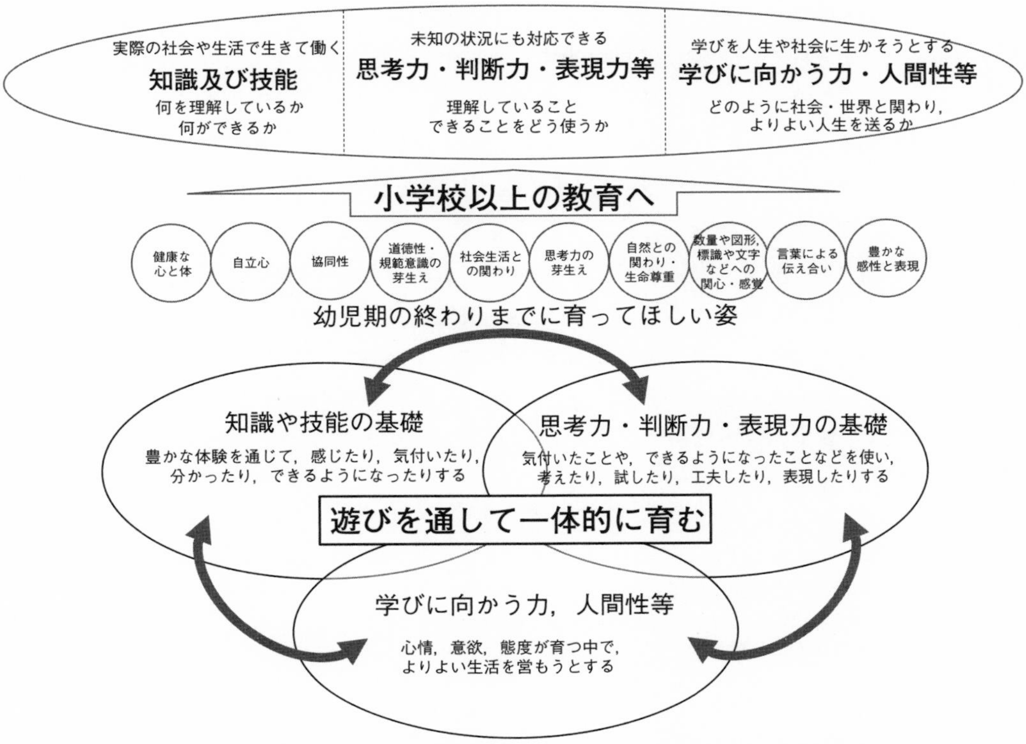

図１－１　幼児期において育みたい資質・能力（中教審答申（2016）を基に筆者作成）

> 根の力は，自己発展力である。すなわち，就学前教育は自己発展力の教育である。教育はしばしば余りに多きを求める。葉を求め，花を求め，果実を求める。換言すれば結果を求める。しかも，就学前は，未だ結果を求むべきではない。結果は遠きにある。しかも自然にまつ。今はただひたすらに根の力を養うべきである。（倉橋，1968）

保育所保育指針にあるように，「知識及び技能の基礎」「思考力，判断力，表現力等の基礎」「学びに向かう力，人間性等」の３つの資質・能力は，図１－１の双方向の矢印（↔）が示しているように相互に絡み合いながら一体的に育つようになります[3]。そのためには，遊びを通しての総合的な指導が大切です。重要なことは，資質・能力を育てるために遊びが必要なのではなく，充実した遊びがあれば資質・能力が自然と育つようになると考える必要があるということです。子どもが豊かな環境に主体的に関わり，その遊びひたる姿の中に資質・能力などが自ずと表れてくるものだと考えます。子どもに育てなければならないものが増えたとか，そのためにこれまでと違った保育をしなければならないというのではなく，もともと子どもが持っていた多様な力に光が当てられたと考えてはどうでしょうか。しかし，子どもの言動など目に見えるものは評価しやすいのですが，子どもの内側の「思考力，判断力，表現力等の基礎」「学びに向かう力，人間性等」など目に見えないものが大部分なのです。今回の保育

3 「一体」とは，「渾然一体」「三位一体」「表裏一体」など，一つのもので分けられないという意味です。

所保育指針の改定は，そのような子どもの潜在的な可能性を見取る保育者の目が試されているように思います。

ここで，事例１で具体的に考えていきましょう。この事例における子どもたちは，「ペットボトルのキャップに釘を打ちたい」，「長方形の板を真っすぐ平らにしたい」など自分なりの挑戦課題に向かって工夫したり試行錯誤しながら，金鎚やサンダーなどの道具をうまく使いこなしています。このように「知識及び技能の基礎」や「思考力，判断力，表現力等の基礎」を発揮しながら遊びに集中し，継続できるのは，好奇心，根気強さ，集中力，やりぬく力など「学びに向かう力，人間性等」に支えられているからです。保育者はこうした子どもの**見方・考え方**[4]を見守り寄り添いながら，子どもの作りたい，表現したいという欲求が満たされるように，心を支え，技術を支え，その一つ一つに丁寧に付き合いながら保育しています。

4　幼稚園教育要領には「幼児との信頼関係を十分に築き，幼児が身近な環境に主体的に関わり，環境との関わり方や意味に気付き，これらを取り込もうとして，試行錯誤したり，考えたりするようになる幼児期の教育における見方・考え方を生かし，幼児と共によりよい教育環境を創造するように努めるものとする」とあります。

事例１　５歳児の木工遊び

５歳児の保育環境には様々な道具や用具が用意されている。

保育室前の作業台で，ある女児Aが一人でペットボトルのキャップに金槌を使って，釘を打とうとしている。しかし，なかなか思うようにキャップに釘を打ち込むことができないでいた。保育者はその女児の姿に気づくと，女児の後ろから金槌を右手で一緒に持って，左手でキャップを押さえながら釘を打ち始めた。釘の先がキャップを通ると，今度はペットボトルのキャップを万力（バイス）に挟み，左手でキャップを押さえながら，Aと一緒に金槌で釘を打ち込んでいった。ある程度，釘が通った後，保育者の語りかけに女児は満足そうに頷き，今度は一人で釘を打ち続けた。

男児Bは，厚さ３センチメートルの，葉書よりも一回り大きい長方形の板を自分で万力に挟み，歯を食いしばりながら，真横から鋸を当てて前後に挽いている。長方形の一辺の少し出っ張った部分を真っすぐ平らに揃えようとしているのである。思うように出っ張った部分は切れたが，ギザギザしたところが気に入らない様子で，サンダーを立てたり，金槌でたたいたり，鋸を挽いたりして，何度も何度も試行錯誤しながら，自分が納得いくところまで，ものに関わっていた。また，その様子を傍らでずっと見守っている男児Cもいた。

保育者は，先ほどのAのように手を貸すことはほとんどなく，その都度Bに励ましたり声をかけたり，傍で見守っているCにも気をかけながら，その様子を最後まで見届けようとしている。

（湯地ら，2015より）

2．幼児期の終わりまでに育ってほしい姿とは

（1）幼児期の終わりまでに育ってほしい姿と育みたい資質・能力

「幼児期の終わりまでに育ってほしい姿」は，５領域（健康・人間関係・環境・言葉・表現）における「ねらい」および「内容」に基づく保育活動全体を通して資質・能力が育まれるもので，５歳児の後半に見られるようになる姿となっています。保育所保育指針解説書に「「幼児期の終わりまでに育ってほしい姿」が到達すべき目標ではないことや，個別に取り出されて指導されるものではないことに十分留意する必要がある」とあります。つまり，すべて文末が「〜ようになる」[5]となっているように，「幼児期の終わりまでに育ってほしい姿」は，

5　庵ら（2000）によると，「〜ようになる」とは，「全体は意志的な動作を表さず，自然にそうした状態に至ったことを表す」と述べている。

時間をかけて身につくという自然な状態の変化や方向性としてとらえられます。「～ようになる」は，「環境を通して行う保育」そのものを意味しているといえます。

「幼児期の終わりまでに育ってほしい姿」の「思考力，判断力，表現力等の基礎」と関係していると思われるところを下線（　）で示しました。例えば,「カ　思考力の芽生え」の「考えたり，予想したり，工夫したりするなど」は「思考力，判断力，表現力等の基礎」が発揮している姿で，「物の性質や仕組みなどを感じ取ったり，気付いたり」する姿は「知識及び技能の基礎」,「多様な関わりを楽しむようになる」という態度は「学びに向かう力，人間性等」と読み取れます。このように「幼児期の終わりまでに育ってほしい姿」は，３つの資質・能力が溶け合っているものととらえられます。

ア　健康な心と体

保育所の生活の中で，充実感をもって自分のやりたいことに向かって心と体を十分に働かせ，見通しをもって行動し，自ら健康で安全な生活をつくり出すようになる。

イ　自立心

身近な環境に主体的に関わり様々な活動を楽しむ中で，しなければならないことを自覚し，自分の力で行うために考えたり，工夫したりしながら，諦めずにやり遂げることで達成感を味わい，自信をもって行動するようになる。

ウ　協同性

友達と関わる中で，互いの思いや考えなどを共有し，共通の目的の実現に向けて，考えたり，工夫したり，協力したりし，充実感をもってやり遂げるようになる。

エ　道徳性・規範意識の芽生え

友達と様々な体験を重ねる中で，してよいことや悪いことが分かり，自分の行動を振り返ったり，友達の気持ちに共感したりし，相手の立場に立って行動するようになる。

また，きまりを守る必要性が分かり，自分の気持ちを調整し，友達と折り合いを付けながら，きまりをつくったり，守ったりするようになる。

オ　社会生活との関わり

家族を大切にしようとする気持ちをもつとともに，地域の身近な人と触れ合う中で，人との様々な関わり方に気付き，相手の気持ちを考えて関わり，自分が役に立つ喜びを感じ，地域に親しみをもつようになる。

また，保育所内外の様々な環境に関わる中で，遊びや生活に必要な情報を取り入れ，情報に基づき判断したり，情報を伝え合ったり，活用したりするなど，情報を役立てながら活動するようになるとともに，公共の施設を大切に利用するなどして，社会とのつながりなどを意識するようになる。

カ　思考力の芽生え

身近な事象に積極的に関わる中で，物の性質や仕組みなどを感じ取ったり，気付いたりし，考えたり，予想したり，工夫したりするなど，多様な関わりを楽しむようになる。

また，友達の様々な考えに触れる中で，自分と異なる考えがあることに気付き，自ら判断したり，考え直したりするなど，新しい考えを生み出す喜びを味わいながら，自分の考えをよりよいものにするようになる。

キ　自然との関わり・生命尊重

自然に触れて感動する体験を通して，自然の変化などを感じ取り，好奇心や探究心をもって考え言葉などで表現しながら，身近な事象への関心が高まるとともに，自然への愛情や畏敬の念をもつようになる。

また，身近な動植物に心を動かされる中で，生命の不思議さや尊さに気付き，身近な動植物への接し方を考え，命あるものとしていたわり，大切にする気持ちをもって関わるようになる。

ク　数量や図形，標識や文字などへの関心・感覚

遊びや生活の中で，数量や図形，標識や文字などに親しむ体験を重ねたり，標識や文字の役割に気付いたりし，自らの必要感に基づきこれらを活用し，興味や関心，感覚をもつようになる。

ケ　言葉による伝え合い

保育士等や友達と心を通わせる中で，絵本や物語などに親しみながら，豊かな言葉や表現を身に付け，経験したことや考えたことなどを言葉で伝えたり，相手の話を注意して聞いたりし，言葉による伝え合いを楽しむようになる。

コ　豊かな感性と表現

心を動かす出来事などに触れ感性を働かせる中で，様々な素材の特徴や表現の仕方などに気付き，感じたことや考えたことを自分で表現したり，友達同士で表現する過程を楽しんだりし，表現する喜びを味わい，意欲をもつようになる。

事例２は，幼児教育映像製作委員会DVD「幼児教育から小学校教育へ～１ねんせいになるってことは～」の一部です。このDVDの監修に携わった篠原（2018）を参考に，コユキちゃんたちの遊ぶ姿から，「幼児期の終わりまでに育ってほしい姿」を見いだすと次のようになります。

・見通しをもって主体的に家づくりの遊びに取り組もうとしている（①健康な心と体）
・翌日も遊びの続きをして最後までやり遂げようとしている（②自立心）
・自分なりに考えようとしている（⑥思考力の芽生え）
・２階建て３階建ての家を工夫して作ろうとしている（⑧数量や図形，標識

事例２　「小鳥のピーちゃんの家づくり」（年長組２月）

３月，コユキちゃんは仲よしの友達と３人で紙や空き箱などを使って小鳥のピーちゃんの家づくりをしています。トイレットペーパーの芯を土台につくった小鳥のピーちゃん。「冬は寒いから温泉に入れよう」と深めの容器に青の京花紙をお湯に見立てて作ります。「あとお家もつくろう！」「ベットは？」「ソファは？」と次々に考えが浮かび，「この箱でいいかな？」「こうすればどう？」と菓子箱など必要な大きさの箱や素材を見付け，３人で協力し合って１つの家をつくります。夢中になって遊んでいたら片付けの時間がきてしまい，明日も続きができるように大切に片づけます。

次の日の朝，家づくりの続きをします。３階建てにしようとしますが，まっすぐに立ちません。コユキちゃんが「さっきまで立ってたんだけど重たいものがきたから」と言うと，保育者も「なるほどね，重たいものがきたから倒れちゃうのか」「何か堅いものを付けると立つかな」などと一緒に考え，割り箸を使うことを提案すると，子どもが「こういうのどう？」と箱を支える方法を見付けるとみんなが「いいね」と認めます。

ピーちゃんの家づくりの遊びは，毎日少しずつ変化して，修了式前日まで続きました。

（篠原（2018）を筆者が加筆した。）

や文字などへの関心・感覚）

・家づくりという共通の目的に向かって考えを共有しようとしている（③協同性）

・仲間に伝えて同意を求めたり，相手の考えを聞いたりしようとしている（⑨言葉による伝え合い）

・イメージしたことを身近な素材を使って具体的に表現しようとしている（⑩豊かな感性と表現）

コユキちゃんたちが夢中になって遊ぶ姿の中に「幼児期の終わりまでに育ってほしい姿」が表れています。このように遊びひたるためには，思考力・判断力・表現力等が発揮できるような時間が保障され，自分からやってみたい，試してみたいと思える豊かな環境や素材，保育者が子どもの行動を肯定的に捉え，タイミングよく提案する関わりなどが背景にあるからでしょう。

（２）小学校教育と「幼児期の終わりまでに育ってほしい姿」

幼児期に育みたい資質・能力は小学校以降の「知識・技能」，「思考・判断・表現力等」「学びに向かう力，人間性等」へとつながっていきます（図１−１）。保育所保育指針に「保育所保育において育まれた資質・能力を踏まえ，小学校教育が円滑に行われるよう，小学校教師との意見交換や合同の研究の機会などを設け，第１章の４の（２）に示す「幼児期の終わりまでに育ってほしい姿」を共有するなど連携を図り，保育所保育と小学校教育との円滑な接続を図るよう努めること」とあるように，これからは，小学校との連携・接続において，こうした資質・能力や「幼児期の終わりまでに育ってほしい姿」を手がかりとしてお互いに話し合う必要があります。

下記のとおり，小学校学習指導要領の総則に「幼児期の終わりまでに育ってほしい姿」を踏まえた指導や幼児期の教育との円滑な接続などが示されました。さらに小学校低学年において，これまで教科と領域（「言葉」や「表現」）の関

表１－１　各教科における幼児教育との関連に関する小学校学習指導要領新旧対照表（筆者作成）

	新	旧
第２章各教科 第５節　生活	（４）他教科等との関連を積極的に図り，指導の効果を高め，低学年における教育全体の充実を図り，中学年以降の教育へ円滑に接続できるようにするとともに，幼稚園教育要領等に示す**幼児期の終わりまでに育ってほしい姿**との関連を考慮すること。特に，小学校入学当初においては，幼児期における遊びを通した総合的な学びから他教科等における学習に円滑に移行し，主体的に自己を発揮しながら，より自覚的な学びに向かうことが可能となるようにすること。その際，生活科を中心とした合科的・関連的な指導や，弾力的な時間割の設定を行うなどの工夫をすること。	（３）国語科，音楽科，図画工作科など他教科等との関連を積極的に図り，指導の効果を高めるようにすること。特に，第１学年入学当初においては，生活科を中心とした合科的な指導を行うなどの工夫をすること。
第２章各教科 第１節　国語	（７）低学年においては，第１章総則の第２の４の（１）を踏まえ，他教科等との関連を積極的に図り，指導の効果を高めるようにするとともに，幼稚園教育要領等に示す**幼児期の終わりまでに育ってほしい姿**との関連を考慮すること。特に，小学校入学当初においては，生活科を中心とした合科的・関連的な指導や，弾力的な時間割の設定を行うなどの工夫をすること。	（６）低学年においては，生活科などとの関連を積極的に図り，指導の効果を高めるようにすること。特に第１学年においては，幼稚園教育における**言葉**に関する内容などとの関連を考慮すること。
第２章各教科 第３節　算数	（４）上記と同様。	（新設）
第２章各教科 第６節　音楽	（６）上記と同様。	（４）低学年においては，生活科などとの関連を積極的に図り，指導の効果を高めるようにすること。特に第１学年においては，幼稚園教育における**表現**に関する内容などとの関連を考慮すること。
第２章各教科 第７節　図画工作	（７）上記と同様。	（５）低学年においては，生活科などとの関連を積極的に図り，指導の効果を高めるようにすること。特に第１学年においては，幼稚園教育における**表現**に関する内容などとの関連を考慮すること。
第２章各教科 第９節　体育	（５）上記と同様。	（新設）
第６章　特別活動	（４）低学年においては，第１章総則の第２の４の（１）を踏まえ，他教科等との関連を積極的に図り，指導の効果を高めるようにするとともに，幼稚園教育要領等に示す**幼児期の終わりまでに育ってほしい姿**との関連を考慮すること。特に，小学校入学当初においては，生活科を中心とした関連的な指導や，弾力的な時間割の設定を行うなどの工夫をすること。	（新設）

連が記されていましたが，「幼児期の終わりまでに育ってほしい姿との関連を考慮すること」と明記されました（表１－１）。「算数」「体育」に新設されるなど，小学校教育との関連がより明確になったといえるでしょう。また「生活」では，「幼児期における遊びを通した総合的な学び」と，遊びによる「学び」が正当に位置づけられたといえるでしょう。

　幼児期の終わりまでに育ってほしい姿を踏まえた指導を工夫することにより，幼稚園教育要領等に基づく幼児期の教育を通して育まれた資質・能力を踏まえて教育活動を実施し，児童が主体的に自己を発揮しながら学びに向かうことが可能となるようにすること。
　また，低学年における教育全体において，例えば生活科において育成する自立し生活を豊かにしていくための資質・能力が，他教科等の学習においても生かされるようにするなど，教科等間の関連を積極的に図り，幼児期の教育及び中学年以降の教育との円滑な接続が図られるよう工夫すること。特に，小学校入学当初においては，幼児期において自発的な活動としての遊びを通して育まれてきたことが，各教科等における学習に円滑に接続されるよう，生活科を中心に，合科的・関連的な指導や弾力的な時間割の設定など，指導の工夫や指導計画の作成を行うこと。
（小学校学習指導要領　第１章総則　第２教育課程の編成　４学校段階等間の接続）

（３）小学校教育との円滑な接続

　以上のように，環境を通して，養護および教育を一体的に行う保育が，小学校以降の生活や学習の基盤の育成につながることを広い視野で見通す必要があります。

　先述の幼児教育映像製作委員会DVD『幼児教育から小学校教育へ～１ねんせいになるってことは～』で，篠原（2016）は，子どもが感じる幼児教育と小学校教育との段差について，先生と物理的にも心理的にも距離があること，座り方，立ち方，話し方などの学習のきまりを守ること，時間割があり，決められた時間で行動すること，直接的な体験が減少すること，大きな集団の一員としてみんな同じように行動すること，友達がすぐにつくれないこと，座席が決められており，勝手に動けないこと，給食で苦手な食材も食べることなど明らかにしています。このような段差があるからといって，段差をなくすために，小学校教育のやり方を前倒しすることを意味しているのではありません。篠原（2016）は次のようなことを「段差を乗り越える力」と述べています。これらは，まさに育みたい資質・能力です。したがって，乳幼児期からの育ちと学びを充実することが重要だといえます。

　１．幼児期に保育者と信頼関係を築く
　２．ルールを守ろうとする態度や自己を調整しようとする力を育てる

3．少し難しいことに挑戦しようとする意欲
4．集中して遊ぶ
5．自分の考えを友達の前で話し，友達から受け止められる
6．友達の考えを聞いて遊びをつくり出す
7．友達とのかかわりを深め，自己発揮する
8．最後までやり遂げる
9．生活習慣を身につける

2

乳幼児期の学びの過程と生活

保育者が，乳幼児のことを理解した上で保育を進めていけるようになるためには，まず乳幼児の実態をよく観察することが大切です。では，どのような視点を持って観察し，乳幼児の実態をつかめばよいのでしょうか。

ここでは，乳幼児の生活の実態について考えながら，心理学の視点でどのように理解できるのかを学んでいきましょう。

1．生まれてから2歳くらいまで

人は生まれてからしばらくは自律的な生活リズムを持っており，周囲の大人がそれに合わせることになります。昼夜関係なく数時間ごとに哺乳・排泄・睡眠・覚醒を繰り返すのです。それが次第に快・不快を他者に伝える泣きをするようになったり（コミュニケーションの芽生え），顔や物を**注視**するようになったり（好奇心），やがて養育者を認識できるようになったり（**人見知り**，p.127）していきます。身体が発達するとともに，小刻みだった生活リズムも緩やかになり，食事や排泄の間隔が長くなって，昼は起きて夜は眠るという生活リズムが定着していきます。それと共に，生活の中で次第に遊びが多くの時間を占めるようになっていき，他者との楽しいコミュニケーションが増えていくのです。

赤ちゃんは，大人の気持ちをかき立てる存在です。大人は，赤ちゃんのケアをする中で「かわいい」「愛しい」という愛情を形成していくことになります。この愛情を伴ったケアが赤ちゃんには大変重要です。スキンシップや言葉かけは赤ちゃんの気持ちを安定させ，発達を促します。赤ちゃんが機嫌よく過ごすことは，そばにいる大人にとっても嬉しいことですが，赤ちゃんの発達にとってもよいことです。人は生まれた時から心を持った存在であり，周りの大人がその心に働きかけていくことが健やかな発達には欠かせません。このように身近な大人と温かなスキンシップや言葉かけを通して育まれる絆をアタッチメント（**愛着 attachment**，pp.128－131参照）といい，人と人との信頼関係を作っていくための基礎となっていきます。アタッチメントが形成されるようになると，人見知りという馴染みのない人を避けようとする行動が見られるようになります。激しい人見知りは一時的なものですが，周りの大人を困惑させるこのような行動も，実は特定の大人とのアタッチメントが形成されてきているという発達の証拠です。

注視

乳児は視力が未成熟だが，特定の刺激を好んで注視することが知られている。単純なものより複雑なもの，白黒のものより色彩があるもの，をより注視する。またある刺激に慣れると注視時間が短くなり新奇なものをより注視する。

愛着（attachment）

子どもが乳児期から特定の養育者によるケアを通じて形成していく心の絆のこと。ボウルビィ(Bowlby, J.) によって提唱された愛着の理論では，幼い時の愛着形成の仕方がその後の人間関係に影響するとされた。

この時期の子どもの心の動きの特徴を1つ挙げたいと思います。例えば，子どもが初めてつかまり立ちすることができた時，自分で何かができるようになることが嬉しい，という気持ちよりも，周囲の大人が嬉しそうにしているのが嬉しい，という気持ちを持ちます。このように気持ちの上での自他の同一性が高い時期です。保育所など集団保育の場においては「泣きの伝染」という現象もよく見られ，ある子が泣き出すと，その出来事に関係のない他の子たちまで泣き出してしまうといったことが見られます。その場のムードが子どもの情緒に影響を与えやすい時期なのです。

このように，当初の自分の気持ちや自分というものの認識がはっきりしない状態から，発達に伴って徐々に自分の気持ちや自意識が見られるようになっていきます。初めは，生理的な反応としての泣きや微笑が見られるだけだった子どもがやがて快･不快を表すようになり，大人との相互作用を繰り返しながら，幼児期に入るまでにいろいろな感情を表したり，他者との関係の中で自分を認識するようになったりしていきます。

身体的には，生後約1年間は特に発達の激しい時期で，寝てばかりいた赤ちゃんがやがて自分の力で寝返りをうち，這い出し，立ったり歩いたりするようになります。心理的には，少しずつ**自我**が芽生え，言葉を発するようにもなります。周りに「赤ちゃん」として認識されていた子どもが，徐々にその子らしさを表すようになっていく時期といえるでしょう。

2．幼児期（2歳くらいから6歳くらいまで）

自分で歩けるようになり，言葉も出てくるようになると，次第に自我の芽生えがはっきりと見られるようになります。つまり，子ども自身で「やりたい」ことや「言いたい」ことがはっきりしてくるようになります。嫌なこともはっきりしてくるため，2歳児頃を反抗期とかイヤイヤ期などと呼ぶこともあります。子ども自身でできることが増えるとともに，それを喜ぶ気持ちや，自信なども芽生えるようになってきます。生活の中での学びが著しい時期です。

自我が芽生え始め，「自分がやりたい」「自分で，自分で」とは言うものの，全く養育者から独立するわけではなく，むしろ養育者の模倣や**モデリング**が増えてきます。家庭の中では，信頼している家族に密着し同じことをしたいという気持ちが芽生えてきます。模倣とは真似をすることで，遊びの中で「ままごと」をして身近な大人の生活の様子を真似して楽しんだり，買い物の時に大人のようにお金を払いたがったり，バスの中でボタンを押したがったりなど，生活の中で見聞きする出来事に興味がわいて，自分もやってみたいという気持ちが出てきます。この気持ちを満足させることができるとさらに意欲が増し，いろいろなことに挑戦するようになります。モデリングとは，他の人の行動を見たことで本人の行動が変容したり，学習が行われたりすることです。この時，モデリングする対象について興味を持って見ていることが重要で，子どもは身

モデリング
モデルの行動を見ることによって自分の行動がモデルの行動に向かって変容すること。

近な大人をいつも興味津々で見ていることから，自然に生活の中での学びが増えていっていると考えられます。

モデリングによる学びは，「観ることによる学習（learning by observing）」です。これに対して「為すことによる学習（learning by doing, trial and error learning）」というものもあります。このことを直接学習ともいいます。つまり，モデリングは間接学習です。

一般に，幼児期の子どもは為すことによって学ぶ，具体的な体験から学ぶことが多いとされますが，認知発達の著しい幼児期にあってはモデリングによる学びも大変重要です。子どもは日常生活の中で，自然に両方を使って学んでいるといえます。

3．生活面の援助はどのように考えられるか？

（1）食　　事

食事の場面を考えてみましょう。乳幼児期は，母乳や人工乳を与えてもらっていた受動的な食事から，自分で能動的に食事を摂れるようになっていく時期です。これには身体的な発達も大切で，まず体の姿勢については，寝ている状態であったものから座っている状態の姿勢を自分の力で維持できるようになることが必要です。また，スプーンなど食事に使う食器を自分の手を使って自分の口に運べるようになるといったような，運動を調整する力が発達してくることが大切です。保育者は，子ども一人ひとりの発達や食への意欲などの様子をよく見ながら，個々に合った援助をしていきます。

では，身体的能力の発達に伴って自分で食事が摂れるようになればそれだけでよいのでしょうか。食事が自立すれば保育の目的が達成されたといえるのでしょうか。実は人は，ただ食事を摂れれば正常に発達していくのではありません。体と心の健康には相互に密接な関連があります。子どもの気持ちが温かくなる環境，スキンシップ，会話など，食事には「楽しさ」が不可欠なのです。食事を通して食べることへの意欲が高まったり，満足感を繰り返し味わったりすることが重要で，この心理的な満足感のためには保育者の温かなサポートが必要です。楽しくない食事は，食への意欲を低下させ，ひいては身体発達を阻害し，生活全般にわたって子どもの気持ちを荒れさせてしまいます。したがって，身近な大人が温かく世話をすることに加えて，一緒に楽しく食事する姿を示すことが大切です。一緒に楽しく食事する中で，食べ物のおいしさを感じ，満足し，食事のマナーなども学んでいきます。また，食事場面の行動様式やマナーについては文化の伝達という側面も大きいので，大人が一緒に食事をする中で子どもがモデリングによって学ぶということが重要です。このように，保育所の食育を通じて望ましい食習慣を形成していくことは，子どもの将来にとって大切

なことで，その中には食を通して心理的な満足感を味わえることが含まれることを忘れないようにしましょう。

このように心理的側面を考慮することの重要性は，食事場面だけでなく，他の生活場面にも広くいえることです。子どもが心身共に健やかな発達を遂げていくためには，ただ何かが「できる」ことを重視するのではなく，生活の様々な過程の中で大人が温かい愛情を注ぐことが子どもの発達を促すことになります。まず子どもが健やかな気持ちで生活することが，身体的発達によい影響を及ぼすのです。また，機嫌のよい安定した状態でいることで多くの学びが自然に為され，大人が子どもと生活を共にすることが子どもの学びを促すことになっていきます。保育者はそのことを十分認識する必要があります。

（2）トイレットトレーニング

乳児の間はおむつのお世話になっていた子どもも，身体発達とともに次第に排泄が自立し，おもらしの失敗が減ってトイレで排泄できるようになっていきます。おむつが取れて自分で排泄できるようになることは子どもにとっては大きな自信であり大切なことです。

トイレットトレーニング
排泄の自立を目指す働きかけ，訓練のことである。

このような排泄の自立を促す援助を一般に**トイレットトレーニング**と呼んでいますが，大人の援助としては身体的な側面と心理的側面があります。身体的な側面としては，大人が子どもの生活リズムを見極めてトイレに誘導し，その時排泄できるようにしていきながら，それとともに生活の中で尿意について意識できるように働きかけていくことが大切です。

おむつを外した当初の子どもは誰でも失敗します。そのことは子どもには大変不快な経験です。この不快な気持ちがあるので，失敗しないよう次第に気をつけるようになり，トイレでの排泄の方が気持ちよいと思うようになっていくのです。心理的な側面としては，まだおもらしなどの失敗も多いこの時期に，子どもがショックを受けて自信を失わないように関わるという点，思うようにいかず失敗してしまったことを大人が責めて罪悪感を持たせたりしないように関わるという点などに留意する必要があります。ただでさえ不快な経験をしているときに大人が追い打ちをかけるような言葉を言ったり叱ったりすると，子どもは前向きな気持ちになれず，さらに失敗を繰り返すごとに自信を失くしていきます。それが生活全般に影響を及ぼすようにもなります。

うまくいった時はどうでしょう。子どもはほっとしたり，自信満々に喜んだり得意になったりします。おむつが外れると体も動きやすくなり，運動も楽しくなってきます。日常的に積極的に動けるようになって，生活をより楽しむことができるようになります。

世の中には「失敗から学ぶ」という言葉がありますが，子どものトイレットトレーニングに関しては，なるべく失敗しなくて済むような大人の関わりが特に重要で，がんばっているところを認め，うまくいったらきちんとほめたり認めたりすることが子どもの学びにつながっていきます。

幼児期の子どもについて，「元気いっぱいでやる気も十分」といった印象を持ってはいないでしょうか。このような子どもの姿は，**コンピテンス**（有能感）が高い状態を表し，コンピテンスは何を行うにも「やりたいからやってみたい」という動機づけになるものです。では，コンピテンスはどのようにしたら高くなるのでしょうか。子どもの場合，それは**自己効力感**（self-efficacy, feeling of efficacy）に基づくことが多いのです。つまり，自分のしたことがよい結果をもたらした時に味わう感覚です。このような経験の積み重ねがあって，コンピテンスが高い状態になっていきます。このことからも，幼児期にほめたり認めたりすることの重要性がわかるのではないでしょうか。

（3）衣服等の着脱

子どもの姿を見ていると不思議に思うことがいろいろあります。例えば，丸首のシャツの前後が違っていても全く気づかない，ズボンやスカートからシャツの裾がはみ出ていても違和感を持っていない，靴下の前後の向きが反対でかかとの部分のふくらみが前にあっても気にしない，靴の左右を間違っていても困らない，などの姿です。子どもの方で気にならないことは，大人がいくら「きちんとしましょう」と言っても実はなかなか身につきません。身なりをきちんと整えるということは，数年間の長い時間をかけて養っていくことであり，清潔な感覚を覚えたり文化や様式を身につけたりするなどの側面もあります。

衣服等の着脱は，主にモデリングで覚えていきますが，ボタンのはめ方外し方，衣服の腕の部分の通し方，持ち方など，大人がコツを教えて援助することもあります。その際保育者が気をつけているのが，**発達の最近接領域**といわれるものです。

子どもは，最初は衣服等の着脱を大人にしてもらっていますが，少しずつ自分でやりたい気持ちがでてきます。しかし衣服等の上下左右前後を見極めて必要な行為をすることがまだ難しいのです。その時，大人は子どもが少し頑張ればできることを見極めて援助を行っていきます。この，現在の自分の力のみでは遂行が難しいことでも大人の力を借りればできるという能力の範囲のことを発達の最近接領域といい，保育者はそこを援助していくことで次第に子どもは自分の力でできることが増えていくといわれています。そのためには，子どもが今どんなことができてどんなことが難しいのかをよく観察する必要があります。この力の見極めはとても難しく，保育者にとっては常に意識すべき課題といってもよいくらいです。子どもの発達は個人差が大きく，何ヶ月の子ならこうなる，何歳ならこれができる，ということがいえないからです。

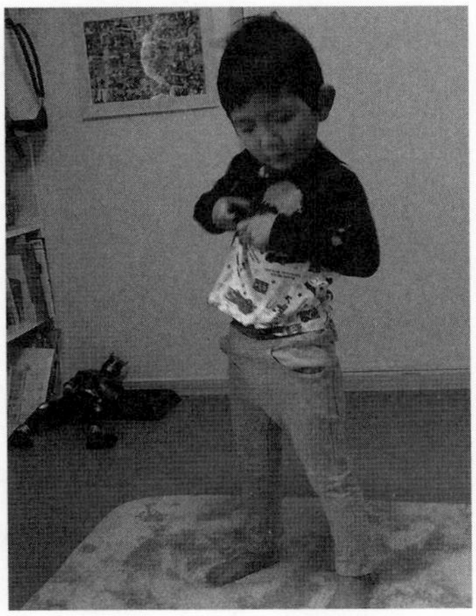

衣服等の着脱は，生活習慣の自立を目指すにあたっては重要なポイントですが，その時のできるできないに大人が一喜一憂するのではなく，長い目で見ながら援助していくものです。できない

コンピテンス（有能感）
子どもの持つコンピテンスは生活の中から生まれてくるもので，基本的な生活習慣の習得などから育まれる自信が基になっている。

自己効力感（self-efficacy, feeling of efficacy）
「できた」という喜びから得られ，自己に対する自信につながる。自分の行動を統制できる感覚も含まれる。幼児の場合スモールステップで「できた」という経験を重ねていくことが大切である。

発達の最近接領域
ヴィゴツキー（Vygotsky, L. S.）が提唱した概念。教育上の指導者が働きかける領域として，子どもが今はできないが他者の手を借りたら自分で成し遂げられる部分を見極めて助力することが効果的とした。

ことを全面的にやってあげるのではなく，発達の最近接領域を意識しながら援助することで，子どもの自立心を損なうことなく達成感や満足感を持たせ，生活全般にわたってさらに自立心を伸ばしていくことができるようになります。

（4）遊びの片付け

みなさんは幼いころ，好きな絵本を読んだ後に元あった本棚に上手に絵本を戻すことができたでしょうか。背表紙が見えるように並んでいた絵本を本棚から引き出し，読み終えたらまたその本棚にしまうということが，おっくうだったり難しく感じたりしたことはなかったでしょうか。

大人にとっては，物を元にあった場所にしまうというやり方は片付けの方法としてわかりやすいことなのだと思いますが，子どもにとっては必ずしもわかりやすい，やりやすいことではありません。保育の場では絵本が本棚に戻されずに本棚の前の床にたくさん散らかっていたり，本棚の上に積み上げられたりしてしまうことが多くあります。片付けは遊びをやめて行うことなので，もともと子どもにとっては楽しいことではありません。さらに，分類してきれいに片付けることは注意力も必要で手間もかかり，遊んだ後の子どもにとって簡単なことではないのです。子どもなりに頑張らないとなかなかできないことです。

子どもたちの生活の中心は遊びです。生活の様々なことも遊びに変えてしまいます。ですから遊びの片付けも「元にあったところに戻す競争をしてみよう，ヨーイドン！」と保育者の方の言葉かけで遊びに変えてしまえば，普段はよくできない片付けもできてしまうことがあります。しかし，それは本当の意味で片付けができるようになったとはいえません。

片付け行動の中にはどのような認識や能力が含まれているでしょうか。おもちゃの元あった場所を覚えている記憶能力，おもちゃを分類し，片付ける場所とマッチングさせる認識力，行動を調整する力……しかし，実は大人がこれらを援助したからといって子どもが片付けられるようになるのではないのです。片付けのような子どもにとってはそれほど好きではないことを行うには，まず**動機づけ**が大切です。先ほどの例では「競争したら楽しい」という動機づけがありました。同じように，片付けに対しては「片付けたらきれいになって気持ちよい」「片付けたらほめてもらえる」「片付けたらお弁当が食べられる」等の子どもにとって意味ある事がらに対する動機づけが必要です。保育の中では必要感ともいっています。

動機づけには，「楽しいから」「気持ちよいから」などその個人の内的な要求から起こる内発的動機づけ（intrinsic motivation）と，「先生にほめられるから」「怒られるから」など個人の外部からの影響が作用する外発的動機づけ（extrinsic motivation）があります。保育の中では，この両方を意識しながら片付けという行為を子どもに対して意味付けていくことが大切です。特に，子どもの生活面の自立に向かって内発的動機づけを育てていくことは大変重要です。生活の中では，ほめられたり叱られたりしなくても，あるいは他者からの援助がなくても，子ども自身が自分でやらなければいけないことはこの先いくらでも出てくるからです。

一方で，保育の中では片付けの方法を十分見直すことも必要です。子どもが少し頑張れば達成できるくらいの片付け量や内容にしないと，動機づけただけでは片付けをやり遂げることができないのです。したがって，絵本であれば，最初は本棚に背表紙を揃えて片付けるのではなく，空き箱を用意してとにかく箱に入れる，次は表紙が見えるような本棚にしまうようにする，など，段階を踏んで子どもが片付けやすい方法を考える必要があります。

また，保育所は子どもが集団で生活するところです。個人の動機づけに働きかけるだけではなく，他の友達との人間関係や協同性を育てていくことも大切です。ちょっと面倒な片付けも，「みんなでやったらすぐできた」「みんなでやったら楽しくできた」という経験を重ね，幼児期の後期には互いに協力できるように，日々積み重ねていくことが大事になります。

(5) 約 束 事

保育所やこども園などでは集団生活が基本なので，集団生活に必要なルールやきまりが出てきます。そんな時に「お約束だよ」と保育者が指を折りながらいくつかの約束事を提示する様子がよく見られます。では，子どもたちは約束の数がいくつなら覚えていられるでしょうか。

子どもの記憶容量（どのくらいの量を覚えているのか）はしばしば短期記憶の記憶範囲によって測定されてきました。短期記憶とは数秒から数分の範囲で貯えられている記憶で，その一部は数分から数時間，数年間と貯えられる長期記憶になるといわれます。記憶力は，知識の増加や記憶方法の学習などと相まって発達していくものですが，短期記憶の記憶範囲は成人では7±2チャンクとされ，子どもでは年齢とともに3歳で3，4〜5歳で4，6〜8歳で5，9〜12歳で6などとされています（Miller, G. A., 1956）。チャンクとは情報のひとまとまりのことを指しています。この研究からは，幼児期の子どもの場合，数分の短期記憶であったとしても，実際に記憶できる量は少ないことがわかります。

このような研究は，実験室場面において子どもにとって意味のないような記号等を記憶の材料に使用しており，純粋に記憶の容量が表されていると考えられます。しかしながら，実際の子どもは実験室ではなく，馴染みある生活環境の中で生きていますので，日常生活の場面での約束事についても全く同じと考えることはできません。

保育者が「お約束だよ」と示す際に考慮しなければいけないのは，約束事の数とともにその内容です。理解しやすい内容なのかどうか，また，行動に関する約束事の場合にはその行動が実際に難しいことであるの

かそうでないのか，ということです。理解や行動が容易な内容であれば，３つの約束を提示しても記憶に留めて実行することができるかもしれませんが，難しい内容であるなら約束事が１つであったとしても実行されないことが多くなるかもしれないのです。

約束事の重要性が高い場合や多くの約束事が必要になった場合，保育者によって新しい記憶方略も併せて提示されることがあります。例えば避難訓練などの際の「お・か・し・も」（押さない，駆けない，しゃべらない，戻らない，の頭文字）などがそれに当たります。このように頭文字を抜き出して意味ある文字つづりとして記憶し，何度も復唱したり心の中で唱えたりすることを**リハーサル**といっています。リハーサルは記憶をとどめたり思い出したりするために有効です。このような方法もあわせて教えていくことが，子どもが約束事を覚え実行していくための援助となっています。

園生活の約束事は集団生活を送る上で必要ではありますが，その数があまりに多かったり，内容が難しかったりすることはよくありません。保育者は約束事が子どもにとって必要最低限で内容的にも無理がないように配慮することが求められます。子どもは本来の記憶範囲が少ない中で，日常生活の中での知識の助けを借りながら様々な出来事を記憶し活用しているのです。

では，約束事は子どもの記憶量や記憶方略に頼ることで守られるようになっていくでしょうか。記憶力は大変重要ですが，約束事が実行されるためには，他にも必要なことがあります。その中には道徳性や規範意識の芽生えも含まれます。

子どもは，時にふざけたり，自分のやりたいことが中心になったりして，約束事を守れないことがあります。しかし，多くの子どもは集団生活をしながら次第に「ちゃんとしたい」と思うようになっていきます。保育者に認められたり，子ども同士で互いの様子に気づくようになってきたりするからです。子どもたちが約束事を覚えて守れるようになるには，普段の生活がそもそもいろいろな約束事やルールを基にした秩序によって，安定していることが大切です。保育者は，約束事が守られなかった時に注意したり叱ったりするだけでなく，生活の中で道徳性や規範意識を自覚的に示していくことが必要です。「お約束を守るとこんなにいいことがある」「きちんとやるとこんな風にうまくいく」などのことを意識的に体現していきましょう。約束事が守られるような環境作りも保育者の大切な仕事です。このような環境の中から学ぶことで，子どもたちに道徳性や規範意識が芽生えてきます。様々な力が相まって，集団生活の約束事やルールが守られるようになっていくのです。

おわりに―生活の楽しさが重要―

これまで，子どもの生活を心理学の視点から眺めながら，あわせて保育者の援助のポイントを述べてきました。乳幼児の健やかな発達を援助していくため

に大切なことは，まず心理学等を学び子どもの心の動きを理解するということです。それには子どもの言動をよく観察し，どうしてそうなのかを大人が考えていかなければなりません。さらに重要なことは，毎日の子どもの生活が子どもらしく楽しいものであるということです。生活の場面では，無理のないように，また楽しくリラックスしながら過ごすことで安心感や安定した気持ちを持つことができます。楽しく安定した気持ちで過ごす生活がベースとなり，遊びの際の探究心や向上心，思考力の芽生えや学ぶ力に繋がっていくのです。

コラム10
明日のお当番誰だっけ？

かなり前のことですが，担任として毎年30名以上の子どもたちを受け持っていました。年中から年長にかけては，子どもたちの遊びもダイナミックに大人数になっていきますし，生活の見通しも子どもたち自身が持つようになってきますので，保育している私の方が大人として工夫や創造性が試される日々だったと思います。

意欲的に生活している子どもたちは，生活面でもできることは何でもやりたがります。また，子どもには基本的な姿ですが，「できるとうれしい！」という強い思いを持っていると思います。そんなやる気いっぱいの子どもたちに毎日いろいろと助けられていました。

年中から年長にかけて，子どもたちはいろいろな当番を経験します。最初は先生のお手伝いをやりたい子どもからやり始め，次第に全員が順番で行う活動にしていきました。仕事も少しずつ増やしていきます。子どもたちにとってはまず当番バッジを付けるのが嬉しいようで，降園時の当番交替を楽しみにしている様子が見られました。

当番を順番に回していくために，当番票というものを作っていました。厚紙に似顔絵や好きな絵柄を描き，穴を開け，リングに通します。降園時にはその日の当番が１枚めくり，「明日のお当番は○○ちゃんです」と紹介するのです。だいたい１クラスに３グループから４グループ設けて当番を行っていました。

その当番票ですが，ひょうきんな男の子などが，「明日のお当番は……」と勿体ぶってなかなかめくらないことがありました。次の子のカードをチラリチラリと見せてなかなかめくらないのです。私は，「次は誰だったかなあ」という感じだったのですが，他の大勢の子は「△△ちゃん，△△ちゃん！」と言い当てていました。

毎日こんな感じが続いたので，ふと不思議に思い，ある子に聞いてみると「当番全部覚えてるもん」といいます。「私のグループは，○○くん，△△ちゃん，□□ちゃん……」と順番に名前を挙げていきます。すると近くにいて遊んでいた子たちも一緒になって次々に当番の順番を暗唱していきました。子どもたちは，各グループの当番票の順番を全部記憶していたのです。担任の私はほとんど思い出せないのに！

子どもたちが，当番の活動に憧れがあって関心を持っていたこと，同じクラスの友達に親しみを持っていたことも影響していると思います。また，普段の遊びの途中で，気がつくと当番票をグルグルめくって友達の描いた絵柄をじっくり見ている子もいました。当番票そのものにも興味があったのだと思います。このような時，子どもたちは私たちが思う以上に力を発揮しているのだと感心しました。記憶力もそのうちの一つなのです。

それ以降，当番の順番さえ記憶できない私は，記憶が必要なものはすっかり子どもたちに任せるようになったのはいうまでもありません。

3

乳幼児期の学びの過程と遊び

子どもにとって「遊び」とはどのような意味を持つのでしょうか。大人は子どもに「遊んでばかりいないで勉強しなさい」と叱ることがあります。その一方で「よく学び，よく遊べ」ともいいます。

この章では，子どもの遊びとは何か，子どもはなぜ遊ぶのか，といった遊びの理論をとおして，保育実践における子どもの遊びと学びの過程について考えていきたいと思います。

1．子どもの遊びと発達

(1) 子どもの遊びの種類

かくれんぼ，おにごっこ，花いちもんめ，かごめかごめ，缶けり，お手玉，あやとり，メンコ遊び……みなさんは子どものころにこのような**伝承遊び**をしたことがあるでしょうか。最近の子どもたちは，昔の子どもたちと比べて，遊ぶ時間が少なくなったり，公園や空き地など安全に遊べる場所や空間が少なくなったり，遊ぶ仲間がいなかったり，いわゆる三間が減ったといわれています。仲間集団が**異年齢（タテ型）集団**から**同年齢（ヨコ型）集団**へと変化したこと

表3－1　遊びの種類（ベネッセ次世代育成研究所，2011を一部修正）

	1995年 (1,692)	2000年 (1,601)	2005年 (2,297)	2010年 (2,918)
公園の遊具（すべりだい，ブランコなど）を使った遊び	66.0	68.4	76.1	78.1
つみ木，ブロック	55.0	55.5	63.1	68.0
人形遊び，ままごとなどのごっこ遊び	51.2	53.5	56.9	56.6
砂場などでのどろんこ遊び	49.5	52.0	57.6	53.6
絵やマンガを描く	45.0	43.6	57.5	53.5
自転車，一輪車，三輪車などを使った遊び	46.3	51.5	53.9	49.5
ボールを使った遊び（サッカーや野球など）	35.0	33.2	46.8	46.9
ミニカー，プラモデルなど，おもちゃを使った遊び	39.5	43.8	45.5	46.1
マンガや本（絵本）を読む	30.4	28.1	44.9	44.5
石ころや木の枝など自然のものを使った遊び	26.2	33.8	37.6	40.2
ジグソーパズル	21.9	17.9	28.8	32.9
カードゲームやトランプなどを使った遊び	19.4	17.8	26.2	25.6
おにごっこ，缶けりなどの遊び	13.9	13.6	20.9	23.0
なわとび，ゴムとび	14.1	12.6	19.3	21.1
テレビゲーム	24.2	20.2	15.1	17.0
その他	7.2	9.2	13.2	10.1

注）この調査は，ベネッセ次世代育成研究所が，1歳6ヶ月～6歳11ヶ月の乳幼児の生活の様子・保護者の子育てに対する意識や実態を把握することを目的に1995年より5年ごとに実施しています。

も，年長の子どもから年少の子どもへと遊びが伝承されなくなってきた理由の１つになっています。

15年間の乳幼児の遊びを調査した結果（表３−１）では,「公園の遊具を使った遊び」「つみ木，ブロック」「人形遊び，ままごと遊び」「どろんこ遊び」「絵やマンガを描く」などがいつも上位を占め，いずれも2010年は50％を超えています。「自転車，一輪車，三輪車などを使った遊び」「ボールを使った遊び」がつぎに多くなっています。それに対して,「おにごっこ，缶けり」「なわとび，ゴムとび」は２割ぐらいにとどまっています。「テレビゲーム」は1995年に24.2％でしたが，2010年は17.0％に下がっています。

（２）子どもの遊びの分類

表３−１の遊びの種類は,「公園の遊具を使った遊び」「どろんこ遊び」「自転車,一輪車,三輪車などを使った遊び」「ボールを使った遊び」などの外遊びと,「積み木，ブロック」「人形遊び，ままごと遊び」「絵やマンガを描く」「テレビゲーム」などの室内遊びとに大きく分類できます。

ビューラー（Bühler, Ch., 1928）は，心の働きから，①**機能遊び**（Funktionsspiele）：感覚や運動の機能それ自体をよろこぶ遊び，②**虚構遊び**（Fiktionsspiele）：現実を離れた想像による遊び，③**受容遊び**（Rezeptionsspiele）：絵本を見たり，音楽やお話を聴いたりする遊び，④**構成遊び**（Konstruktionspiele）：積木，砂，粘土で何かを作ったり，絵を描いたりする遊びに分類しています。そして，１歳未満でほとんどを占める機能遊びが

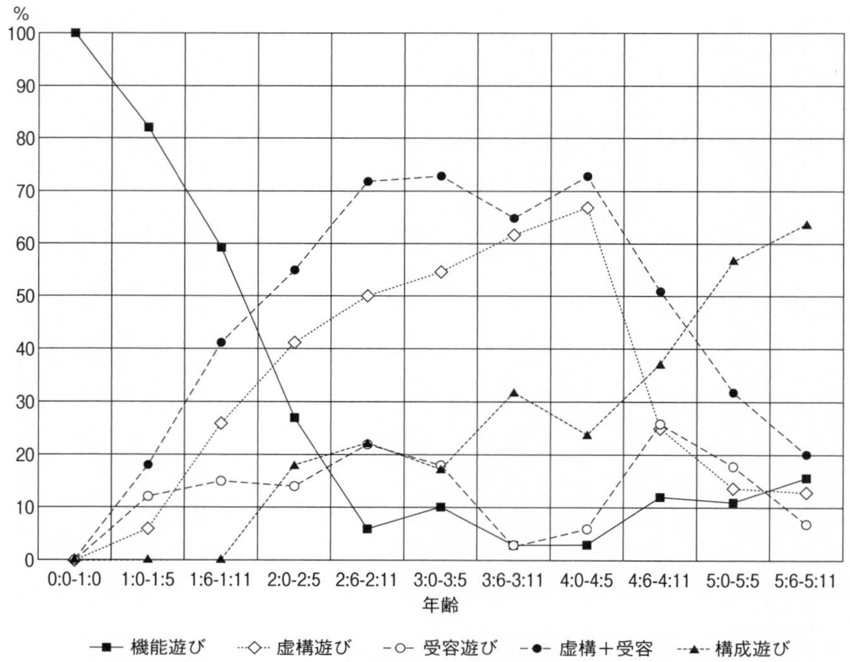

図３−１　遊び方の種類と年齢との関係（Bühler，1928）

注）一人の子どもが満６歳になるまでに遊んだ遊びの割合を調べたもの

年齢とともに減少し，２歳ごろから虚構遊びや受容遊びの割合が増えはじめ，５歳を過ぎると構成遊びがもっとも多くなっています（図３−１）。

ピアジェ（Piaget, J., 1945）は，子どもの認知発達段階に応じた遊びの分類を行いました。①**実践の遊び**（jeux d'exercice）：感覚運動期（０〜２歳）に見られる感覚や運動の機能を働かせること自体に喜びを見いだすために実践する遊び，②**象徴的遊び**（jeux symboliques）：前操作期（２〜７歳）に見られるごっこ遊び，空想遊び，模倣遊びなど，何かを何かに見立てたり，自分で演じたりする遊び，③**ルールのある遊び**（jeux de règles）：具体的操作期以降（７，８〜11，12歳）に見られる社会的遊びで，ルールにしたがって遊ぶというものです。**同化と調節**が絶えず均衡化され，同化が優位になったものが遊びで，調節が優位になったものが模倣であると説明しています。

同化と調節
ピアジェは，環境との相互作用について，環境に働きかけ，自分に合うように変形し取り込む働きが同化で，環境を同化しやすいように自分自身の方を変化させていく働きが調節としている。

パーテン（Parten, M. B., 1932）は，社会的参加という観点から，①**何もしていない行動**（unoccupied behavior）：じっと立っていたり部屋を見回したり遊んでいない，②**ひとり遊び**（independent play）：他の子どもと関係なく一人で違うおもちゃを使って遊ぶ，③**傍観的な行動**（onlooker play）：他の子どもが遊んでいるのを見て話しかけたり教えたりするが自分から遊びには入らない行動，④**平行遊び**（parallel activity）：他の子どものそばで同じようなおもちゃで遊ぶ，⑤**連合的な遊び**（associative play）：おもちゃの貸し借りや会話が見られ，他の子どもといっしょに同じような活動をして遊ぶ，⑥**協同的遊びあるいは組織的な遊び**（cooperative play, organized supplementary play）：リーダーや役割分担が生まれ，何かをつくったり劇遊びをしたりゲームをしたりグループで同じ目的のために遊ぶ，という６つの遊びに分類しました。そして，２・３歳児ではひとり遊びが多く，連合的な遊びや協同的・組織的な遊びが年齢と共に増えていくことを見いだしています（図３−２）。

幼稚園や保育所などの子どもの遊びを観察すると，一人で遊んだり，仲のよい友達といっしょに遊んだり，もっと大きな集団でまとまって遊んだり，いろ

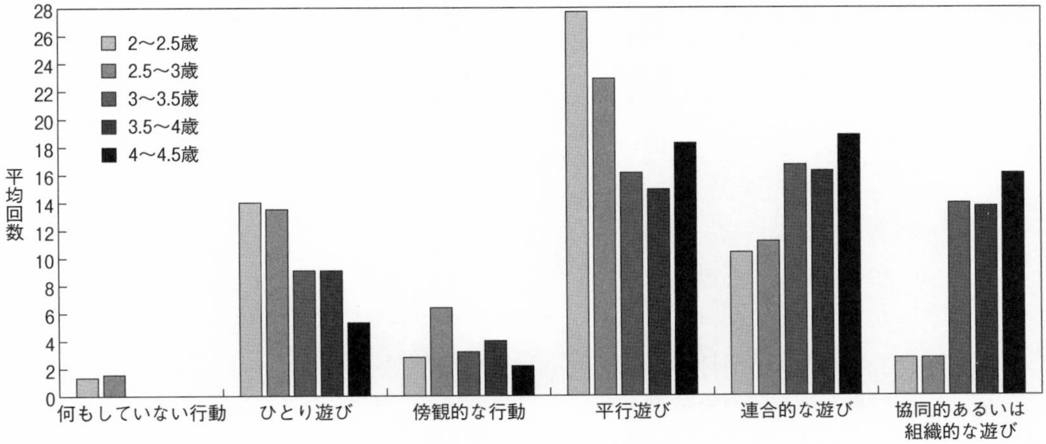

図３−２　社会的参加と年齢との関係（Parten，1932）

注）各年齢の６人の子ども，それぞれ60回の観察における平均回数

いろな姿が見られます。しかし，友達といっしょに遊ばないからといって，ひとり遊びや平行遊びを社会的に未熟な遊びだととらえたり，無理に集団遊びに引き込んだりしないよう注意する必要があります。大人の目には，友達の遊びをただ見ているだけのように見えても，その子自身の心の中では遊びに参加しているつもりになっていることもあるからです。

保育所や幼稚園などでは，一人ひとりの発達過程に応じて保育することは当然のことであり，そのため発達段階に合わせた環境の工夫がなされています。例えば，乳児期には手足を動かしたり物に触ったり音を聞いたり繰り返して遊べるように安全な手作りのおもちゃを与えます。想像的・創造的な遊びを促すような環境を用意したり，集まりにはゆったりとお話を聴いたり絵本を見たりする時間を設けたりしています。

2．子どもにとって遊びとは何か

（1）遊びとは何か

遊びとは辞書では「①あそぶこと，②猟や音楽のなぐさみ，③遊興，④あそびめ，⑤仕事や勉強の合い間，⑥人生から遊離した美の世界を求めること，⑦気持のゆとり，⑧機械の部分と部分とが密着せず，その間にある程度動きうる余裕のあること（『広辞苑第六版』）」とその意味は幅広いことがわかります。

ホイジンガ（Huizinga, J., 1938）は，『**ホモ・ルーデンス**』の中で，つぎのように遊びを定義しています。

①きまった時間・空間で行なわれること
②自発的な行為もしくは活動であること
③きちんとした規則にしたがっていること
④遊びの目的は行為そのもののなかにあること
⑤緊張とよろこびの感情をともなうこと
⑥「日常生活」とは「別のもの」という意識を伴うこと

カイヨワ（Caillois, R., 1958）は，ホイジンガの遊びの理論を発展させて，つぎのようにまとめています。

①自由な活動：強制されないこと
②分離した活動：時間・空間がきまっていること
③不確定の活動：なりゆきや結果がわかっていないこと
④非生産的な活動：財産も富もつくり出さないこと
⑤ルールのある活動：ルールや約束にしたがっていること
⑥虚構的活動：第二の現実あるいは全くの非現実という意識をともなうこと

遊ぶ

辞書には「日常的な生活から心身を解放し，別天地に身をゆだねる意。神事に端を発し，それに伴う音楽・舞踊や遊楽などを含む」とあり，①かぐらをする，②楽しいと思うことをして心を慰める，③狩をする，④子供や魚鳥などが無心に動きまわる，⑤他の土地に行き風景などを楽しむ。また，学問などのために他郷に行く，⑥生業を持たずにぶらぶら暮らす。仕事がなくひまでいる，⑦金・土地・道具などが利用されないでいる，⑧酒色やばくちにふける。また，料亭などで遊興する，⑨（他動詞的に用いて）もてあそぶなどの意味がある（『広辞苑第六版』）。

ホモ・ルーデンス

ホイジンガは，ホモ・サピエンス（知恵ある人）やホモ・ファーベル（作る人）とならんで，ホモ・ルーデンス（遊ぶ人）と呼び，文化は遊びの中で生まれ発展したと主張した。

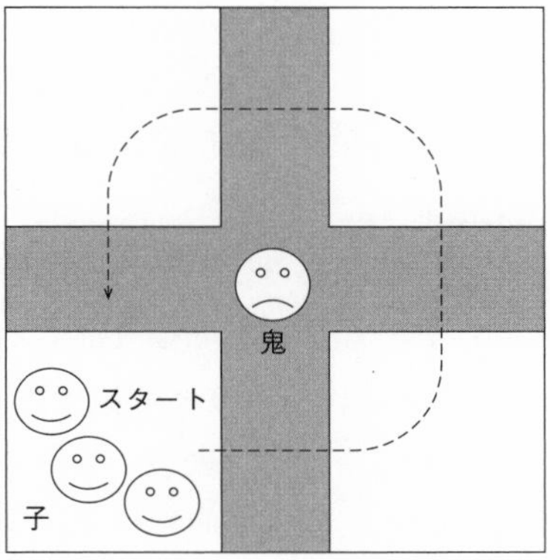

図３－３　十字鬼

①地面に「田」の字を書きます。「十」は鬼の道です。
②子は鬼の道を飛び越えながらスタート地点から決めた数（例えば３周）だけ回ります。
③「田」の外は決めた数（例えば３歩）だけケンケンできます。
④子は鬼にタッチされたり，ケンケンできなかったり鬼の道に入ったりしたらアウト。
⑤子の一人が決めた数を回るか，全員が鬼につかまったら終わり。

これらの遊びの定義によると，遊びは自由で自発的な活動であるという前提があります。強制されるとたちまち遊びでなくなってしまいます。例えば,「○○あそび」と称して行う活動が子どもにとって仕方なくやらされていると感じれば,「先生，これ終わったら外で遊んでもいい？」と正直に言うでしょう。

しかし，遊びは自由であるといいながら，空間や時間が限定的で規則やルールにしたがっているといっているのはなぜでしょうか。このことを「十字鬼」にあてはめて考えてみます（図３−３)。鬼と子という架空の世界が「田」の空間の中だけで展開されます。もし「口」から外に出たり鬼の道「十」をふんだりしてしまったら，子はアウトになります。時間はスタートから全員鬼につかまるまで，あるいは子のだれかが鬼につかまらずに３周回りきるまでと始めと終わりがはっきりしています。

（２）遊びで育つもの

「十字鬼」は身体をいっぱいに動かし，友達といっしょに遊ぶので，運動能力や社会性などが身につくと考えられます。またこの遊びは, 鬼が立ちはだかって道をふさいでいる時，仲間が（時には犠牲になって）鬼にタッチされる，そのほんの一瞬のすきをかいくぐりながら進んでいくというスリルがあります。そうした判断力や俊敏性，あるいは仲間を助けるという思いやりやずる賢さなどが求められるのです。

子どもは，遊ぶ人の数，遊ぶ時間や場所などに応じて臨機応変に遊び方を変えたり，小さい子は一番先につかまっても鬼にならないという思いやりのルールを決めたりする力を持っています。このように人として生きるための「知恵」のようなものを学ぶことも遊びの重要な側面です。

このように子どもは遊ぶことによって，いろいろなことを経験し，工夫し，知恵を出しながら，知的能力，運動能力，社会性，道徳性，創造性など発達に

カイヨワの遊びの分類

カイヨワは次のような遊びの分類をしている。それぞれはパイディア（Paidia：遊び）→ルドゥス（Ludus：ゲーム，スポーツ）に向かうとしている。

①競争（agon)：かけっこ→ボクシング→ビリヤード→チェス→スポーツ競技全般など
②偶然（alea)：じゃんけん→ルーレット→宝くじなど
③模擬（mimicry)：まねっこ→人形遊び→仮面，変装→演劇など
④めまい（linx)：くるくる回り→回転木馬→ブランコ→スキー→登山，綱渡りなど

必要な様々な能力を身につけていきます。遊びをとおして，そのうちのどれかの能力だけが伸びるものではなく，それらが総合的に発達していきます。保育所保育指針にも明記されているように，**遊びによる学習**は総合的な学習であるという第一の特徴を持っています。

遊びによる学習

保育所保育指針（第１章総則　３保育の原理　(2) 保育の方法　オ）には「子どもが自発的，意欲的に関われるような環境を構成し，子どもの主体的な活動や子ども相互の関わりを大切にすること。特に，乳幼児期にふさわしい体験が得られるように，生活や遊びを通して総合的に保育すること」と記されている。

さらに遊びは目に見えない学習であるという第二の特徴があります。一日中，十字鬼をして遊んだからといって，子どもの運動能力が何ポイント上昇したとか，ペーパーテストの点数のようにはっきりと数値で表すことは難しいのです。このように健康，人間関係，環境，言葉，表現の５つの領域のねらいに示されているのは，**育みたい資質・能力**（p.98参照）です。学びに向かう力，人間性等や思考力，判断力，表現力等の基礎などは，子どもの内面にあるものです。目に見えないからといって，目に見える結果や作品だけを期待して見ばえとか出来ばえとかを求めるのではなく，見えないからこそ遊びの過程や遊ぶ子どもの内面に寄り添っていくことを大事にする必要があります。

3．子どもはなぜ遊ぶのか

(1) 遊びモードか仕事モードか

ホイジンガやカイヨワによると，遊びは自発的な活動であって，しかも緊張とよろこびの感情を伴う活動であるといいます。何かの目的のために遊ぶのではなく，それ自体が楽しいから遊ぶのです。遊びは人の動機と深く関わっているといえます。

みなさんは，どんな時に「遊びたい！」と思いますか。例えば遊びでカラオケに行くのはなぜでしょうか。歌が好きだからでしょうか。それともストレス発散のためでしょうか。あるいは保育者にとってピアノを弾く場面は多いですが，みなさんにとってピアノを弾くことは遊びでしょうか，それとも仕事や勉強でしょうか。ピアノを弾くことが得意だったり苦手だったりすることとも関係があるでしょうか。趣味でピアノを弾いている時は遊びで，それ以外の時は仕事というように時と場合によるという人もいるかもしれません。

遊びの動機説

エリス（Ellis, M. J., 1973）によると，他にも浄化説（怒りや攻撃的な気持ちを社会的に認められた活動に形を変えて遊ぶという説），精神分析説（不快な経験を減らすために，不快な経験を再生し反復して遊ぶ），学習説（楽しいできごとを増やしたり不快なできごとを減らしたり，学習を生みだす過程によって遊ぶ）などがある。

しかし，遊びと仕事を区別しているものはなんでしょうか。料理をすることを職業としている人もいれば，趣味が料理だという人もいます。野球やサッカーなどについても同じことがいえます。要するに外側から眺めているだけでは，その人が真に遊んでいるのかどうかはわからないのです。それは子どもの遊びについても同じことだといえるのではないでしょうか。いまその人が遊びモードなのか仕事モードなのかは実際に本人に聞いてみないとわからないことかもしれません。本人にとっては，遊びモードか仕事モードかもいちいち考えていないかもしれません。

このように人はなぜ遊ぶかといった動機や原因について，古くから関心がありました。例えば，あり余るエネルギーを消費することによって遊ぶという**余剰エネルギー説**，それとは反対に元気を回復したり仕事の疲れを解消したりするために遊ぶという**気晴らし説**などがあります。また仕事によって満たされている場合，仕事と似た活動をして遊ぶという**般化説**，それとは反対に仕事によって満たされない場合，仕事以外の活動をして遊ぶという**代償説**という考えもあります。たしかに，私たちは疲れきっている時にはあまり遊ぼうとは思わないし，ストレス発散のためにカラオケなどに行くこともあります。仕事の欲求不満がたまると遊びたくもなります。しかし，これらの理論は仕事を前提としていますので，子どもの遊びについてはあまりあてはまらないかもしれません。

犬や猫がボールを追いかけるように，また子どもがままごと遊びをするように，大人になった時の生活の準備や練習として遊ぶという**生活準備説**，人は生まれつきの能力の遺伝によって遊ぶという**本能説**，人間の進化の段階をたどりながら遊びの中で反復するという**反復説**などを主張する人たちもいました。しかし，急速に進歩し続ける現代社会においては，電子玩具のような最新技術による遊びについては説明できないし，将来の大人社会で何が必要なのかも予測しにくくなっています。

（2）遊びの現代理論

これまでの遊びの理論は遊びの一面を説明していますが，仕事－遊び，子ども－大人という図式でとらえているところに限界があったように思われます。

エリス（Ellis, M. J., 1973）は，これらを統合する遊びの理論として，**覚醒－追求としての遊び説**と**能力－効力説**の２つを挙げています。覚醒－追求としての遊び説とは，「それぞれの最適の状態を目指して，興味あるいは刺激の水準を向上させるところの環境または自己との相互作用を生みだそうとする欲求によって遊ぶ」という説です。能力－効力説とは，「環境の中で能力を証明し，効力感を生みだそうとする欲求によって遊ぶ」という説です。効力感を生みだすために自ら環境に働きかけるという内発的動機づけに基づいた考え方です。

これらの遊びの理論は，子どもはもともとナマケモノではなく好奇心旺盛だということ，子ども一人ひとりの最適状態は違うということ，「やったらできた」というような達成感・効力感を生みだす環境が必要であることなどを教えてくれます。

遊びの現代理論に立てば，仕事－遊び，子ども－大人を連続でとらえることができます。その人が遊びモードか仕事モードかという区別は問題ではなく，どちらのモードにおいても達成感や効力感を生みだす可能性があるのです。チクセントミハイ（Csikszentmihalyi, M., 1990）は，挑戦と技能が高いレベルでバランスがつり合っている時を**最適な体験**だと説明しています。例えば，遊びを始める時は未熟ながら楽しい（図３－４の①）が，挑戦課題が同じでしだいに能力が高くなると退屈に感じはじめます（②）。しかし，与えられた課題が難しく，それに自分の能力が伴っていないと不安になります（③）が，練習することによって能力が伸びるとフローの状態になります（④）。

子どもがなわとびや鉄棒の逆上がり，自転車や一輪車，コマ回し，竹馬など，

能力－効力説

ホワイト（White, R. W.）のコンピテンス（competence）概念。ビューラー（Bühler, K.）やピアジェ（Piaget, J.）のいう機能の快やグロース（Groos, K.）の「原因としての喜び」も環境との相互作用による一種の効力感といえる。

最適な体験

チクセントミハイ（Csikszentmihalyi, 1990）は，この特別な状態をフロー（flow）と呼んでいる。フローとは，一つの活動に深く没入しているので他の何ものも問題とならなくなる状態，その経験それ自体が非常に楽しいので，純粋にそれをするということのために多くの時間や労力を費やすような状態，何かに没頭した状態という概念である。

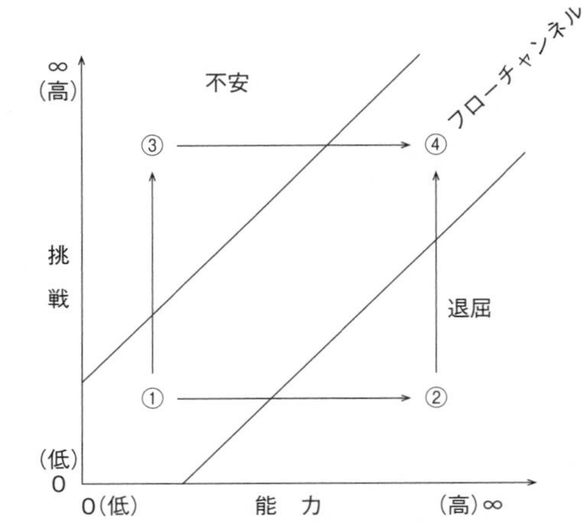

図３－４　フロー体験と意識の複雑さ（Csikszentmihalyi, 1990）

何度失敗しても成功するまで挑戦し続けるのも納得できます。保育者としては，子どもの一人ひとりの能力や心の状態を見極め，子どもの能力が最大限に引き出されるためにどういった新しいレベルの挑戦課題を与えるか，ヴィコツキー（Vygotsky, L. S.）の**発達の最近接領域**とならんで，環境構成のヒントになると思われます。

③から④への過程（プロセス）は「思考力･判断力･表現力等の基礎」といってよいのではないでしょうか。気づいたことや，できるようになったことなどを使い，考えたり，試したり，工夫したり，表現したりするという姿が見られるからです。同様に①から③の変化は「学びに向かう力，人間性等」だといえます。「難しい課題に挑戦しよう」という縦方向へ突き上げる意欲や動機のエネルギーだと考えられます。思考力・判断力・表現力等を働かせ，粘り強く取り組む過程（プロセス）が遊びに夢中になる要因ならば，十分に時間が保障されて初めてじっくりと取り組むことができると考えられます（湯地・湯地，2018）。

このように遊びの理論は環境構成としての条件を明確に提示してくれます。森（1992）は，遊びが育つために環境が備えるべき要件として，遊びの理論を踏まえながら，次の４つを提示しています。

1．遊び環境は時間的，空間的制約から自由でなくてはならない。
2．遊び環境は不確実性の要素を含んでいる可変的なものでなくてはならない。
3．遊び環境は低構造性のものでなくてはならない。
4．遊び環境は許容的・支持的風土でなくてはならない。

これに「フローが生じる条件」を加えると，５．挑戦レベルとその活動に取り組むための能力のレベルが高次でつりあっていること，６．活動の目標が手近でかつ明確であり，フィードバックが即座に得られることなどが加えられそうです。

以上，遊びの理論をいくつか紹介しながら，子どもの遊びについて考えてきました。遊びは子どもの内側からの動機づけによってひき起こされた自発的な活動であるという認識が必要です。子どもは遊ぶことによって，小学校以降の学びにつながるような様々な能力が育まれると考えられます。遊んだ結果として様々な資質・能力が知らず知らずのうちに身についているのです。しかし，それらはホンモノの遊びからしか生まれません。遊びの理論を応用して，保育においても，子どもが遊びひたる環境を十分に保障していく必要があります。

コラム11
電子メディアと子ども

1983年，日本にはじめて登場した「ファミリーコンピュータ®」（任天堂）。当時，コンピュータゲームのブームはすぐ終わると考えられていましたが，30年以上経った今でも進歩し続けています。グラフィックは２D（次元）から３Dへと変わり，よりリアルになりました。コントローラーも十字キーやボタンを押すものからリモコン型になり，もはや手だけでなく体全体を使った遊びになりました。

最近では，タッチパネルを指で操作するスマートフォンやタブレットのゲームが急速に普及しています。

ベネッセ教育総合研究所『乳幼児の親子のメディア活用調査』（乳幼児を持つ母親を対象に2017年３月実施）によれば，母親のスマートフォンの所有率は，９割を超え，２歳以降のおよそ３割の幼児が週３回以上の頻度でスマートフォンを使用しています。学習アプリ・ソフトの使用について「歌や踊りを楽しめる（66.0%）」「知識が豊かになる（58.3%）」「作る，描くなどの表現力を育む（56.0%）」など，そのメリットを認めていると同時に，「目や健康に悪い（84.5%）」「夢中になりすぎる（77.0%）」とデメリットも強く感じています。スマートフォンやタブレットゲームのようなタッチパネルのテクノロジーは，これまでのコンピュータゲームよりも操作のしやすさから，幼い子どもたちをも取り込んでいることがわかります。

コンピュータゲームの面白さは，「やめられない，とまらない」という原理が働いているところにあります。つまり，もうちょっとのところでクリアできそうなのにできない，難しすぎずやさしすぎない「ゲーム性」がプレイヤーに挑戦意欲をかきたてるしくみになっています。それは，本章で紹介した遊びの理論としての「刺激－追求としての遊び説」や「能力－効力説」でも説明できます。近年，そうした相互作用性という特性を活かして，コンピュータゲームやタブレットは教育ツールとして認められ，大学や学校でもICT環境として利用されています。

しかし，「ゲーム性」は子どもの心やからだへの影響も強めています。コンピュータゲームのマイナスの影響としては，視力の低下への影響，外遊びの減少，生活習慣の乱れ，攻撃性の誘発，依存症などが指摘されています。

コンピュータゲームやスマートフォンやタブレットなどの電子メディアだけにふけったり，かたよったりする生活は，子どもの成長発達によくないでしょう。しかし，直接的な影響だけでなく，電子メディアで遊ぶことによって失われる時間や人間関係など間接的な影響の方が深刻に考えるべき課題かもしれません。

4

乳幼児期の学びの過程と人間関係

1．人との関わり

（1）赤ちゃんからのメッセージ

赤ちゃんのかわいらしさの要因の一つとして，外見の特徴すなわち「見ため」が挙げられます。動物行動学者ローレンツ（Lorenz, K., 1970）は，ヒトだけでなくイヌやトリなど多くの生物に共通する赤ちゃんの特徴について調べています（第Ⅱ部第７章図７－２，p.89参照）。その特徴とは，「大きな頭，頬が丸く，目と目の間が離れ，目鼻口といった顔のパーツが低い位置にある顔と，丸くてずんぐりした体型で，動作がぎこちない」というものです。このような特徴が大人に赤ちゃんをかわいいと思わせ，守ってあげたいという気にさせるのです。このことを**ベビーシェマ**といいます。逆にいえば，赤ちゃんが生まれつき持っている自分を守るしくみといえるでしょう。

ベビーシェマ
幼い子に特有の「大きな頭」「丸い頬」「目と目の間が離れている」「目鼻立ちが低い位置にある」という外観を指す。周囲の人はこの外観によってかわいいという印象を持つ。

新生児でもお母さんに向かって積極的にアピールします。例えば，大人の顔の動きを真似するという行為は早くから見られますが，生後３ヶ月以上になると，知らない人よりも母親の顔の動きを真似しやすくなり，母親から抱かれている状態の方が真似しやすくなります。これは，母親と他人を見わける視覚が発達していることや「もっと私とスキンシップしてちょうだい」という欲求の表れです。また，生後０～２ヶ月ごろに相手かまわず反射的にかわいく微笑むことがあります。これは，偶然に出てくる微笑で**生理的微笑**（自発的微笑）といわれるものです（第Ⅱ部第２章図２－４，p.36参照）。生後２～３ヶ月以降になると，自分と関わりのある母親・父親などに対して笑いかける**社会的微笑**が見られるようになります。さらに，生後８ヶ月ごろには見慣れない人には恐れや警戒を示し，顔を背けたり，泣くといった**人見知り**が出てきます。一方，母親や父親以外でも親しみのある人に対しては微笑が生じ，はっきりとした親密感を示します。赤ちゃんでも自分にとって大切な人，重要な人，安全な人がわかり始めるのです。

生理的微笑
新生児微笑とも呼ばれ，特に０ヶ月～２ヶ月くらいで見られる笑顔で無意識のうちに現れる本能的微笑といわれるものである。この笑顔は，親の養育を促す。

社会的微笑
生後２～３ヶ月目以降で見られる笑顔で，人の顔を見てコミュニケーションとして行う笑顔。相手を見分けた上で自分と馴染みの深い母親・父親などに対して頻繁に笑いかける微笑である。

（2）親子関係とスキンシップについて

トレヴァーセン（Trevarthen, C., 1993）は，乳幼児の初期の段階から，子どもにはすでに基本的な情緒があり，周りの人との関わりに応じて自分の表情

人見知り

赤ちゃんが，母親など自分の認識している人以外の見知らぬ人に対して泣いたり隠れたりする行為を指す。これは，いつもそばにいる家族と，他者との区別がきちんとついていることを意味する。

図４−１　スワッドリング

を合わせることができるといっています。情緒が発達するためには，新生児期からの養育者との関わりの中で，何かを一緒にやることを楽しみ，情緒的な繋がりを深めていくことが重要です。

親と子の関係は，子どもがお母さんのお腹の中にいる時から始まります。お腹にいる胎児《たいじ》は，妊娠してからおよそ6ヶ月から外の音が聞こえます。胎児はお腹の中で聞いた声を覚えています。お腹の中にいた時に聞いた絵本を生まれた後に好むという研究もあるくらいです（DeCasper, A. J. & Spence, M. J., 1986）。お腹にいる時から親子のコミュニケーションが始まっているということでしょうね。カンガルーケア（コラム12参照）では，親と子どもの肌と肌の触れ合いが大切なことが述べられています。具体的には，体温が維持されること，リラックスしたり，眠りが増えたり，といった生理的効果に加えて，親子の関係がよくなったり，親としての実感がわくなどの心理学的効果も見られています。このような関係は次にでてくる愛着の形成に有効であることを述べています。さらにこの効果は，母親だけでなく父親にも見られます。このことからもスキンシップの大切さがわかりますね。

スワッドリングといわれる，赤ちゃんをタオルなどでぐるぐる巻きにして赤ちゃんを心地よくする方法があります（図４−１）。赤ちゃんはお母さんの子宮の中で適度に締めつけられていたので，何も締めつけられない状態ではすごく不安になるようです。むしろ体全体を包み込むような密着感があると安心します。世界の子育てを見てみますと，泣く赤ちゃんを寝かせつける伝統的な方法として，このスワッドリングがよく用いられています。小さな子どもが狭い所や窮屈な段ボールの中に入ったまま気持ちよく寝てしまったりすることがありますが，これもお母さんのお腹の中を思い出して安心するからなのかもしれませんね。

愛着

ジョン・ボウルビィが提唱した概念。愛着は，養育者の一方的な関わりでなく，乳児と養育者との相互的な関わりによって，形成される情緒的な絆のことである。これは，乳児が特定の対象に対して特別の感情を抱くようになったことを意味する。

（３）愛着理論

スキンシップと深い関係のある**愛着**（アタッチメント）に着目したのは，ジョン・ボウルビィ（Bowlby, J., 1958）です。愛着とは，簡単にいうと「親子の絆《きずな》」だといっています。特に幼児期までの子どもと育てる側との間につくられる，母子関係を中心とした情緒的な絆をいいます。ボウルビィは，人間は，泣く，叫ぶ，微笑む，しがみつく，声を出すといった生まれつき持っている行動によって母親を自分に引き寄せ，母親とくっつくことで，心の安定や体の安全を確保するのだというのです。「愛着」の発達は4段階に分かれます。

第1段階（生後3ヶ月間）：自分と他者（母親）との見分けがまだつきません。愛着はまだ形成されず，誰に対しても同じように泣いたり微笑したりします。

第2段階（生後6ヶ月ごろまで）：母親に対して，特によく微笑し，見つめます。

第3段階（2，3歳ごろまで）：母親を安全基地として，母親から一定の範囲内では，安心して行動したり探索したりします。やがて母親から少しずつ離れることができるようになります。

第4段階（3歳以上）：母親との身体的接触をしなくてもよくなり，母親の感情や動機を読み取り，母親の気持ちに合わせることができるようになります。

例えば，母親は赤ちゃんが泣いたらまず抱き上げます。そして，おむつが必要なのか，おっぱいが必要なのか考えて対処します。母親と子どもとの間には，どちらかが笑えば，もう片方も笑うというような関係が育まれ，「この人が私を守ってくれる」という信頼感が生まれます。生後7～8ヶ月の赤ちゃんは人見知りの時期です。知らない人に抱かれると泣いていた赤ちゃんが，母親に抱かれるとぴたりと泣きやむというような行為が見られますが，これは，母親という「特定の人」との関係ができてきたということです。こうやって母親は愛着の対象となっていく訳です。

何かあったら，自分を守ってくれる，助けてくれる対象がいるという安心感が生まれると，2，3歳の子どもは，実際に離れていても心の中に母親の存在を感じることができるようになるので，保育園や幼稚園でも安心して一人で友達や先生と関わることができます。人には，どの時期においても安全基地（心のよりどころ）となるような対象が必要だということです。

愛着理論に基づき，エインズワース（Ainsworth, M. D. S., 1963）らによって「ストレンジ・シチュエーション法」（図4－2）が開発されました。乳児と母親の愛着の発達やその類型を明らかにするための実験観察法です。結果をもとに，子どもの反応は，「安定型」「回避型」「葛藤《かっとう》型」の3つに分類されます。

安定型は，母親との信頼関係をもとにした行動が見られ，安定した適切な愛着の発達を示します。回避型と葛藤型はともに，愛着の発達に問題があると考えられています。回避型や葛藤型の反応は，母親の子どもへの接触，つまり愛着の形成の仕方に原因があると考えられます。回避型の母親の特徴として，子

図 4－2　ストレンジ・シチュエーションの 8 場面

どもと身体的接触をあまり望まないという点が挙げられます。子どもを抱きしめたり，愛情を表現することもなく，拒否的な態度が目立ちます。また，葛藤型の母親は，子どもとの身体的接触は拒否しないものの，子どもの発するシグナルに鈍感で，子どものやることを邪魔したり，無視したりすることが多いとされています。

ボウルビィは，人は一生誰かとくっついて生きていかなければならないといっています。つまり，どの時期においても心のよりどころとなる愛着の対象（安全基地）が必要であることをいっているのだと思います。もっとわかりやすくいうと，お互いに信頼できる関係があり，そばにいなくても心の中に信頼し頼りになる大切な人が必要だということです。その人は，最初は母親や父親であり，その後，きょうだい，友達，親友，先生，恋人，家族と変わっていきます。人生は，あなたの心の中の大切な人を求めて生きていく旅なのかもしれません。

2．人の気持ちを理解する

（1）人の気持ちがわかるまで

人見知りは，赤ちゃんが警戒心を持ち始める生後6～12ヶ月の間に起こります。赤ちゃんは，以前はいろいろな人に抱かれるのを楽しんでいましたが，ある時から見知らぬ人に抱っこされると嫌がるようになってしまいます。いわゆる人見知りというものです。時には赤ちゃんのことをかわいがってくれていた父親や祖母にさえ，拒否反応を示すようになってしまうこともあります。

もちろん，人見知りは正常なもので一時的なものです。次の発達の大切なプロセスと考えた方がいいでしょう。少なくとも自分を大切にしてくれる人，信頼できる人の存在を赤ちゃんなりに感じ取っているのかもしれません。

第Ⅰ部第1章や第Ⅱ部第3章で紹介したピアジェは，年少の子どもたちが，自己中心的な思考をしていると考えました。この自己中心的というのは，利己的とかわがままとかというわけではありません。あらゆることを自分の視点で考えてしまうために，聞き手や他人の立場から物事を見ることができないということです。例えば，チョコレートが好きな子どもは，最初は他の子どももみんなチョコレートが好きだと思っています。そのような子どもでも，ある時，チョコレートが嫌いな子どももいると気づきます。つまり，相手の気持ちが読み取れるようになってきます。それまでは自己中心的な考えや見方しかできなかったのが，他人の立場に立ったものの見方や考え方ができるようになります。これは自分と身近な人との気持ちが通じ合うための大切なプロセスです。

（2）心の理論

私たちは人との関わりの中で，相手の立場に立ってものを考え，自分と相手の気持ちに合わせて会話をしようとします。つまり，相手とよい関係を続けようと思えば，相手の心を読み取りながら，コミュニケーションをとらなければなりません。そのような“心の読み取り”は心の理論に基づいていると考えられています。

心の理論とは「他人にも心が宿っていると見なすことができ（他人への心の帰属），他人の心の働きを理解し（心的状態の理解），それに基づいて他人の行動を予測することができる（行動の予測）」ことです。例えば，毎日連絡してくる恋人が，今日に限って電話もメールもしないとしたら，あなたはどう考えますか。「今日は何か急ぎのことでもあるのかな」とか，「怒っているのかな」などと恋人の行為の原因を，相手の心の働きに基づいて考えようとするでしょう（第Ⅱ部第3章，pp.48-49参照）。

（3）友達との関わり

保育所や幼稚園は幼児にとって生活の多くを占める集団生活の場となります。家庭とは異なった新たな生活の場は幼児に不安感・緊張感を生じさせますが，友達や先生との期待に満ちた出逢いの場をもたらします。

集団生活の中では，一人で過ごすより，何人かと過ごすことで怒り，楽しさ，喜び，寂しさといった様々な感情を体験し，それと共に，相手も自分と違う主張や感情を持った存在であることに気づくようになります。そうなると，幼児は共通の興味や目的で生活をする楽しさを味わえるようになり，友達関係の広がりを見せるようになります。

幼児期は友達との遊びの中で，身体的な発達の基礎をつくり情緒や社会性といったような人格形成の基礎をつくる時期でもあります。何といっても，幼児期の中核となるのは遊びです。幼児自身が遊びを通して積み重ねていく体験が大切で，そのような体験は，社会性や創造性を育てます。

遊びに関わる，一つの研究を紹介しましょう。遊びへの仲間入りの研究をした倉持・無藤（1991）によると，３歳児でも「いれて」というような言葉による仲間入りの方法がより多く使われているということです。また，仲間入りの際には，遊びの中での役割の提案や確認が行われることで，その後の遊びがスムーズになることが述べられています。つまり，遊びの仲間に入るためには，言葉による何らかの意思表示や提案が必要であるということを学んでいくのです。

遊びの仲間との関係を維持していく上では，自分を主張したり自分の気持ちを抑えたりすることが大事だということがわかってきます。**自己主張**は２～３歳ぐらいで急に目立つようになります。それに引き換え，**自己抑制**は自己主張よりも遅れて少しずつ発達していきます。バランスをとるためには，少し時間が必要なのです。

自己抑制と自己主張

「集団場面で自分の欲求や行動を抑制，制止しなければならない時，それを抑制する」という自己抑制的側面だけでなく，「自分の欲求や意志を明確に持ち，これを他人や集団の前で表現し主張する」という自己主張的側面も重要である。

また，幼児期には，友達やきょうだい間での思いやりの心も育ちます。思いやりの心を持つためには，相手の気持ちを自分も同じように感じ取ること（共感）と，他者の視点で他者の気持ちを考えること（心の理論）ができる必要があります。３歳ではまだ他人の視点に立って物事を見ることは難しいのですが，４歳以降で少しずつわかってくるといわれています。相手の気持ちがわかり，相手の気持ちと共感できるようになると，本当の思いやり行動ができるようになります。

コラム12
カンガルーケア

カンガルーケア（Whitelaw, A. & Sleath, K., 1985）とは，以前は母子関係を深めるために早産で生まれた入院中の赤ちゃんを対象に行われたケアです。最近では早産でなくてもお産後すぐ，お母さんの胸に赤ちゃんが抱っこされる状態（skin-to-skin）も含めてカンガルーケアといわれています。医療の現場では「早期母子接触」といわれています。

カンガルーケアをしている時の赤ちゃんは，お腹にいた数分前まで聞いていたお母さんの心臓の音がまた聞こえること，そしてお母さんの肌の温もりを感じることで，とても穏やかな顔をしています。赤ちゃんの肌色はみるみる真っ赤になって，呼吸も安定し，目を開けて自分が生まれてきた世界をきょろきょろしていることが多いです。落ち着いている赤ちゃんに対し，お母さんは「泣かないけど，大丈夫ですか？」と心配そうに助産師に尋ねてくることがあります。そんな時には，お母さんに「赤ちゃん，とっても落ち着いていますよ。肌の色もいいし，きちんと呼吸もしていますよ」と説明させてもらいます。お母さんが安心することで，赤ちゃんもさらに安心し，穏やかな時間が流れていきます。

しばらくして，お母さんの肌から離した瞬間，どの赤ちゃんも大きな声で泣き出します。「何で離すの？　お母さんと離れたくない！」と言わんばかりの大声です。その時に，私はお母さんに赤ちゃんのお顔をしっかり見てもらうようにしています。「これからどうぞ，よろしくね」と親子の絆を深めるための働きかけです。助産師としてお母さんと赤ちゃんとの最初の出逢いの場に立ち会えることを，お産のたびに，感謝しています。

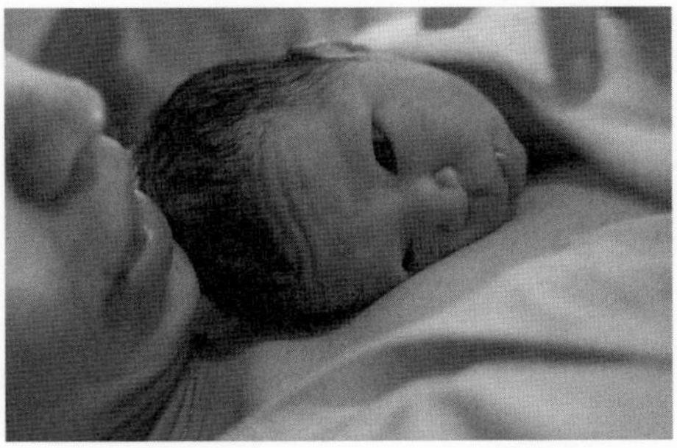

5

乳幼児期の遊びと環境

平成元（1989）年の幼稚園教育要領の改訂ならびに平成２（1990）年の保育所保育指針の改定以降，幼稚園や保育所における子どもの保育は「環境を通して行う」ことが,基本になっています。**環境**とは一般的に,幼児を取り巻く様々な事物であり，自然的環境や社会的環境に分けて理解する場合もあります。つまり子どもが自らの興味・関心に沿って，周りのものや出来事に関わって遊ぶ中で，友達といっしょに，多様な体験を積み重ねることが重視されているのです。またその後の改訂で，環境を構成することが保育者の重要な役割であることが明確化されました。ここでいう環境とは何か，子どもの発達を支える環境はどのようにあるべきか，ということは保育の中で本質的で難しい問題なのです。本章では，子どもが遊び，子どもが発達するための保育の環境について具体的に考えてみたいと思います。

1．幼稚園や保育所にある園具・教具はすべて「環境」？

みなさんは「保育の環境」という言葉を聞いて，何を思い浮かべるでしょうか。

幼稚園や保育所には子どもの遊びを促す様々な園具・教具が準備されています。園庭にはブランコや滑り台，砂場などがあります。さらには四季折々の草花や木々なども保育に欠かすことができないものとなっています。また保育室には様々な描画材や製作材，絵本，ピアノ，積み木などもあります。

幼稚園においてこれらは昭和31（1956）年より，幼稚園設置基準に基づいて整備されているのですが，かつては全国の幼稚園に等しい種類の園具やピアノなどを設置することが必要となっていました。しかし平成７（1995）年に幼稚園設置基準が改訂され，その内容が大綱化されたことにより，現在では，園具・教具はそれぞれの園において独自に工夫し改善し続けることが求められています。

子どもたちは，園庭でブランコを揺らしたり，滑り台を滑ったり，友達や保育者といっしょに砂場で山やダムを造ったりままごとなどをして遊びます。また，保育室で子どもが思い思いに，様々な種類の紙やハサミ，クレヨンなどで造形を楽しんだり，絵本を読んだりして遊んでいる情景を，みなさんも思い浮かべることができるでしょう。

それぞれの**園具・教具**・教材は，それぞれに特性や機能を持っています。例えば，積み木であれば，「積んだり，並べたり，組み合わせたり，崩したりして自分がイメージした物を作ったり，偶然にできたものを何かに見立てたりして遊びを楽しむことができる。また，作ったり，壊したりする中で新しい発想が生まれたり，遊びが広がったりして，友達との関係が変化したり深まったりする。イメージに応じて自由に組み替えられるので，工夫して遊ぶ面白さを味わうことができる」（文部省幼稚園課内幼稚園教育研究会，1998）ということです。保育者はこれらの教材の特性をふまえつつ，教育的な願いやねらいを持って，子どもの発達に沿った園具・教具や教材を配置すること，つまり環境を構成することが重要な役割となっています。

このように考えると，子どもの身近にあって，幼稚園や保育所に設置されている園具や教具，あるいは保育者が配置する教材は，保育の「環境」そのものであるということになるのでしょうか。

２．遊誘財から環境を考える

先にも述べたように「保育における環境」をどのようにとらえるか，この問いを考えることは，すなわち保育の質を問うことに繋がる重要な問題です。もう少し具体的に考えていきましょう。

鳴門教育大学附属幼稚園では，2004年頃から新しく「**遊誘財**」という概念を生みだし，カンファレンスを重ねる中で，子どもが育つ環境について考え，「保育の質を問う」という研究を行っています。鳴門教育大学附属幼稚園は創立120年を迎えています。ゆったりとした時間の流れの中で子どもたちは友達といっしょに，豊かな保育環境に関わって遊んでいます。子どもたちは毎年，卒園・入園を繰り返し，時には保育者も代わります。しかしそこで子どもたちが夢中になった様々な遊びは，５歳児から４歳児へ，４歳児から３歳児へと受け継がれ，少しずつ様相を変えつつも，子どもたちを惹きつけ続けます。幼稚園はまさに，子どもの遊び文化の伝承が体現化されている場ということができます。

園が発行している『遊誘財パンフレット』によると，遊誘財とは，次のように定義されています。

遊誘財とは
・子どもたちが興味関心をもって惹きつけられ，様々に感じ，気づき，夢中になって遊び込み，そのものの本質やおもしろさに迫り，その中から豊かな感情や多様な学びが得られる，そのような子どもたちを遊びに誘う『環境』
・歴史的に伝承・保存された環境と，その環境を通して行われる遊びがセットになって継承されているもの
〈佐々木宏子：鳴門教育大学附属幼稚園『研究紀要』第43集／第44集〉より，近藤慶子まとめ（遊誘財パンフレットno.１）

遊誘財とは，「遊びに誘う財」，つまり子どもたちを遊びに誘う宝物です。子どもたちは身近にあるものに興味を持って見たり感じたりします。そしてそれに関わって遊ぶことに夢中になったり，面白さや不思議さに気づいたり，遊びに満足感を得る，そのような環境を遊誘財と呼んでいるのです。さらに，「子どもたち」と書かれているように，同年齢はもちろん，異年齢の子ども同士の関わりの中で遊ぶことも重要なポイントです。そのことが，２点目に書かれた「伝承」「継承」ということとも関わっているからです。

財としての環境は，子どもたちが遊び込むことを通して継承し，保育者と共に残してきたものといえます。子どもたちが深く遊び込むことによって，遊びを〈環境〉に埋め込んでいくのです。つまり**環境**とは，実在して手に触れることができる物なのではなく，「遊び」という子どもたちのダイナミズムをはらんだものとなって初めて，遊誘財という〈環境〉となることができるのだといえましょう。手に触れ目に見える園具や教材に，子どもから子どもへと受け継がれる遊びという無形の文化財が含まれなければならないのです。

そして，鳴門教育大学附属幼稚園は，幼児期に必要な遊誘財として次の６つを挙げています。

Ⅰ　砂・土・泥・水／　Ⅱ　植物・動物など／　Ⅲ　造形遊具・玩具・教材など
Ⅳ　記念物など／　Ⅴ　表現文化／　Ⅵ　生活文化

これらは，子どもが遊び育つ時に，幼児期に必要不可欠なものと考えられています。子どもの育ちを見通し，徳島の風土や暮らしを折り合わせ，子どもの遊びや生活の身近にあるとよいと考えられているものたちです。これらを保持し受け継いでいくことは容易ではありません。子どもから子どもへの伝承，そして保育者の細やかな支えがあってこそ，それが可能になるのです。

これは一見すると，どこの幼稚園や保育所においても，子どもの身近にあるものだと思われるかもしれません。しかし，単に身近にあるだけでは，遊誘財でも環境でもない，ということになりましょう。砂・土や植物・動物などに対して，子どもたちが友達といっしょに，関心を持って見たり触れたり嗅いだりして，繰り返し操作し，不思議さや面白さを見つけ，考え，遊びに満足感を得ていく，ということが重要なのです。

鳴門教育大学附属幼稚園の保育実践は，子どもたちがこれらに惹きつけられ，自ら引き寄せ，また子どもたちがこれらに深く関わって遊ぶ時，「子どもが育つ」

という様相を見せることを，私たちに実証してくれます。そこで次に，鳴門教育大学附属幼稚園の保育実践事例を紹介します。

3．夢中になって超えていく

この事例には3歳児の6月，入園して2ヶ月ほど経った頃，園庭でままごとをして遊ぶソウコと保育者，そして他の子どもたちの様子が描かれています。

「ソウコちゃんのスープ」（平成16年6月4日）　　記録（小濱朋美）

新しく購入したデッキテーブルの横（スケーター置き場の横）にままごとのコーナーを用意する。入園以来，家禽舎で一日を過ごすことが多かった星組のソウコは今週に入って，ままごと遊びに興味を示すようになってきた。「ソウちゃん，ごちそうするんよ」と言って，用意してあったミントの葉をちぎり，ナイフ（洋食用のナイフ）で軸を切っていく。「おいしいごちそうを作ってくださいね」と声をかけ，私は水遊びが始まった「だいちの子」の方へ行った。時々ソウコの様子をうかがうと，何やら忙しそうに水を入れたり，鍋やフライパンの中を玉じゃくしでかき混ぜたりしている。45分位経って，水遊びを終えた子どもたちの着替えを手伝うため，星組の部屋へ向かう。途中でソウコに「もうごちそうできた？」と聞くと「もうちょっと……」と答える。子どもたちの着替えを終え，再びソウコの所へ行くと，「先生，もうできたよ」と言う。デッキテーブルの上には，水の入ったスープ皿が2つと，少量の水にミントの葉と軸が浮かんだ皿が1つあった。「食べてな」とソウコがスプーンとフォークを持って来た。「ありがとう。いただきます」とおいしそうに食べるまねをし，「ソウちゃん，おいしい！　上手にできてるね」と言うとソウコはニッコリと笑う。そこへ「何しよん？」とカズマサとリョウガがやってくる。

「ソウちゃんがごちそう作ってくれたから，いただいているところなんよ」と言うと，ふたりは「うわー，おいしそう。ぼくも食べたい」「ぼくも…」と言って私の横に座った。ソウコは急いでスプーンを持って来る。カズマサは「あむ」と，スープを飲むまねをする。私に「フォークかしてー！」と言ってミントの葉を食べるまねをする。「なっ，おいしいだろ！」と言うと，ふたりは「おいしい，おいしい！」と言う。そして，立ち上がり「ぼくも作ろう」と，ソウコと3人でごちそうを作り始めた。

（鳴門教育大学附属幼稚園，2004）

園にはたくさんの草花や野菜が栽培され，木々も四季折々に花や実をつけて，子どもたちの生活を豊かにしています。子どもたちは4月の入園当初から様々な花びらや花殻を自由に摘んだり，花が咲き終わった後，保育者が残しておいたチューリップの茎などを用いて，ままごとをしてきました。

（1）惹きつけ・惹きつけられる

この事例は，3歳児の何げないままごとの場面に見えるかもしれませんが，遊誘財について考える際のたくさんのヒントがつまっています。ソウコは45分以上にわたって，このミントの葉を用いたスープ作りに夢中になって取り組んでいます。ソウコを惹きつけたミントの葉は，さわやかな香りで，6月という初夏の気候の中で，ソウコのままごと遊びにぴったりとしていたのでしょう。ゆったりとしたままごとの様子は，３歳児の遊びのやわらかな雰囲気が手に取るようにわかります。

このような状況は，まず保育者によってミントの葉が素材として位置づけられて，保障されていることによって遊誘財となる可能性を持ちます。もし保育者がミントの葉をままごとの素材として用意していなかったら，このような遊誘財となるきっかけを永遠に失ってしまうでしょう。保育者が子どもの育ちへどのように繋がっているか，という見通しを持つことが，素材を遊誘財へと変容させる基点となります。

しかしながら，この保育者による意図的な素材の配置だけでは，それは子どもにとっての遊誘財となることはできません。その素材が子どもにとって魅力を持ち，子ども自身が素材を自ら遊びに引き寄せて初めて，それは遊誘財となることができます。「ソウコちゃんのスープ」について考えてみると，これはミントの葉の魅力や性質が子どもを遊びに誘い，同時にソウコ自身がミントを遊びに引き寄せた瞬間です。子どもとその素材が出会い，素材が子どもに誘いかけ，同時に子どもが素材に働きかけます。園の草花は，生長から枯死へといった，大きな自然の時間の流れの中にあり，それゆえ子どもと草花の出会いもまたその流れの中にあります。人間とは違う時間の流れを持つものとの関わりを可能にしてくれるのは，自然をおいて他にないでしょう。

この事例に出てきたミントの葉だけでなく，チューリップなどの草花は，どこの幼稚園や保育所にも植えられている子どもにとって身近なものです。しかし園庭やプランターに植えられているだけでは，必ずしも保育の〈環境〉とはいえません。子どもが興味を持って惹きつけられ，子どもが納得のいく時間の中でじっくりと関わり，繰り返しさわったり匂いを嗅いだりして味わいつくして遊び込んではじめて，遊誘財となっていくのです。

しかもこの遊誘財と子どもの出会いはその時，その子どもに固有のものです。なぜなら，草花の持つ時間的流れ，園での生活における位置づけ，その時の子どもの遊びへの入り込み，イメージの豊かさなど，あらゆる状況が相まって起こった遊びだからです。ソウコのスープ作りも，カズマサ・リョウガが加わったことによって新たな展開を見せます。ソウコと，カズマサ・リョウガのスープ作りは，それぞれに遊びの意味を持っていると考えられます。それゆえ，保育者は，この事例の先生のように，一人ひとりの子どもがどんな気持ちで何を表現しようとしているのかということを理解しようとすることが必要なのです。

（2）保育者の見通しを超えて

子どもは遊誘財に関わって深く遊ぶ時，さらにその保育者の見通しをも超えた育ちを見せることがあります。このままごと遊びのエピソードの中で，ソウコが45分以上かけて作ったのは，「少量の水にミントの葉と軸が浮かんだ」シンプルなスープでした。保育者は，他の子どもたちの遊びに関わりつつも，ずっとソウコのままごとを気にかけて，「もうごちそうできた？」といったような，スープ作りのイメージを支えています。週のはじめからままごとに興味を持ちだしたソウコの遊びを見通していた保育者は，ミントの葉やままごと道具などを用意するだけでなく，そこでのソウコがどんな遊びをするのか，という見通しを持っていたと思います。しかし，ソウコのスープ作りは，保育者の想像を超えたものだったのかもしれません。このスープをみた保育者は事例についての考察の中で，「ソウコはどんなことを思い，想像しながら，この料理をつくったのだろう，と思うと胸が熱くなった」と書いています。保育者は，シンプルなスープを長い時間かけて作ったソウコの気持ち，ソウコがイメージしたことに思いをはせています。つまり，保育者は子どものままごとへの入り込みやイメージの深さに驚いているのです。

子どもの力によって，素材が遊誘財になる時，それは保育者の保育の意図や想像をずっと超えゆくものになるかもしれません。

４．物語り，聴く

もう一つ，鳴門教育大学附属幼稚園の事例をご紹介したいと思います。

これは，夏休みが明けてしばらくした９月，５歳児が中心となってはじまった「恐竜ブーム」の中で，川組のダイスケら５歳児が絵本の部屋に作った恐竜博物館を，３歳児のケントが保育者と一緒に訪れた場面です。

「コワイザウルス？」平成19年９月21日　（記録　小濱朋美）

川組の恐竜博物館を見に，ケントと一緒に絵本の部屋を訪れた。その時，恐竜博物館の学芸員をしている川組の男児の姿はなかった。恐竜の世界が描かれたパネルシアターの前に座ったケント。「うわー，すごい。恐竜がいっぱいおる。これ触ってもいいん」と少し遠慮がちに恐竜の絵に触ってみる。やがて，二匹の恐竜を戦わせ，大きな恐竜の方を私に見せて，「こっちの方が強いわ」と言う。翼竜を羽ばたかせるように動かして戦わせたり，恐竜のお弁当を食べさせたりしながら恐竜と遊ぶケント。私が，「ケンちゃん，この恐竜強そうやなあ」と背中にトゲが付いた一番大きな恐竜を差して言うと

「これはコワイザウルスなんよ，すっごく強いんよ」と言う。そして川組のナオキがトビウオだと言っていた絵をコワイザウルスの横に持ってきた。

「これで測ったらわかるだろ，一番大きいだろ」とトビウオの尾びれを下にして恐竜を並べている。

「ケンちゃん，これなに？」とトビウオの絵を指して尋ねると

「これは身長計」と応え，他の恐竜の大きさも測ってみる。また今度は木の絵を横に寝かせ，その上に小さな恐竜を起き，

「このボートに乗ったら海にいけるわ」と小さな魚が描かれた箇所にボートを浮かべるようにして動かしている。途中から横にいた川組のダイスケは小声で，

「ちょっと違うんですけど」と言いながらも，笑ってケントが恐竜で遊ぶ様子を見ていた。

（鳴門教育大学附属幼稚園，2007）

（1）物語を生み出す

この事例の中では，子どもたちが身近なものにテーマや物語を生みだし，遊

誘財としていく様子が描かれています。3歳児のケントは，5歳児が作った恐竜を見て，自分の思いに沿って恐竜を動かしたり，戦いごっこをさせたり，お弁当を食べさせたりするなど，お話をつくって遊んでいます。これまでも興味があった恐竜を実際に目の前にして，イメージが膨らんだ時，ケントは物語らずにはいられなかったのかもしれません。大きなステゴサウルスを「コワイザウルス」と名付けた時，それはよりケントの前に，ありありと実感を伴った恐竜として立ち現れるのでしょう。子どもが素材に興味を持ち，理解しようとする時，そこには自分なりのイメージが生まれ，そのイメージは物語ることによってさらに展開していきます。子どもにとって面白い素材であればあるほど，より豊かな物語が生まれるのではないでしょうか。その時，子どもが関わる素材は，遊誘財となっていくのです。

ここでケントが生み出した物語は，大人が考えるような結末や結論，確かな「筋」に向けての物語ではありません。ケントが出会った恐竜の「今ここ」を語り，さらに終わりのない新たな物語をつむぎ続けようとしているのではないかと考えられます。

（2）聴く他者としての友達や保育者

事例の中にはケントの物語を支える保育者の存在があります。保育者は，「この恐竜強そうやなあ」「ケンちゃん，これなに？」といったようにケントの思いに沿ったり，次の想像への基点となる問いかけをしたりして，ケントの物語を聴き，展開を促す役割を果たしているといえます。

さらにこの事例の中にはもう一人，重要な「聴く他者」が登場します。5歳児のダイスケです。ここでは3歳児のケントによって，ステゴサウルスが「コワイザウルス」になり，トビウオは「身長計」になり，木がボートになり，そして小さな恐竜はそのボートに乗って出発しています。それを見ていた5歳児のダイスケは「ちょっと違うんですけど」といいつつもケントの物語の展開を笑顔で見守っています。

また，別の事例の中でも，3歳児のレオがつくった「レオザウルス」もまた恐竜博物館の中で，戦いを展開しています。それをまた5歳児が自分たちの論理とつじつまが合わなくても見守っている，という様子が記録されています。

もしここで5歳児が，自分たちの作った「恐竜博物館」物語の完結性やつじつまが合うことを追求していたら，3歳児の「不合理な」物語は排除されていたでしょう。5歳児たちがそうしなかったのはなぜなのでしょうか。それは，第一に，5歳児が3歳児の物語の中に「面白さ」を見いだしたからだと考えられます。この面白さは，自分たちのように，同年齢の友達や保育者と論理を積み上げてつむいでいく物語からは，少しずれているところにその醍醐味があります。第二に，5歳児は自分たちより年下の3歳児を思いやり暖かく見守ると同時に，物語を共につむぐ他者としても尊重していたとも考えられます。他者として尊重するとはつまり，ケントやレオら3歳児がつむぐ物語を「聴く」行為そのものです。物語をつむぐ際に，「聴く」他者の存在は不可欠なのです。

子ども同士の話し合いによって共に物語を構成したり，思考を深めていく場合にのみ他者の存在が重視されるのではありません。自分の物語の完結性やつじつまを追求するのではなく，「ずれ」を楽しみ，ひたすら他者の物語に耳を傾ける「聴く」という行為があってこそ，物語は構成されるのです。

このような聴く他者の存在が，子どもが素材に深く入り込み物語を生みだし，環境を遊誘財にしていく過程で，重要な役割を果たしていることがわかります。

以上のように見てくると，保育における**環境**の構成は一朝一夕にできるものではありません。園具や教具など基本的な整備をふまえた上で，そこから先が本当の「環境の構成」の始まりなのです。子どもたちは，園具や教具・教材の中に，目に見えない遊びの文化を埋め込み，受け継いでいます。子どもが遊誘財に関わって夢中で遊んだり試行錯誤したりする際には，この環境にこれまでどんな遊びが埋め込まれているのか，ということを嗅ぎ取っているのかもしれません。そこで保育者は，子どもたちが遊びを受け継ぎ，また新しいものを生み出していくことができるように支えていくことが，すなわち，環境を構成するということになるのです。

【謝　　辞】

本章は塩路晶子「遊誘財研究から保育の質を問う」鳴門教育大学附属幼稚園『研究紀要　第38集』2004年，塩路晶子「物語を生み出すもの」鳴門教育大学附属幼稚園『研究紀要　第41集』2007年をもとに，大幅に加筆修正したものです。事例掲載に際しまして，ご許可いただいた鳴門教育大学附属幼稚園と，小濱朋美先生に，心から感謝申し上げます。

コラム13
子どもが遊ぶ　自然という「環境」

鳴門教育大学の構内には，多目的広場というスペースがあります。そこは芝生や草が生えており，春にはチョウ，秋にはバッタやコオロギなどの虫もやってきます。ここはどこまでも続くだだっ広い場所ではなく，周囲は桜などの木々で囲まれていて，広々としつつも，周りの様子を十分に見通すことができる広さです。また，西側には小高い坂の上に，小さな森があります。森の中にはヤマモモやクスノキ，ナンキンハゼやシイノキ，タブノキなどの木々があります。

鳴門教育大学附属幼稚園の子どもたちは年に数回，バス遠足でこの広場と森にやってきて，大学生と一緒に遊びます。「自然プロジェクト」と称したこの活動は，15年くらい続いています。

子どもたちは広場で，虫をつかまえたり，ボール遊びやかけっこ，縄跳びや鬼ごっこなど，思い切り体を動かして，思い思いに遊びます。

また子どもたちは小さな森で遊ぶのが大好きです。暖かいお日様がいっぱいにあたり，さわやかな風がふく広場から一転，坂を上がった小さな森は木々に覆われていて薄暗い場所です。気温もひんやりしています。子どもたちは，落ちている枝を拾って秘密基地を作ったり，探検ごっこや，ちゃんばらごっこ，魔女ごっこをしたり，木の皮のお面を作ったり……。

大学の構内の広場や森は，子どもたちにとってどのような「環境」なのでしょうか。

附属幼稚園の子どもたちは，幼稚園の生活の中で，遊誘財に関わって遊ぶ中で，自分たちの力で，ものごとを感じたり，試行錯誤したり，考えたり，発見したりする力を身につけています。子どもたちのその力は，大学の広場や森に来て遊ぶ時にも，おおいに発揮されています。広場や森にいわゆる「遊具」は何もありません。それでも，子どもたちは，バスから降りて集合した後には，広場や森に一目散に駆け出していき，時間いっぱいまでたっぷりと遊びます。面白いものを見つけ，かすかな音も聞き分け，様々なにおいを嗅ぎ，必要なものを作り出し，想像力を発揮して物語を生み出す……。

普段過ごしている幼稚園とは違って，大学の構内はとても広くて，子どもたちにとってまさに非日常的な空間でしょう。その中でもとりわけ小さな森は，木々が枝やつるをのばし，木の皮や，様々な葉が落ちていて，まさに異空間として，子どもたちが遊びに来るのを待っているのです。

6

乳幼児期の発達や学びを支える保育者の役割

幼稚園・保育所・認定こども園（以下，園）は，ほとんどの子どもにとって，初めて保護者のもとを離れ，社会生活を経験する場所です。それまでは，着替えや食事，排泄などいろいろな場面で保護者の助けを受けながら生活してきた子どもたちが，たくさんの人との関わりの中で，自分の力で行動することを学ぶことになります。保育者はよき理解者となりながら，子どもが何事にも挑戦しようとすることのできる安心な居場所をつくり，自分から活動したくなる環境を準備していかなければなりません。本章では，保育者の役割について事例を交えながら述べていきたいと思います。なお，事例中の名前はすべて仮名とします。

1．子どもが安心して生活するために

新しい生活が始まると，保護者と離れることへの不安から登園を嫌がったり，保護者と離れる時に泣き叫んだりする子どもがいます。また，保護者と離れることはできても，自分から遊び始めにくい子どもや，危険なことに気づかず行動してしまう子ども，友達や保育者の気持ちを引こうとして相手の嫌がることをしてしまう子どももいます。保育者は，日々の子どもたちの生活の様子を記録し，見直しながら一人ひとりの姿をしっかりと受け止め，名前を呼んだり，スキンシップをとったりしながら信頼関係を築いていきます。子どもたちとの出会いの時期にしっかりと関わることで，子どもは保育者を安心できる存在であると認識し，自分の思いを出して遊ぶことができるようになります。

2．基本的生活習慣を身につける

身辺の自立に向け，保育者は，子どもたちが身の回りの始末を自分でできるようになるための手助けをします。衣服の着脱や排泄，食事，荷物の整理など，必要に応じて援助しながら，子どもたちに自分のことを自分でしようとする気持ちを育て，自分の力でやり遂げることの心地よさを知らせていきます。

「自分でできたら嬉しい」４歳児（４月）

朝，上着をたたんで片付けるよう促すと「できない」というエイスケ。保育者が「一緒にやってみよう」と声をかけると「うん」と頷いた。「床に服を置いて。ボタンと穴を合わせるよ」「こう？」「そうそう，次は袖をこんにちはしてね」「両方？」「そうだよ。じゃあ，襟をもっておなかにぺったんこして」「最後に半分に折ったらできあがり」と，エイスケは時々保育者の手をかりながら，一緒に上着をたたんでいった。上着がたためると笑顔になり，「できた！　簡単！」と喜ぶ。「自分でできたら嬉しい」と言い，後から来た友達に「今日な，ぼく自分で上着たためたよ」と自慢していた。

このように，保育者はまず子どもに自分でやってみようという意欲を持たせるため，わかりやすく方法を伝えたり，一緒にしたりすることで安心して挑戦できるようにします。子どもが自分でやろうとしている時は，その姿を認めながら，どこに困り感を感じ，どこでどのくらい援助すると自分の力でできるのかについて考えます。保育者が，子どもが自分からやろうとする環境を作り，できた時にしっかりとほめたり，頑張れたところを認めたりしていくことで子どもは自信を持ち，「できた」「嬉しい」という達成感や満足感を感じます。この達成感や満足感が次の「やってみよう」という意欲を生みだし，自分の力でやり遂げることの心地よさを味わうことに繋がっていきます。

子どもによって個人差はありますが，保育・教育課程や指導計画を参考にし，個々の子どもの目標を明確にしながら関わっていくと，一人ひとりの育ちが見えてきて，子どもが日々少しずつでも成長していることがわかるでしょう。

また，基本的生活習慣を身につけていくためには家庭との連携が必須です。特に生活リズムは，園だけでつけることは難しく家庭での就寝時間や起床時間が昼間の生活に影響を与えます。夕方から寝てしまった子どもが，夜になって起きると再び眠ることができず，テレビを観たりゲームをしたりして過ごし，朝方になって眠る……そうなると朝なかなか起きられないので登園時間が遅くなり，昼間の活動に集中できないというようなことが起こってしまいます。

保育者は，集団生活の中での子どもの様子を保護者に伝えながら，どのような育児環境があるのかを探り，保護者と一緒に基本的生活習慣や生活リズムを整えていく必要があります。

3.「生きる力」を育む

育みたい資質・能力
５領域のねらいおよび内容に基づき，園児の発達の実情や園児の興味や関心等を踏まえながら展開する活動全体によって育むもの。

園においては，生活全体を通して，「生涯にわたる生きる力の基礎」を育むことが求められています。平成29年告示の保育所保育指針，幼稚園教育要領，幼保連携型認定こども園教育・保育要領では，「**育みたい資質・能力**」として３つの柱が出されました（第Ⅲ部第１章，pp.98－99）。乳幼児教育では，この３つを保育の中心に据え，相互に関連させながら「遊びを通した総合的な指導の中で一体的に育むことが重要である」とされています。中でも「学びに向か

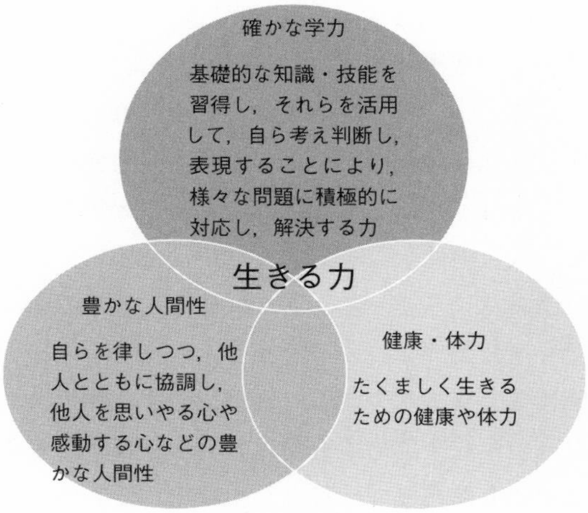

図６－１　生きる力（文部科学省，2011）

う力，人間性等」（思いやりや安定した情緒，折り合い，協力等）は，乳幼児期に育むべき「心情・意欲・態度」の部分にあたり，その後の学びや人生を支える土台となりますので，人との関わりの中で，しっかりと育んでいく必要があります。

現代の子どもたちは，地域環境や生活環境の変化から，昔の子どもたちと比較すると人と関わる力が弱いといわれています。安全な遊び場所が減少し，昔のように子どもだけの縦割りのコミュニティで遊ぶことが少なくなりました。また，核家族化，少子化により家庭の中での人との関わりも減少しています。地域との関わりも薄れてきて，近所の人と挨拶を交わしたり，いたずらをして叱られたりする経験が全くない子どもも見られます。多くの子どもが，人との関わりの中で生まれる葛藤を身近な生活の中で感じる経験が少なく，どのように関わったらよいのか戸惑う姿が見られるようになってきました。このような社会の中で，園は保護者の相談にのったり，人との関わりを仲介したり，保護者同士の交流の場を持ったりなど，子育てのセンター的役割を担い，それとともに保育者の担う役割も大きなものになっていると感じます。

また，今回改訂（定）では，「**幼児期の終わりまでに育ってほしい姿**（第Ⅲ部第１章，pp.101－102）」として10の姿が挙げられました。保育者は，これらの姿が到達目標ではないこと，個別に取り出されて指導されるものではないことに十分に留意し，自分の保育の振り返りの観点にしながら，子どもたちの豊かな育ちを支えていく必要があります。

幼児期の終わりまでに育ってほしい姿
５領域のねらいおよび内容に基づいて，各園で乳幼児期にふさわしい生活や遊びを積み重ねることにより，園において育みたい資質・能力が育まれている具体的な姿であり，特に卒園を迎える年度の後半に見られるようになるであろう姿。

４．自尊感情を育む

人格形成の基礎を培う幼児期において，**自尊感情**をしっかりと育んでいくことが大切であると考えます。自尊感情にはいろいろな定義がありますが，ここでは「自分は自分でよい」という自己を肯定する感情，ありのままの自分を受

自尊感情
(self-esteem)
自己に対する評価感情で自分自身を基本的に価値あるものとする感覚。

け入れる感情を指すこととします。10の姿では，「ア　健康な心と体」，「イ　自立心」に深く関係すると思われますが，自分で考えて何かをしようとする時，新しい友達と関わろうとする時，失敗することを恐れて踏み出せない子どもたちがいます。また，友達に嫌われたくない思いから自分の思いを出さず，我慢してしまう子どももいます。そのような子どもたちが，自分の思いを出して，自分の力で行動し，人との関わりを楽しんでいくためには，失敗した自分も愛せる自尊感情や「次は大丈夫」「きっとやれる」というような自信が，たとえ根拠のないものでも，必要です。

子どもの自尊感情は，安心して過ごせる環境の中で身近な信頼できる人との関わりを軸に，自分の存在を認めてもらう経験を積み重ねることで育まれていきます。保育者は子どもにとって，身近な信頼できる人の一人であり，保育者の関わり方によって子どもの自尊感情の育ちは違ってきます。そのため，保育者は自分の言葉かけや態度が常に子どもに影響を与えていることを意識し，子どもの心に寄り添いながら保育や援助を行っていく必要があります。

当番表作りから　5歳児（5月）

タロウは，製作活動をする際に，自分から作業をすすめていくことが苦手で，作業内容を一通り説明していても，作業の途中で「どうすればいい？」「これでいい？」「次は何をしたらいい？」と聞いてくることが多かった。

白の画用紙に，色画用紙を切り貼りして自分の顔を作り，当番表を作る際に，顔用の画用紙を配ると，タロウは，しばらくじっと画用紙を見て座っている。「タロウくん，画用紙いっぱいあるからね。欲しいときは，いつでも言ってね」と伝えると「うん。わかった」と頷いた。

タロウは，はさみを使うことに慣れていないためか手首がうまく使えず，丸を切ろうとすると，小さくなることが多い。自分の力で最後まで切り取ることができるよう「いろんな顔の形があるからね。きれいな丸じゃなくてもいいよ。はさみはあまり動かさず，紙を持った手を少しずつ動かすといいよ」など，学級全体にも声をかけながら見守る。

タロウは，顔の形を切り取ると「こんなんでいい？」と心配そうに聞いてきた。「その中に目や鼻や口が貼れると思ったら，大丈夫だと思うよ」と言うと「そうか」とタロウ。それからは，黙々と目や鼻を作り，私が横を通ると「見て。大丈夫？」と聞き，「いい感じと思うよ」と答えるとにっこりしながら最後まで作業を進めた。

園の様々な活動の中で，とまどいを感じている子どもがいる時，保育者は何が子どものとまどいの原因になっているのかを探ります。何かに不安を感じているのかもしれませんし，活動の内容がわからないのかもしれません。もしかすると，他の人からどう思われるかを気にしているのかもしれません。保育者は，一人ひとりの子どもが安心して活動に取り組むことができるよう，時間や物を十分に確保し，励ましたり，認めたりほめたりしながら達成感や満足感を味わえるよう援助していきます。そして，保育者が「できた」「できない」という物事の結果だけを見るのではなく，どこでどんなふうに頑張ったかをしっかりと見つめ，認め支えていくことで，子どもはありのままの自分を受け入れ，主体的に行動する力に繋がっていくように思います。

5．人と関わる力を育む

10の姿では,「ウ　協同性」「エ　道徳性・規範意識の芽生え」「オ　社会生活との関わり」「カ　思考力の芽生え」「ケ　言葉による伝え合い」に関連しますが, 子どもたちは集団生活の中で遊びや経験を通して, 自分を知り, 友達を知りながら社会性を身につけていきます。それは, 発達段階に応じ, 自分の世界を大切にする時期から友達と一緒にいることを楽しむ時期, 友達と協同して遊ぶ喜びを知る時期と自分の世界を広げていきます。

入園して間もない子どもたちの保護者から「友達の名前をちっとも覚えてこない」「いつ見ても一人で遊んでいる」など心配の声を寄せられることがありますが, それは特に心配することではなく, 子どもの自然な姿なのではないかと考えます。

特に入園当初は, 自分から好きな遊びを見つけることができず保育者と一緒に活動することで安心して生活する子どももいます。保育者は子どもの不安を受け止め, 徐々に自分から遊ぶことができるように, 子どもが何に興味を持っているか, どういうシチュエーションならば遊びにとりかかりやすいかを探り, 環境の構成をしていきます。最初は保育者と一緒でないと遊べなかった子どもも, 少しずつ自分から外の世界に関わっていくことができるようになり, 自分の好きな遊びに没頭することで見つけた発見や驚きを誰かと共有したいという気持ちが芽生えます。そして, ただ横にいて, 自分の作ったものを見せ合うだけの関係から, 同じ絵を描いたり, 同じ格好をして遊ぶことを楽しむ姿が見られるようになります。そうした積み重ねから友達との仲間意識が芽生え, 同じ目的を持って自分の役割を感じながら遊ぶことができるようになります。

同じ目的を持って自分の役割を感じながら遊ぶことを「協同して遊ぶ」といいますが, 子どもは友達と協同して遊ぶことで, 互いに刺激し合ったり, 共感したり, 支え合ったりし, 一人では経験できない達成感や満足感を味わっているように思います。また, その中で, 友達のよさに気づいたり, 自分の役割に気づき友達から必要とされたりすることで自分の居場所を感じ, 友達との関係に支えられながら自尊感情を育んでいきます。

「新しいルール作ったよ」５歳児（10月）

ゲンタが「先生，トウマくんが泣いてお部屋に行ってしまった。サッカーでユウくんとけんかになった」と言いに来た。ゲンタと一緒に保育室に見に行くと，トウマが一人で泣いていた。「どうしたの？」と聞くと「ユウくんにキーパーはゴールから前に出たらだめって言われた。でも，２人チームだから前に出ないと負けるもん」と話す。「チームは２人しかいないの？」と聞くと「うん」と頷いた。以前子ども同士で決めていたルールでは，キーパーは攻めに行けないことになっていた。保育者が「前のルールではだめかもしれないけれど，人数が少ない時は両方やりたいよね。ユウくんに言ってみたら？」と言うと，トウマは「話してみる。行こう」とゲンタに声をかけた。その後，再びサッカーごっこをしていたトウマたちに声をかけると「先生，新しいルールを作ったよ。ね？　ユウくん」「うん。人数が少ない時は，キーパーも攻められるようになったんだよね」と笑った。

子どもが何人かで集まって遊ぶようになると，いざこざが増えてきます。人は成長していくにつれ，その時々における他人との関わりの中で，自分の思いを受け入れてもらったり，相手の思いを受け入れたりして，その都度自分の気持ちに折り合いをつけていくものだと思いますが，そのような経験の乏しい幼児期の子どもたちにとって人と関わることは葛藤やストレスを感じるものでもあるようです。保育者は子どもの思いを聞き，伝えたいことを代弁したり，相手の思いを知らせたりしながら互いの思いを繋いでいく役割をします。子どもたちは，そのような経験を重ねることで，様々な感情を体験し，自分の思いを受け入れてもらう喜びを感じたり，相手にも思いがあることに気づいたりします。そして，だんだんと葛藤を乗り越え，保育者の仲立ちがなくても自分たちで互いの思いを出し合いながら遊べるようになっていきます。

６．自分で考えて行動する力を育む

自分で考えて行動する力は，子どもたちが生きる力を身につけ，未来を切りひらいていくための基盤となるものです。10の姿では「ア　健康な心と体」「イ　自立心」に関連しています。

保育者は，日々の生活の中で，子どもが「やってみたい」と感じ，自分から関わろうとすることができる環境や場所を確保し，夢中になって取り組み，考えることができる時間を保障していきます。子どもが考えて行動しようとする機会は，日常生活のいろいろな場面にありますが，保育者がこのことを意識せず，スムーズな活動展開ばかりに気をとられていると，知らず知らずのうちに子どもが考える機会を削ってしまうことになります。

また，家庭での育児においても同様で，子どもが自分で考えて行動する経験を大切にしていく必要があります。最近は，様々な育児書やインターネットの普及により，誰もが簡単に専門的な情報を得られる時代になりました。それは，保護者にとって心強いものではありますが，何でも先回りして準備することは，子どもが考えて行動する機会をなくしてしまうことになりかねないことも知っ

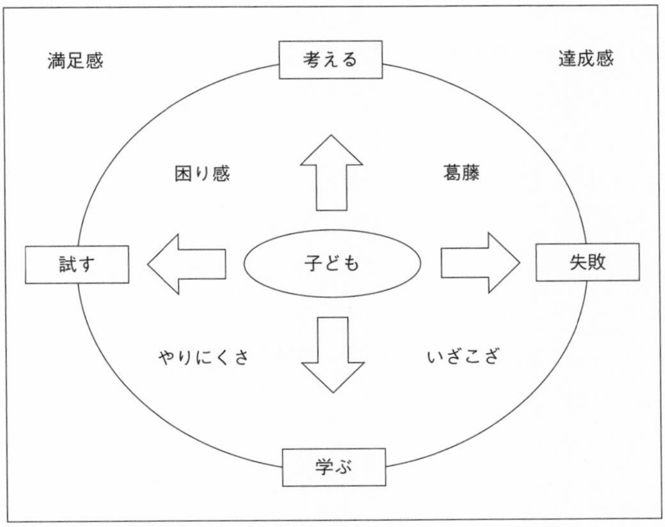

図6－2　自分で考えて行動する力

てほしいと思います。

保育者や保護者が子どもの失敗を恐れず，手間をいとわず，いろいろな場面で，子ども自身が考えて行動する機会を確保していくこと，そして，必要なときは援助しながら，子どもの選択を認めていくことで，自分で考えて行動する力が身についていくものと思われます。

7．体力づくりをする

最近，子どもたちの体力の低下が問題とされています。10の姿では「ア　健康な心と体」に関連しますが，子どもたちが自ら，健康で安全な生活をつくり出せるようにする力を養うことが大切です。しかし，散歩に行くと，すぐに「疲れた」という声が聞かれ，歩くことを楽しめない子どもがいるだけでなく，保育室では，寝ころんだり，机にひじをついたりと，楽な体勢を好む子どもが見られるようになってきました。また，どことなく元気のない子どもたちも気にかかります。それらの原因の一端として，地域環境の変化による遊び場所の減少や，それに伴う遊び方の変化，車移動中心の生活による歩く機会の減少が考えられますが，それだけではなく，生活リズムや食生活も関係しているのではないかと感じます。

子どもたちが元気いっぱい外で遊び，身体を動かす経験をするためには，十分な睡眠と食事をとることが前提であると考えます。「早寝，早起き，朝ご飯」が大切であるといわれるように，規則正しい生活リズムを身につけ，朝ご飯をしっかり食べることが子どもの力の源となり園での活動を豊かにします。また，午前中にしっかりと身体を動かして遊ぶことが昼食をおいしく食べることに繋がります。「おなかがすいた」と感じるからこそ，「おいしい」と感じることができるのです。つまり，体力づくりをするためには，睡眠，食事で身体を整えることと遊びの中で身体を動かすことの両方から，働きかけていく必要があります。生活リズムや食事については，先に述べたように家庭での役割が大きいので，保護者と連携していくことが大切です。

園では食育を通して，子どもが喜んで食べたり，ごはんを作ってくれる人に感謝したり，食材を生産している人がいることに気づいたりと毎日欠かせないものである食事に関心を持ち喜んで食べる心を育て，食べることが身体をつくることを知らせます。また，子どもが身体を動かすことの楽しさを感じたり，いろいろな身体の部位を意識させながら動かしたりすることができるよう日頃の遊びの中で留意します。ボール遊びや縄跳び，鉄棒やブランコ，フラフープ，一輪車など全身を使っての遊びは，身体の複数の部位を使っての運動となり平衡感覚や調整力を養います。

また，過ごしやすい季節には園外に散歩に出たり，運動会では友達と協力しながら力いっぱい身体を動かしたり，冬にはマラソンで園内をめぐり身体を温めたりするなど，日々の経験を通して体力がつくられていきます。

8．保護者との関わり

子どものよりよい育ちを願う時，保護者との連携は欠かせません。集団生活での様子を伝えるとともに家庭での様子を聞きながら，その時々の子どもにどんな関わりが必要であるのかを一緒に考えていく必要があります。活動の中でのエピソードを伝えながら子どもの成長を共に喜んだり，考えたりすること，保護者の悩みや思いを聞くことなど，保護者との信頼関係は，子どもとの信頼関係と同じように，日々の関わりの中で育まれていきます。けがやトラブルがあった時だけでなく，子どもが頑張っていたことや友達に対して優しい姿が見られた時なども進んで話すことで「先生と話す」ということが柔らかいイメージになります。以前，トラブルを起こしやすい子どもさんを育てられた経験のある方から「子どもへの一番のクレーマーは担任の先生だった」という話を聞いたことがあります。「子どもがこんなことをした，ここが困ると毎日のように言われる」と言うのです。保育者側からすると，子どもをよりよい方向に導きたい一心だったのかもしれませんが，保護者の思いを置き去りにしてしまったことで，保育者の真意は伝わらず，保護者にはクレームとしてしか受け取ってもらえなかったのではないかと感じます。また，「先生から子どもの日頃の様子をあまり伝えてもらえない」という保護者の話も聞いたことがあります。伝えすぎても伝えなくても保護者は不安を感じるのだということに気づき，何げない一言がどれだけ保護者を傷つけ，育児に対する不安を煽っているか，保育者はそのことを肝に銘じておかなければならないと感じました。

昨今では，保護者の考え方も多様化し，保育の質よりも便利さを求める姿も見受けられます。園は，地域における幼児期の教育のセンター的役割の観点から，保護者が子育てをしやすいように，ニーズに対応していく必要があります。

しかし，その対応はあくまでも子どもが中心でなくてはなりません。保育者が，ニーズに応えることと，利便性を適えることの違いを認識し，子どもを中心においた教育を念頭におきながら保護者との関わりを大切にしていくことでよりよい連携がとれ，子どもへのよりよい支援に繋がると考えます。

コラム14
子どもの言葉の面白さ

子どもは，いろいろな場面でつぶやいています。子どものつぶやきや会話に耳を傾けると，その時の気持ちや子どもの世界観がうかがえます。

〔生活の中で〕
・グリンピースの皮をむきながら「おなかに手を入れるといいんだよね」「ばりっとね」
・重たい荷物を一緒に運びながら声を合わせて「エッサー，エッサー」
・夏野菜に水をやりながら「おおきくなあれ，おおきくなあれ」
・お弁当の時に
（苦手な野菜を食べながら）「サービスしてくれたらいいのにな。お口にこうやって」「誰かサービスしてくれないかな」「先生はどうかな」
「先生, 大きくなったら何になりたい？」「えっ？　歌手かな」「先生, 歌うまいからなれるんじゃない？」「何になりたいの？」「園長」
・ストーブを出した朝に（ストーブガードに入っているストーブを見て）
「先生，いつストーブ捕まえて来たん？」「大きいから大変やったなあ」

〔遊びの中で〕
・ままごとをしながら
「お母さんになりたい人いない？」「死んだことにする？」
「わたし，お姉さんになる」「いいよ。何年生？」「大学５年生」「いいね，かっこいい」
・お医者さんごっこをしながら
「どこが痛いんですか」「おなかが痛くて死にそうです」「じゃあ注射をしましょうね」「チューッ」「はい，治りました」
・おふろやさんごっこをしながら
「このボタンは何ですか？」「ジュースが出ます。オレンジ，グレープ，アップル，コーヒーです。おふろに入りながら好きな時に飲んでください」「お酒はないですか？」「売り切れました。今さっき」

子どもの言葉はスキップや身体表現を伴っていることもあり，嬉しさや楽しさがあふれ出ていて，こちらまで楽しくなるようなことがよくあります。力を合わせる時は絵本やテレビアニメのフレーズを真似てかけ声をかけたり，嬉しさを共有する時は同じ動きやポーズをしたりと，言葉や表現をうまく使って互いの気持ちを一緒にしているようです。また，ごっこ遊びでは，空想の中に子どもの考える大人らしさが盛り込まれており，びっくりするような極端な展開もしばしば見られます。子どもなりの世界観とその言葉の豊かさに驚かされる毎日です。

7

乳幼児期の発達や学びとこれからの保育課題

乳幼児期は，将来自立した人として成長していくために，もっとも大切な時期です。現在日本の子どもたちの多くが，小学校に入学する前に，保育所や幼稚園，認定こども園などどこかの保育機関に通います。子どもたちは家族内の生活のみならず，集団生活の場で成長していきます。つまり，保育機関は子どもたちが初めて出会う社会であり，家族という最初の集団を足がかりに，社会の中でほどよく適応していくことを学ぶ最初の場といえます。本章では，子どもたちが人生を力強く歩み始めるために，現代の保育機関に期待されている役割や課題を整理していきます。

1．発達や学びの連続性とその保障

人間は，年齢や時期による区切りによって発達するのではなく，生涯にわたって連続的に発達していきます。したがって，子どもたちの保育を行う際にも，年齢ごとの目標や就学に向けた準備という視点だけでなく，将来社会の中で他者と繋がりいきいきと生きるための基礎作りを目指していかなければなりません。

（1）乳幼児期の発達や学び

平成29（2017）年に幼児教育・保育の基準となる「幼稚園教育要領」「保育所保育指針」「幼保連携型認定こども園・保育要領」の3つの法令の改定が行われました。その中で，乳幼児期の保育機関における，「幼児期の終わりまでに育ってほしい姿（10の姿）」が示されています。10の姿とは,「健康な心と体」「自立心」「協同性」「道徳性・規範意識の芽生え」「社会生活との関わり」「思考力の芽生え」「自然との関わり・生命尊重」「数量・図形，標識や文字等への関心・感覚」「言葉による伝え合い」「豊かな感性と表現」です。しかしここで留意が必要なのは，これら10の姿は，乳幼児期の子どもの発達や学びの観点ではないということです。一つ一つの内容はチェックポイントのように扱うのではなく，総体として捉えられるべきものです。そしてこの姿は幼児期の終わりで区切られるものではなく，将来の望ましい人間像として示されているという認識も重要です。さらにこのような姿を導き出す「学びに向かう力」や人間性の育ちを大切に，身近な人やものと関わりながら，健やかにのびのびと育てることが求められています。

（2）乳幼児期の保育と就学の連続性

乳幼児期の保育と児童期の教育は連続しています。子どもたちは発達期や受ける教育の場の変更にかかわらず，日々の生活の中で発達し学び続けているのです。

近年目にすることの増えた「**保幼小連携**」という言葉は，保育所や幼稚園，認定子ども園を卒園した子どもが，小学校での授業や活動についていけない「**小1プロブレム**」を防ぐ手だてとして，保育所・幼稚園と小学校の円滑な指導の接続を図る重要性が指摘された経緯から誕生しました。また，日本の乳幼児期の保育機関には，厚生労働省の保育所保育指針をもとに運営される保育所と，文部科学省の幼稚園教育要領をもとに運営される幼稚園，内閣府がその管轄をつとめることになる認定子ども園が存在しています。共働き家庭が増え，乳児保育の需要も高まっています。**幼保一体化**と**認定子ども園**の設置がこれまで以上に推進され，就学前の子どもたちの集団生活や学びの普遍化が求められています。

保幼小連携
平成11（1999）年の中教審答申「初等中等教育と高等教育との接続の改善について」では，幼稚園における主体的な遊びを中心とした総合的な指導から，小学校における各教科等の指導への移行を円滑に行うことを「なめらかな接続」と表現し，現在の幼児教育から小学校教育へのなめらかな移行の必要性が強調される発端となった。

乳幼児期から児童期以降の教育へのなめらかな接続と，乳幼児期の幼保一体化推進の流れは，異なる社会背景から生じてきたものです。しかしその根底には乳幼児期から始まる人生における発達や学びの連続性を見直すという考えがあります。見方を変えるならば，人生における発達や学びの本質について，乳幼児期および児童期以降の保育・教育機関が共通理解し，子どもたちに保障する環境，カリキュラムを再考するよい機会と考えることができます。

（3）家庭との連携・家族への支援

共働き家庭やひとり親家庭の増加，核家族化による家庭の保育・養育力の低下，地域における助けあいの減少など様々な社会背景をうけて，2003年の児童福祉法の改正により，保育所は保育所に通う子どもとその保護者への支援だけでなく，地域の子育てに関するアドバイザーとしての役割を果たすことが明文化されました。保育者は時には家庭と連携し，時には家族内の調整に関わることで，子どもたちのよりよい発達や安定した生活の実現を目指し支援します。それでは，子どもとその家族への支援を行う保育者は，どのようなことに留意して家庭と連携していけばよいのでしょうか。留意点を順番に見ていきましょう。

①子どもの要求や期待を可能な限り正確に把握する

子どもの要求や期待を可能な限り「正確に」把握するためには，子どもの特性――年齢，性別，心理的・社会的・情緒的な発達段階，知的な発達状態，身体的な健康状態，心理的な健康状態――をしっかり理解しなければなりません。その時保育者は「自分が見ている子どもの姿」が，子どものすべてだと思ってはなりません。子どもは，「保育機関で見せる顔」「家で見せる顔」「専門機関で見せる顔」「遊び場で見せる顔」など，場面によって見せる顔が異なっています。例えば，「保育所」では「お友達とのトラブルが継続し少し乱暴だな」と思われる子どもが，「家」では「おとなしく良い子」であることもあります。したがって，必要に応じて子どもがどのような顔を見せているのかという情報を収集します。地域活動係（保健センター）や保育所，幼稚園，教育センター，地域の子育て支援機関（社会福祉協議会・民間・非営利団体），児童相談所，医療機関等と**協働**して相談を進める必要があります。ただし他機関と**連携**する際には，個人の**プライヴァシー**の問題に十分配慮し，事前に保護者に対して関係機関と情報交換する許可を得ることが大切です。時には他機関との連携を保護者が拒否することがあります。そのような時は，話し合いや面接を継続し，保護者自身が連携の必要性を感じるまで，他機関と連携することはできません。連携を急ぎすぎず待つことによって，保護者自身の問題解決に向けた力が充分に蓄えられ，その後の支援がスムーズに進められる場合も少なくありません。

②社会の中で家族の置かれている状態を理解する

社会の中で家族の置かれている状態に影響する事柄には，家族成員の特性，経済的状態，社会的な立場などがあります。特に保護者の生育歴，心理的・社会的・情緒的な発達段階，知的な発達状態，身体的な健康状態，心理的な健康状態，説明に対する理解の程度を把握する必要があります。

③家族が使える社会資源と照らし合わせ調整する

各家族の置かれている社会状況によって，利用できる社会資源は異なります。子どもの発達や安定した生活を実現するためには，どのような環境を整えればいいのかという視点で，各家族が使える社会資源と照らし合わせながら調整します。保護者の生活における都合や困難さに配慮した資源を多用すると，子どもの**自己実現**が後回しになってしまう場合があります。一方**子どもたちの最善の利益**を最大にしようとすると，子どもに代わって保護者が苛立ちや怒りを表現してしまう場合もあります。保育者は保護者の置かれた状況に配慮しながら，子どもの発達を最大限に保障できるように，子どもと保護者の双方に寄り添う必要があります。

④家族が持てる選択肢のすべてを説明する

家族への支援においては，家族が選ぶことのできる選択肢を十分に説明しなければなりません。保育者の側だけで，援助の方向性や内容を決めてはいけないのです。保護者や子どもが自ら選べる選択肢を知り，選択肢のよし・あしを整理することで家族の問題解決力が高まります。しかし実際の保護者支援の場面では，例えば核家族で第一子を育てる保護者にとって，経験不足からどのような選択をすればいいのかわからないことがあります。また何らかの困難さを抱えながら生活している保護者にとって，選択肢をただ提示されるだけでは，冷たい・不親切と感じられるかもしれません。その時には，選択肢が保護者に理解されるように説明し，保護者と共に悩みながらよし・あしを考えていく過

子どもの最善の利益（The best interest of the child）

1989年に国連総会で採択され，日本では1994年に批准した子どもの権利条約（政府訳：児童の権利に関する条約）の中に登場する基本的理念の一つ。網野ら（2009）によると，「子どもの生存，発達を最大限の範囲において確保するための，必要なニーズが最優先されて充足されること」と定義されている。

程を大切にします。どのような場合においても，最終的に決定するのは保護者であり，子どもたちなのです。最終決定をすることで保護者の自ら養育したいという気持ちを育み，家族が自立し，**主体的な家族**を形成する第一歩となります。経験が豊富になると，専門職として考えた「望ましい」家族の方向性を見据えることができるようになりますが，保護者は初めて経験する課題の対処に戸惑いや不安があることを忘れてはなりません。

⑤家族支援の方向性を共通認識する

家族への支援の方向性を，保育者が個人的に考えるだけではなく，家族自身や保育所内外の人々，同僚の保育士，上司，所長や連携している他機関の専門職が共通に理解しておくことが必要です。このことによって，家族は自分たちが選択したものや自分たちの歩む道に対して自信が持て，より安心して支援を受けることができます。

ここまで保育者が家庭との連携をすすめていく際に注意することを整理してきました。家庭との連携，家族への支援を考えた時，保育者の悩みとなるのは，保護者にニーズのないケースにどのように関わっていくのかということです。保育者から見て支援の必要があると思われるケースの中には，保護者にそのニーズがなく，「とりつくしまのない」かのように見えることがあります。保護者にニーズがない場合に考えられる状況は，第一に保護者が問題に気づいていない，もしくは問題と考えていない，第二に保護者が「親になることの責任」を実感できていない，第三に保護者も気づいてはいるが，現実を受け入れられないという複雑な心理状態にある，などです。保護者の受容状況に歩調を合わせて支援する必要があります。つまり保護者にニーズのない場合は，専門職として「問題」を提示するよりも，保護者と同じ目線で「子ども」を発見することから始めます。保育者が，保護者の目の前で「子ども」の問題行動や関わりづらさを困ったり，悩んだりして見せることで，保育者は保護者とその困った状況や悩んだ内容を共有しやすくなります。子どもの成長と共に成長する保護者を信じて，**エンパワー**していくことが重要です。少し距離を置いた「経過観察」や「見守り」ではなく，日常生活のささやかなやりとりや声かけから始まる継続的な関わりが重要です。

エンパワー（empower）
何らかの事情によって否定的な環境に置かれ，主体的な生活を送れなくなっているだけでなく，その状況からの脱出を諦めた無力状態に陥った人々が，再び本来持っている力を取り戻し，自分の問題を自分で解決していける力を強めようとすることに焦点を当てた援助。

（4）関係機関との連携

保育者が，関係機関と連携する機会は，個別の子どもや家族の問題に対応する場合と，地域のネットワークや協働力の強化を目的とする場合（例えば虐待防止ネットワークなど）が考えられます。他機関との連携によって，問題解決の具体的な糸口が見つかったり，問題が発生することを未然に防いだりするなど，予防的かつ啓蒙的な効果があります。しかし，専門性の異なる他機関との連携には，その活用において困難さや課題も残っています。具体的には，専門職の多くは，教育学科，保育学科，心理学科など**専門分化**された高等教育機関で，専門的教育を受けます。その結果，トレーニング段階から，同職種間の価値観は同一化されやすいのですが，他の専門職との関連性は希薄になりがちです。現場で各専門職が使う専門用語は，異なる専門職にとって難しいものもあり，コミュニケーションにおいて距離を感じる場合があります。また，専門職には社会的な地位による階層意識が存在し，オープンな意見交換によって新たな方向性を探ることが難しい場合もあります。さらに，子どもと家族がよりよい状態になることが，他機関との連携の目標ですが，この目標を具体化させる段階で，支援内容が各専門領域で矛盾する場合があります。

（5）発達の連続性を保障する社会づくり

現在地域社会における子育て支援の体制が整備されつつあり，子どもと保護者の状態から，どの機関を窓口として相談するかを決めます。現状の子育て支援システムや児童福祉施策では，誰に相談するかは，保護者自身が決めなければなりません。また各専門機関は独立しており，相談機関間の連携が必ずしも円滑に取れておらず，相談機関にかかっても問題の解決にならない場合もあります。どの機関の専門職に相談しても総合的な家族支援の方向性を示してもらえるということでなければ，細分化されたシステム間に生じたすきまが子どもの豊かな育ちを阻むことになりかねません。したがって，関係機関が緊密に連携することは急務であり，それには相談者の**プライヴァシー**を保護する視点に立ちつつ，情報を共有する必要があります。

乳幼児期の子どもの発達を保障し，子どもたちが健やかに育つことを目的に，家庭や地域社会が真の「パートナー」となるためには，乳幼児期の子どもの発

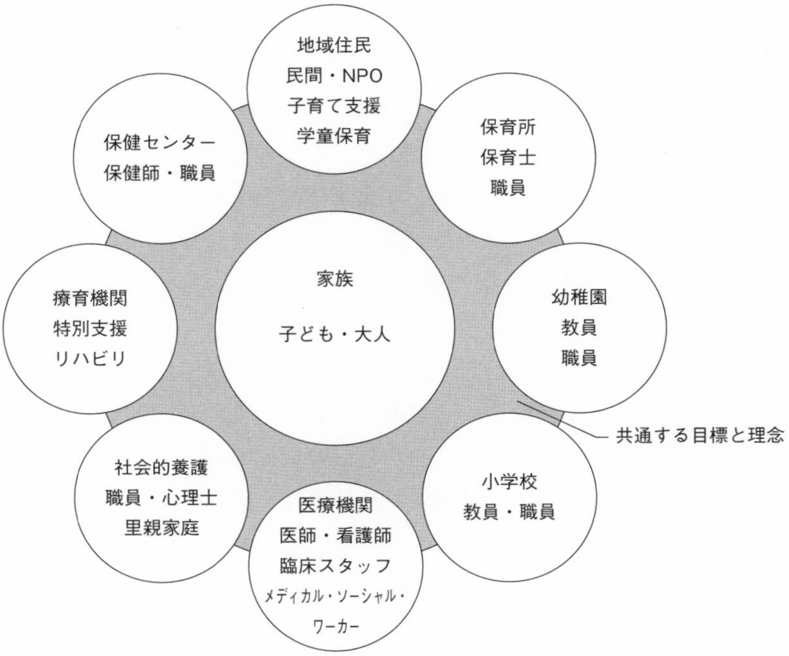

図7−1　子どもの発達を支える地域社会

プライヴァシー
厚生労働省「今後の児童家庭相談体制のあり方に関する研究会」の報告書の中で，個人情報やプライヴァシーの問題について，「都道府県や市町村が，個々の児童家庭相談に係る各種の調査を進めるに当たって，個人情報保護法を盾に調査を拒否する機関や個人が存在するとの指摘が少なからずある。しかしながら，個人情報の保護に関する法律では，『児童の健全な育成の推進のために特に必要がある場合であって，本人の同意を得ることが困難であるとき』（法第16条第3項 第3号，第23条第1項第3号）は，個人情報の利用目的による制限や第三者の提供の制限から除外していることから，こうした場合には個人情報保護法上，許容されていることを，国において周知すべきである」とまとめている。

達や学びに関する目標や理念を共有することも重要です。具体的には，保護者や家族成員と地域の保育・教育・福祉現場の専門職（保育士・幼稚園教諭・保健師・施設保育士・子育て支援センタースタッフ），さらに国民全体が，乳幼児期の子どもの育ちに関する共通認識・共通理解を持ち，一丸となって，適切な養育・保育・教育・養護等支援をできる基盤を構築していく必要があります（図７-１）。地域社会の中で連携して取り組む家族支援の方向性は，第一に家族代わり，親代わり，**ケアテーカー**ではなく，家族が子育てをする第一義的責任を担っているという自覚と認識が持てるように支援するということ，第二に現状からどの環境を変えれば，家族は機能を取り戻すのかという視点を持つこと，第三に変わらない現実や変えられない過去を子どもとその家族が肯定的に認識できるように支援するということ，第四に家族が，「現実を生きる力」をつけることを目標にすることが挙げられます。

ケアテーカー（care-taker）
一般的には「世話役・世話人」と訳されるが，対象者のあらゆる世話や面倒を本人に代替して行うという意味もある。

2．現代社会における乳幼児期の発達や学びと保育の課題

（1）現代社会の特質と子育てにおける課題

現代社会の特質として，少子化社会，高齢社会，消費社会，情報化社会，個人化社会など様々なキーワードを挙げることができます。現代社会における子育ての問題は，子育て支援システムの拡充および多様化が求められているだけでなく，子どもの発達や人格形成における課題も指摘されています。ここでは，現代社会の風潮や社会背景を考慮しながら，『子ども家族支援の社会学』（畠中，2000）を参考に，現代社会における子育て問題を，子どもの発達と保育の課題としてとらえなおしてみます。

第一に，**少子化**によって家族内のきょうだい数が減り，核家族化とあいまって，家族の中は，親世代と子世代のみの生活形態が一般的になっています。両親という大人の世界に従う子ども，または子どもの好き勝手な思いに振り回される両親という構造がパターン化しやすく，家族内で相手の状況を推し量る必要のない生活を送ることになります。本来子どもたちは，年の離れたきょうだいとの関係，祖父母や義理の祖父母と両親の関係，自分と他のきょうだいの両親との関係の相違などを想像しながら生活することによって，コミュニケーションのバリエーションを増やしていきます。現代社会のこのような家族状況をふまえ，社会における代替的な仕掛けも準備されてきています。例えば，保育所や幼稚園での異年齢保育や，地域の高齢者との世代間交流です。しかし家族内の**マターナル**な愛情下の関係性を，社会の中でどのように再現していくのか，形式的なものではなくいかに本質的な関係性を追求していくかが今後の課題といえます。

マターナル（maternal）
一般的には「母性的」と訳されるが，特定の二者の人間関係において，親密かつ継続的で，両者が満足と幸福感に満たされているような状態が見られることを指す。

第二に共働き家庭の増加と育児休業システムの整備によって，０歳から２歳の乳児の保育所入所のニーズが急増しています。子どもたちは，保護者や保育者など特定の大人に十分に甘え依存する中で，自分の安心できる居場所を実感

し，より主体的に活動したり，自立的にものごとを考えたりできるのです。これは大人も同様であり，信頼できる特定の他者からの承認や愛情が基盤となって，社会の中で自立的な活動を展開できているのです。したがって，家庭を子どもたち自身が居場所と感じられるような場とすること，保育者や社会の大人が，子どもとその保護者にとって信頼できる特定の他者になり，ほっとできる場を保育所，地域，社会の中に確保することが，大きな課題となっています。

第三に，現代社会は，少子化社会であると同時に，様々なものが貨幣化されている消費社会でもあります（畠中，2000）。貨幣によってあらゆるモノが手に入ります。子どもたちにモノを与えられる社会であることは，豊かさの一つの象徴でもあり，よい面もあります。しかし消費社会の風潮の中で，個々の家族の事情によって，与えてあげたくても与えられない状況があるということを，子どもにどのように理解させるのかが難しい時代といえます。また，子どもたちが不充足な状況を経験する機会も減っています。子どもたちが社会の中で他者と折り合い，自己を調整していく過程において，不充足な状況をいかに受け止め，昇華していくかが，今後の課題となります。

第四に，現代社会の中では，子どもは「家族」の子どもであると同時に「社会」の子どもであるという認識が低下しています（畠中，2000）。「家族」の子どもであるという側面が強調されることによって，子どもを産む選択が，夫婦の自由であると認識されやすくなります。特に生殖技術の発展した現代社会において，子どもを産むということは，一つの人生の選択肢としてとらえられています。自分たちの選択によって生まれた子どもだと認識されるほど，適切な養育環境を準備することや，子どもをよい子に育てることの責任は，夫婦にあると強く感じられます。そのことが子どもを産む選択を取りづらくし，子どもが生まれた場合には，子どもの育ちの責任がすべて自分たちにあると，追い込まれることになります。

第五に，1995年に**子どもの権利条約**に日本が批准して以来，子育てや保育において子どもの権利を尊重することが義務づけられています。ともすれば大人が決定権を持ちやすい社会構造の中で，子どもの権利を保障することは重要なことですが，子ども中心の子育ては，子どもの自由や自発性の尊重と保護者や保育者の抱く希望や目標の間に，大人も子どもも板ばさみになってしまう状況が生じやすく，保護者の子育てやしつけに対する不安や，困難さを生み出しやすいことも，留意すべきことといえます。デジタル化した現代社会の中で，答えのない課題への対応に不慣れな親世代にとって，子育ての問題に柔軟に対応できない可能性も多分にあります。ここに，子育て支援や保育の意義があります。家庭における養育やしつけ役割が十分に発揮されていないことを，保育者や社会が批判するのではなく，不慣れでうまく対応できない状況に想像力を働かせ，保護者と子どもを一緒に包み込む姿勢が求められています。

子どもの権利条約

子どもの権利条約（Convention on the Rights of the Child；児童の権利に関する条約）は，18歳未満を「子ども」と定義し，国際人権規約において定められている権利を子どもについても保障し，子どもの人権の尊重および確保の観点から必要となる詳細かつ具体的な事項を規定したものである。1989年の第44回国連総会において採択され，1990年に発効した。日本は1994年に158番目に批准した。この条約は前文と本文54条からなり，「子どもの最善の利益の尊重」という理念を柱に，生存・保護・発達・参加という包括的権利を子どもに保障している。

（2）ハンディキャップのある子どもたちとその保護者へのまなざし

①ハンディキャップのある子どもへのまなざし

ハンディキャップのある乳幼児期の子どもたちは，特別支援学校の幼稚部や入所型または通園型の療育機関に通っている場合もありますが，多くは地域の保育所や幼稚園，認定子ども園に通っています。地域の保育所や幼稚園，認定子ども園に通う子どもたちは，身体的なハンディキャップを抱える子どもたち，社会的なハンディキャップのある子どもたち（虐待をはじめとする不適切な養育環境下で暮らす子ども，貧困によって衣食住が十分に満たされない子どもなど），慢性的な疾患や病と闘う子どもたち，そして発達障がいのある子どもたちなど，様々なハンディを伴い生活しています。とりわけ，**発達障がい**は日本における研究・実践歴が浅いこともあり，保育現場でも試行錯誤の実践が行われています。保育機関ではハンディキャップのある子どもたちに対して，**加配の保育者**を配置したり，物理的な環境構成に工夫をこらしたり，個別の支援プログラムを組んだりするなど，**統合保育**の中での個別支援が実践されてきています。このような実践は，子どもの生活の幅を広げ，**ノーマライゼーション**の実現に向けての一歩として評価されるべきことです。けれども集団生活の中での個別性が高まることによって，保育者に「気になる子」「関わりが難しい子」と**ラベリング**され，他の子どもたちとの関係性に影響を及ぼすケースもあります。

またハンディの有無にかかわらず，すべての子どもに等しく重要な乳幼児期の課題があることも忘れてはならないものです。具体的には，「自分はこれがしたい！」「自分でこれをしてみたい！」という意識をしっかりと持てるようにすること，他者からの肯定的な承認によって作られる肯定的な自己像を子どもの中に育むこと，他者と関わりたいという思いを明確にすること，です。これらは自己形成，自尊感情，コミュニケーション能力に繋がる基盤となる力であり，ハンディキャップの有無にかかわらず，自立した人格を持つ社会人となるために重要な課題といえます。保育者として，すべての子どもが同じ課題を持つことを意識することで，本当の意味での統合保育の意義が見いだされるのではないでしょうか。

②ハンディキャップのある子どもの保護者へのまなざし

ハンディキャップのある子どもを養育する保護者が，子どもの障がいを認め，受け入れることは容易なことではありません。障がい受容のプロセスは，これまでアメリカの精神科医キューブラ＝ロス（Kübler-Ross, E.）の**ステージ理論**を基にした考え方が支持されてきました。しかし最近では段階の最後に受容に到達するということではなく，一度受容しても，日常の様々な出来事によって再び不安定化する経過を何度も繰り返すと考えられるようになってきています（中田，1995）。すなわちすでに受容できていると思われる保護者も，子どものハンディキャップについての悩みがないとは限らないのです。子どもの日々の世話や治療，療育への参加のために出かけることも多く，保護者の心身の大

加配の保育者

保育所・幼稚園・認定子ども園でハンディキャップのある子どもの保育を行うために，臨時にクラスに配置される保育者のことをいう。

ラベリング
(labeling)

一般的には「特定の人物や物を，その特徴や事実から標識づけすること」と訳されるが，社会学領域ではラベリング理論を基にした概念と理解されている。特定の行為や事実にラベルを貼りカテゴリー化することであり，ラベリングによって人はしだいにそのラベルに即したアイデンティティを形成し，その内容に適合する行動をとる傾向があることも指摘されている。

ステージ理論

アメリカ精神科医エリザベス・キューブラ＝ロス（1969）は，死に際した患者の臨床から，死の受容のプロセスを明らかにした。否認と隔離，怒り，取引，抑うつを経て，受容の段階に到達するとしている。これは死の受容以外にも，喪失や悲哀に満ちたショックな出来事の受容（グリーフワーク）でも同様のことがいえると述べられている。

きな負担となります。また，保護者の中には負担と思うこと自体に抵抗を感じ，なかなか否定的な気持ちを表現できない人もいます。短絡的な励ましや受容では保護者への支援にならないこともあります。

保護者から子どものハンディキャップについての心配を相談された際には，保育者のこれまでのキャリアや保護者を安心させたい気持ちから，「大丈夫」「まだ幼いから」「心配しなくてもよい」と安易に言わないことも大切です。むしろ保護者の心配をきっかけに，家庭と連携をとりながら子どもの発達を積極的に見守る必要があります。

3．乳幼児期の発達や学びを支える保育者の専門性

現代の社会情勢を受け，地域の中で保育機関が担う役割は拡大し，保育者の職務内容も，幅広いものとなってきています。保育所に通う子どもや保護者への保育はもちろんのこと，保育所の存在する地域における子育て支援など子育て支援のセンター的な役割を担っています。職務内容の広範化に伴い，保育者の援助技術も，保育運営や保育内容など保育に関連する技術のみならず，子どもとその家族へのケースワーク，地域社会の子育て力を向上させるためのコミュニティワークなど，まさに社会福祉における援助技術のすべてを駆使する高度な**ソーシャルワーカー**としての専門性が求められるようになってきています。したがって，保育者は，常に新しい見聞を広げるためにアンテナを張り，専門領域にとらわれない幅広い知識が必要なのです。保育者の専門性を担保するためにも，濃密な研修や正規職員としての身分の保証，高い専門性に応じた報酬等の改善が図られることが必須といえます。

その一方，専門的な知識や技術を蓄えるだけでは，よき保育者となることは難しいのです。なぜなら保育者にとって，援助のテーマは「子育て」「人格形成」「家族」など，すべての人にとっての日常であり，人間の根源に関わる内容だからです。援助者である保育者自身も，援助の対象者と同じ人生のテーマを生きる存在であり，保育者自身の生活体験が非常に大きな影響を及ぼすことは看過できない事実です。保育者自身の精神衛生が健康であること，自身の「子育て」「人格形成」「家族」の問題を棚上げせずに，ありのままの自分を見つめ続けることが，自分の中に他者を包みこむことのできる器をつくることに繋がります。子どもとその家族，そして地域社会からの要求に応え続けるためには，日々の保育を，自分自身の生活を，誠実に生きることに尽きるのです。複雑化・多様化した現代社会の中にあって，自身がマターナルで豊かな人間性を保持しつづけること自体が，保育者の専門性を高める意識そのものであるといえます。

コラム15
保育者に求められる専門性─マターナルで豊かな人間性って？─

現代社会における保育者は，保育・教育のプロフェッショナルとしてだけでなく，子育てのプロフェッショナルとしても期待されています。子どもたちの個々の発達と集団としての力動をつかみながら，日々の生活を切り盛りする専門的な知識，技術，それを支える体力と気力，さらに家族への支援や地域の子育て力の向上など真のジェネラリストであることが求められています。子どもたちや家族にとって望ましいことは何だろうかと自らの保育を省察し，保育という職業に真面目に取り組んでいる保育者ほど，自身の精神衛生を健康に保つことが難しいという状況があります。それは，現代社会において家族関係が複雑化していることも一因かもしれませんが，根本的に子育てや保育には正しい答えがなく，「本当にこれでよかったのか？」「もっとこうすればよかったのでは？」と無限のループに陥りやすいことも大きな要因といえます。どのように関わり，どんな声かけをすれば，子どもや家族がより豊かに安定した生活を実現できるのか。これは目の前にいる子どもや家族と繋がり，同じ場に生きていることを実感できた時初めて見えてくるものであり，保育者には「他者と繋がって生きる力」が必要といえます。

子育てや保育の最大の目標ともいえる，子ども自身が，親，家族，保育者から「愛されている」と感じ，「自分を愛してくれる大人」の存在を内面化することは，単純なようで難しいのです。なぜなら，どの子どもにも当てはまるようなマニュアルがなく，「愛」を子どもに伝えるためには，多くのエネルギーと時間を要するからです。フロム（Fromm, 1956）はその著書の中で，現代社会に生きる人々は，成功，名誉，富，権力，これらの目標を達成する術を学ぶためにほとんどすべてのエネルギーを費やし，愛の技術を学ぶエネルギーが残っていないのだと指摘しています。

『星の王子さま』の中で，キツネが王子さまとお別れをする際に，大切な言葉の「贈り物」をする場面があります。

かんじんなことは，目に見えないんだよ。
心で見なくちゃ，ものごとはよく見えないってことさ。
あなた（王子さま）が，あのバラの花をとてもたいせつに思っているのはね，
そのバラの花のために，ひまをたくさんつぶしたからだよ。
人間っていうものは，このたいせつなことを忘れてるんだよ。
だけどあなたは，このことを忘れてはいけない。
めんどうをみたあいてには，いつまでも責任があるんだよ。

ここには，親や子どもに関わる専門職から見た子育てについて書かれているととらえることもできます。それは，心で見なくては見えないということ，相手のために手間をかけることが相手を「大切」に思うようになることに繋がること，そしてめんどうを見た相手，すなわち養育や保育に関わった子どもへの責任はずっと続くということです。保育者の専門性の基盤となるもの，それは子どもの生命と成長を保護するために必要な気づかいと責任であり，それ以上に大切な要素は，単なる保護の枠内にとどまらない「生きることへの愛」を，子どもたちに「生きているというのはすばらしい」「子どもであるというのはよいことだ」「この世界にうまれてきてよかった」というマターナルな感覚を与え続けることかもしれません。

8

乳幼児期の発達や学びと保育評価

1．保育実践の評価の考え方

心理学で評価を取り上げてきたのは主に教育心理学の領域でした。その中では，例えば，**ブルーム**（Bloom, B. S.）は評価を，子どもの状態を理解し，それにマッチした指導計画を考えるために行う**診断的評価**，子どもが何かを学んでいる中で，どれくらい身についているかを理解し，それに合うように教師の教え方や子どもの活動を改善するために行う**形成的評価**，最終的に子どもの学びがどこまで達成されたのかをまとめて評価するために行う**総括的評価**に分けることが大切であることを指摘しています。また梶田（1983）は，学校のクラス全員の子どもと比べて一人ひとりの子どもの学びがどれくらい達成されたのかを判定する**相対評価**，他の子どもと比べることなく，学びの達成の程度だけを見取る**絶対評価**，一人の子どもの中でどのくらい進歩したのかを評価する**個人内評価**，といった評価のあり方を挙げています。このように，教育心理学で取り上げられてきた評価では，評価されるのは学習者である小学校以降の子どもで，評価する内容は，教科の学習の目標がどれくらい達成されているかを測るものがほとんどでした。それに対して保育の中で見られる子どもの遊びの中にある学びには，小学校以降の教科の学習で示されるほどはっきりとした内容が決められているわけではありません。また，一人ひとりの子どもが自主的，主体的に遊びを展開する中で様々な学びが生じているわけですが，その学びはすべての子どもで同じように生じるわけではなく，一人ひとりの子どもの持つ興味・関心によって個別に学びが生じています。そのために，子どもの学びをサポートする保育者には一人ひとりの子どもに対するきめ細やかな対応が求められるのです。このような特徴を持つ保育実践を評価するということは，どういうことを意味するのでしょうか。

保育実践の評価には二つの大切なポイントがあります。一つは保育者が自分の保育実践そのものを評価するというもの，もう一つは保育を受けた子どもを評価するというものです。それでは，一つ目のポイントである保育者が保育実践を評価するとはどのようなことを指すのでしょうか。日比（2011）は，保育者自身が“子どもへの確かなまなざしを持っているか”を常に問いかけながら保育することが求められると指摘しています。その際の大切なポイントとして，

“どの子どもも好きか”，“子どもの発達課題，個人差に対応した保育ができているか”，“子どもへの共感的理解ができているか”，“子どもを客観的に理解しているか”，“子どもの気持ちを感じ取りながら，課題中心的な保育をしているか”，“自分が計画した保育を優先させる自己中心的な保育をしていないか”，“カウンセリングマインドを持って保育しているか”といった7つを挙げています。これらの指摘から，保育者は日々行われる自分の保育実践に対して，特に子どもに対してどのような姿勢で接しているか，子どもを十分に理解しているか，保育の望ましいあり方とはどのようなものか，について常に問いかけながら評価する必要があるということがよくわかるでしょう。これらのポイントで評価するには，先に紹介した教育心理学で取り上げられてきた子どもの学びがどれくらい達成されたかを測る評価のあり方とは違った，自分の保育の内容がどのようなものであるかを評価するといった考え方が必要になります。

それでは二つ目のポイントである保育を受けた子どもを評価するとは，どのようなことを指すのでしょうか。先にも書いたように保育の中での子どもの学びは，一人ひとりの子どもによって異なるものですから，特定の学びの内容がどれくらい達成されたかといった到達度を測るものではなく，一人ひとりの子どもが日々の遊びの中でどれだけ豊かで深い学びを経験したのかを評価することになります。その評価の対象となるのは子どもが遊びの中で示す心情，意欲，態度ということになるでしょう。子どもを評価するという観点でも，これまでの教育心理学で扱われていた評価の考え方ではとらえられない一人ひとりの子どもの活動の内容自体に注目する必要があるのです。一人ひとりの子どもの中で評価するという点では教育心理学で扱われていた“個人内評価”の考え方が当てはめられるように思われます。しかし，評価する内容が学びの結果ではないところが大きく異なっているところです。できたか，できなかったかのみを問うのではなく，一人ひとりの子どもが，どれだけ驚いたり，感激したりしながら，強い関心を持って遊びに取り組めているか，といった学びの過程を評価するという考え方が大切になるのです。

2．よりよい保育実践のための評価

よりよい保育実践のための評価を考える上で何が大切になるのでしょうか。保育所保育指針（厚生労働省，2018）では保育士等の自己評価として「保育士等は，保育の計画や保育の記録を通して，自らの保育実践を振り返り，自己評価することを通して，その専門性の向上や保育実践の改善に努めなければならない」，「子どもの活動内容やその結果だけでなく，子どもの心の育ちや意欲，取り組む過程などにも十分配慮するよう留意すること」と記されています。これらの指摘から，よりよい保育実践のための評価には，保育者が自分の保育を評価する視点と，その保育が子どもにどのように影響したかという視点を合わせて，子どもの姿を評価することが必要であることがわかるでしょう。そして，その子どもの姿を評価する際には，活動の内容や結果だけでなく，心の育ち，意欲，取り組む過程に注意するという質的なところが強調されています。このように，よりよい保育を実現するためには，保育者自身の保育実践を評価するポイントと子どもを評価するポイントとを切り離して個別に評価するのではなく，二つのポイントを合わせて評価することが大切になります。

さらに保育所保育指針には，保育士等の自己評価について「自らの保育実践の振り返りや職員相互の話し合い等を通じて，専門性の向上及び保育の質の向上のための課題を明確にするとともに，保育所全体の保育の内容に関する認識を深めること」と記されています。このことから，よりよい保育実践のための評価として，一人の保育者が自分の保育実践と子どもの姿を評価する際には主観的な視点に留まらず，多くの他の保育者にも評価してもらって自分だけの考え方にとらわれない客観的な評価も大切であることが指摘できるでしょう。

これらのことから，よりよい保育のためには，保育者自身の保育実践に対する評価と，その実践が子どもにどのように影響したかについての評価，さらにそれらについて第三者を交えた客観的な評価が必要であり，これらをあわせて明日への保育に繋《つな》げていくことが大切であることが理解できるでしょう。

3．評価に必要な保育者の姿勢

秋田（2011）は保育士がドナルド・ショーン（Schön, D.）の指摘した二つの専門家のタイプの姿を持つものであることを指摘しています。ショーンが指摘した専門家のタイプの一つは，「技術的熟達者」と呼ばれるもので，“学問の理論や知識を実践にあてはめて効率よく合理的に反復して行動する専門家”のことを指しています。もう一つは「反省的実践家」と呼ばれるもので，“不確定な状況の中で思考しながら判断し，実践の中で自分の理論から見て振り返りを行う専門家”のことを指しています。

秋田（2011）の指摘は，保育実践を評価する時に必要な保育者の姿勢を示しているともとらえられます。保育者は，日頃の保育実践の中で，子どもがどのように発達していくかについてしっかりとした知識を持っている必要があります。さらに，それらを考え合わせて，実際の保育内容を考え，保育実践に結びつけていきます。これはまさに「技術的熟達者」の姿ですから，まずこの姿について評価する姿勢を持つ必要があるでしょう。保育者は常に子どもの発達に関する最新の理論的な知識や保育内容に関する知識を蓄えておき，それを実践に生かしきれているかという視点で評価するということです。さらに一般的な子どもの発達に関する知識だけでなく，実際に関わっている一人ひとりの子どもが今どの発達段階にあるのかを理解し，またその子どもだけが持つユニークな特性についても理解している必要があります。それらに加えて，最近では，保育者は発達障がいを抱えている子どもに関わることも多く，様々な問題を抱える子どもに対する特別支援に関する専門的な知識も必要になってきています。保育者には子どもや保育に関する自らの専門的な知識を絶えずアップデートし，日々新たな目で自らの保育実践を評価していく姿勢が必要であるといえるでしょう。

また保育者には，絶えることなく成長し続ける子どもに関わるという不確定な状況の中で，保育を実践しながら，自らの専門的知識に照らして日々の保育を省察し，常によりよい保育を目指し続けているということもあるでしょう。こちらは「反省的実践家」の姿ですから，特にこの省察の段階で評価する姿勢が必要になります。保育者が子どもに関わった場合に，自分の思い描いたとおりに保育が展開できずに，子どもにうまく関われなかったと感じることもあるでしょう。その時に，なぜうまく関われなかったのか，どのようにすればうまく関われたのか，について徹底的に省察をする必要があります。その結果，自分の専門的な知識や技能に至らない点があったならば，それらをさらに豊かなものにしなければなりません。また，昨日まではうまくいっていたのに，今日に限ってなぜかうまくいかなかったということであれば，今以上に子どもの日々の変化に注意を払う必要が出てくるでしょう。このように常に自らの保育を反省しつつ，よりよい保育のあり方について絶えず考え続けるといった省察的な視点で評価するという姿勢も大切です。

このように，保育者には「技術的熟達者」と「反省的実践家」という専門家の両方の姿から自らの保育実践を評価する姿勢が必要になるでしょう。

4．評価の具体的な方法

ここまで，保育実践の評価の考え方やよりよい保育実践のための評価のあり方，評価に必要な保育者の姿勢について述べてきましたが，実際に保育実践を評価する際に具体的にはどのような方法を用いればよいのでしょうか。

まずは，保育者自身の保育実践力を評価することから考えてみましょう。心理学の領域では人の様々な心理的な特性や行動の傾向などを調査する場合，チェックリストを用いて評価するという方法がよく用いられます。保育実践を評価する場合には，保育実践に必要な要素について複数の項目を挙げて，その各項目の要素が自分に備わっているか否かをチェックすることで自らの保育実践力を評価するという方法です。その実際の例として鳴門教育大学特色ＧＰプロジェクト（2010）が示した保育実践力スタンダードのチェックリストが挙げられます（表８−１）。このチェックリストでは保育実践力を保育計画力，保育展開力，保育評価力の３つに分け，それぞれの具体的な要素が項目として挙げられています。さらにその要素が保育者養成段階で身につけていることが望ましい段階１の項目，幼稚園教諭の初任者研修時に到達していることが望ましい段階２の項目，10年経験者研修時に到達していることが望ましい段階３の項目に分けられ，保育実践力の基礎的な要素から高度な要素へと段階的にチェックできるようになっています。また，木村ら（2017）は，特に子どもとの関わりに関する保育実践力が「実践に必要なコミュニケーション力」,「保育を計画する力」「保育を発展的に展開する力」の３つの力でできていることを明らかにし，それぞれの力がどれくらい身についているのかを具体的な保育的行動がどの程度できているかによって評定するチェックリストを作成しています。このようなチェックリストは，保育実践に必要な要素とはどのようなものかを保育者にわかりやすい形で理解させ，自らの保育を省察する際にはっきりとした視点をもたらしてくれるという点で大いに役立つことでしょう。

ただし，このようなチェックリストに挙げられた要素はより一般的なものになりがちですし，また限られたものであることには気をつける必要があるでしょう。チェックリストは保育実践に必要な要素があますところなくすべて挙げられているものではないということです。だから，チェックリストの内容さえクリアできれば保育実践力が身についたと単純に評価してしまうのはよくありません。保育者が今どのような保育環境で保育をしているのか，また今どのような子どもに関わっているのかによって，保育実践に求められる要素はさらに詳細なものが必要になってくるでしょう。実際に自らの保育実践を評価する際には，単なるチェックリストのチェックだけではなく，日々の保育の中から必要だと思われる要素についても常に意識して評価し，それらの要素が身につけられるように経験を積み重ねることが必要になるのです。

つぎに保育を受けた子どもを評価することについて考えてみましょう。前にも述べたように子どもを評価するポイントとしては，子どもの遊びの中で生じた学びの結果だけを評価するのではなく，その遊びにどれだけ強く関心を持てたのか，どれだけ夢中になって取り組めたのか，といった学びの過程の質的なところを見ることが大切です。これを評価するものとして，ベルギー・リューベン大学で開発されたSICS（Self-Involvement Scale for Care Setting）評価というものがあります（「保育プロセスの質」研究プロジェクト，2010)。この評価法では，子どもが保育活動の中でどれくらい安心していたのかを示す「安心度」と，どれくらい夢中になっていたかを示す「夢中度」の２つの視点で評価することを糸口にして，保育者自らの保育を振り返るという方法がとられています。心理学の調査ではどれくらい意識しているかを測る際に，評定尺度法がよく用いられますが，SICS評価における「安心度」や「夢中度」もこの評定尺度法で測られています。「安心度」「夢中度」それぞれが「１．特に低い」「２．低い」「３．中程度」「４．高い」「５．特に高い」の５段階で評定されるわけですが，その各評定段階には具体的な子どもの様子が挙げられているのです。例えば「夢中度」の「５．特に高い」では，「観察中，子どもは絶えず活動に取り組んでおり，完全に没頭している」という子どもの状態が示され，さらに“何か強い邪魔が入っても，気を散らすことがない”や“子どもは絶えず全力を尽くしている。想像力も精神的能力も最大限に働かせている”といった夢中度が特に高い状態を示す子どもの具体的な姿が挙げられています。この評定を第１段階とし，なぜその評定値をつけたのかについて「豊かな環境」「集団の雰囲気」「主体性の発揮」「保育活動の運営」「大人のかかわり方」という観点で保育を振り返るのが第２段階となり，その振り返りから，明日からできることは何かを具体的に考える第３段階へと進んでいきます。第１段階で子どもの学びの過程を評価し，その結果から第２段階，第３段階で，保育者自らの保育実践の省察から保育を改善していくという，保育実践の評価の二つの側面を一つの評価システムの中でまとめ合わせているのがこのSICS評価の大きな特徴です。この第１段階で子どもの様子を評価する「安心度」や「夢中度」の二つの側面は，子どもの姿を評価するわかりやすいポイントがはっきりと示されている点で大いに役立つものとなるでしょう。

また，佐々木（2013）は，幼小連携の接続期教育という視点で子どもを評価する視点をまとめています。その中のカテゴリーの１つに「発見と問題解決」があり，その中の項目の１つである「好奇心・試行錯誤」には「美しいものやふしぎなもの，未知なものなどに驚嘆したり，関心をもってかかわったりしようとする」「多様なものにかかわって，いろいろな方法で調べたり，試したりしながら，試行錯誤する過程を楽しみ，そのものの特性に気付く」「発見した喜びを味わったり，人に伝えたりして，表現しようとする」「『なぜ，どうして』等と想像したり，必要なものを作り出そうとしたりする」といった実際の子どもの姿に関わる項目が評価する要素として挙げられています。こちらは，子どもの学びの過程の質的な要素をわかりやすく示して評価できる形になっている点で大いに役立つものになるでしょう。

ただし，子どもを評価することにおいても評定尺度やチェックリストには限界があることに気をつける必要があります。保育者は保育環境や関わる子どもに応じて，評定尺度やチェックリストにはないものであっても子どもの学びの過程に関わる評価すべき要素を日々意識しつつ，よりよい保育実践をしていくために絶えず評価していく必要があるでしょう。

表8－1　保育実践力評価スタンダード

観点　　段階	段　階　1	段　階　2	段　階　3
A．保育計画力			
1．幼児との信頼関係の構築	・子どもにネガティブな感情を抱かせない関係でいられる。	・子どもと自然な形で関わることができる。	・子どもが積極的に関わりたいと思える存在でいられる。
2．幼児の理解	・子どもの行動に対して興味・関心を持って見ようとする姿勢がある。	・子どもの行動から，その子どもの内面を推し量り，それを踏まえて関わろうとする姿勢がある。	・保育者との関わり方との関係で，子どもの行動や心の動きを理解しようとする姿勢がある。
3．ねらいや内容の設定	・保育のねらいを子どもの興味や関心の観点から捉えて設定している。	・保育のねらいを子どもの生活や遊びへの取り組み方の変化，教師や友達との人間関係の変化，自然や季節の変化など，生活の実態を把握した上で設定している。	・保育のねらいを子どもの生活の実態を把握し，幼児の生活全体として連続性をもって展開されることを配慮して設定されている。
4．環境の構成	・子どもが展開する具体的な活動に最低限必要な環境を構成している。	・子どもの発達，興味や関心の対象，意欲の程度，気分の状態，これまでの経験などを考慮して，子どもが主体的にかかわれる環境を構成している。	・子どもが発達に必要な経験をすることができ，望ましい発達を実現させることができる環境を構成している。
5．指導計画			
1）指導計画作成	・子どもの興味や関心に沿った計画を設定しようとしている。	・家庭や地域の子どもの生活経験や発達の姿を捉えて，子どもに必要な経験を配慮した計画を設定しようとしている。	・地域の自然環境や近隣の人々との触れ合いの機会，行事などをよく知り，地域や家庭との連携を深める機会を位置づけながら計画を設定しようとしている。
2）保育指導案の作成	・保育指導案の一般的な形式項目を理解し，記述することができる。	・幼児の姿，ねらい，内容，環境の構成，予想される子どもの活動，保育者の援助，を区分して記述することができる。	・記述内容に，保育者独自の創意，工夫がみられる。
3）保育評価	・自らの保育に対して，良かった点，良くなかった点を明確に指摘することができる。	・自らの保育に対して，保育者としてのかかわり方は適切であったか，環境の構成はふさわしいものであったか，あらかじめ設定した指導の具体的なねらいや内容は妥当なものであったか，といった具体的な観点から反省評価できる。	・自らの保育に対する反省・評価をもとにして，今後の自らの保育を具体的に改善していこうとする努力がみられる。
B．保育展開力			
1．話し方			
1）発声	・適切な声の大きさで話している。 ・明瞭な発音で話している。	・話す内容に応じて適切な速さで話している。 ・無理のない発声で話している。	・緩急・強弱等の抑揚をつけて話している。 ・全体へのことばがけと個へのことばがけが適切に使い分けられている。

2）話法			
①説明	・子どもにわかりやすいことば使いをしている。	・具体例が適切に用いられている。 ・子どもに主旨がわかりやすいように，結論を先に出して後で説明する方法などが適宜とられている。	・話だしで子どもの興味をひく工夫がなされている。 ・目的や意味を明確にしながら，説明手順が工夫されている。
②助言	・助言の必要性を子どもの遊び場面の中で判断し実行している。 ・子どもに対して簡潔ではげますことば使いになっている。	・子どもの動きや願いを具体的に示唆している。 ・個への助言とクラス全体への助言が区別され実践されている。	・子どもの実態をふまえ，子どもにとって実行可能な適切な助言になっている。 ・子どもの成長や学びの深まりについて長期的な展望を持ち助言の方法を変えている。
③読み聞かせ	・声が明瞭で速さが適切である。	・声の感情が工夫され，抑揚が適切につけられている。	・子どもの反応を適切に捉えて，主題やストーリー展開に応じて，抑揚や間に変化を与えている。
④描写（例話）	・例話などのお話が，適切な場面でなされている。	・適切な話題を取り上げ，子どもが場面を的確に思い浮かべることができるような具体的な話を展開している。	・保育内容や保育目標との関わりで，多様な例話を用意し，保育過程の中に筋道立てて位置づけ，実践している。
⑤発問	・発問としてはっきりわかるように話している。	・発問の意味がはっきりしていて，答え方がわかりやすい問いになっている。	・確かめる問いと考えさせる問いを区別し構成している。
⑥指示	・指示の内容がわかるものである。	・指示の具体的手順・方法がわかりやすく，実際にやってみせられる。	・子どもの自主性を引き出すような指示ができている。
⑦司会	・話し合いに展開させる有意味な問いかけがなされている。 ・すべての子どもが視野に入っている。 ・子どもの発言に傾聴している。	・議論のすれ違いや対立点を明確にしている。 ・子ども全体に目配りをして，多くの子どもが参加できるようにしている。 ・子どもの発言を整理しまとめている。	・子どもから色々な意見が出るように促している。 ・子どもの表情や，それまでの発言の流れを受けて指名している。 ・子どもの発言をまとめ，活かしながら話し合いの流れをつくっている。
⑧応答	・あいづち，うなずきなどを伴って，子どもの発言を受けとめている。	・子どもの発言の意図や真意を捉えるために，適切な言い換えやゆさぶりを行っている。	・子どもの発言の問題点を捉えて適切に切り返しやゆさぶりを行うとともに，はげましや賞賛などの評価を実行している。

3）態度 ① 身振り手振り	・言語によらないコミュニケーションの大切さを理解し，身振り手振りを交えてのことばがけが大切であることに気づいている。	・必要に応じて，身振り手振りを交えたことばがけをしている。	・子どもの反応を適切に捉えて効果的な身振り手振りを工夫している。
② 視線	・視線が子どもへきちんと向いている。	・個への視線と子ども全体への視線がバランスよくゆきとどいている。	・子どもの視線や表情を受けとめ，適切に反応を返している。
③ 表情	・明るく自然な表情である。	・子どもの表情に反応して，自己の表情に変化をつけることができる。	・子どもの活動場面によって，自己の表情に変化をつけることができる。
4）適合性 ①語彙	・易しいことば使いである。	・子どもの発達段階や理解度をふまえてことばが選択されたり，言い換えが行われている。	・子どもの語彙力をわずかにこえることば使いのレベルをつかみ，子どもの語彙の向上や理解力の向上に努めている。
②表現者として	・保育の中で表現者としてふるまう自覚がある。	・子どもの発達段階や理解度をつかみ，表現者としてふるまうことができる。	・保育場面や題材の特性に応じて，表現力豊かに保育を展開できる。
2．接し方			
1）保育場面での教師の位置どり	・子どもへの関わりにおける立ち位置の大切さに気づいている。	・子どもへの関わりとして適切な立ち位置をとろうと努力している。	・一定の立ち位置に固執せず，状況に応じて立ち位置を工夫している。
2）子どもの発言への対応	・子どもの発言に対して，注意を払うことができる。	・受容的・共感的な態度をもって子どもの発言を受けとめている。	・個々の子どもの発言に対して即座に価値判断せず，子どもができるだけ主体的に考えられるように援助する。
3）突発事故への対応	・子どもの予想外の反応，行動等，突発事故に対して，冷静さを保つことができる。	・子どもの予想外の反応，行動等，突発事故に対して冷静かつ適切に対処することができる。	・子どもの不安，動揺を収め，安全な雰囲気づくりへの対処を行っていける。
3．子どもへの評価活動	・子どもの活動から，行動面，心理面でどのような変化が見られたかを評価しようとしている。	・子どもの活動を関心・意欲・態度，思考・判断，技能・表現，知識・理解といった様々な観点から評価している。	・保育のねらい，保育計画，保育を通して展開された子どもの活動の実際とを対応させた観点に従って評価している。また，子どもの自己評価活動を支援している。
C．保育評価力			
自己の保育観，保育目標，保育構成，指導法の対象化と保育評価	・保育を通して展開された子どもの活動によって，どのような子どもの成長がみられたか，学びの深まりがあったのかについて評価できる。	・保育のねらいと子どもの学びに関わる活動の実際に照らして，ねらいが達成されたか否かについて評価できる。	・保育のねらいと子どもの学びに関わる活動の実際に照らして，ねらいが達成されたか否かについて評価できるとともに，その評価をふまえて，具体的な改善点を指摘できる。

コラム16
石の上にも三年

保育者養成に関わって何年にもなりますが，これまで多くの学生を保育者として現場に送り出してきました。その中で，とても悲しく，残念に思ったことがありました。それは，元気で明るい性格を持ち，在学中は授業や保育実習に熱心に取り組み，就職試験もすんなりとパスしてきて，きっといい保育者になるだろうと頼もしい気持ちで現場に送り出した学生が，１年も経たない間に仕事を辞めてしまったという報告を受けた時です。人伝えに聞いたところによると，「職場でいろいろとうまくいかないことがあり，私には保育者は向いていないと思って辞めてしまった」とのことでした。この判断はその卒業生が自らの保育実践を評価したことから下されたことになるでしょう。しかし，この卒業生がとった「自分が保育者として向いているか？」といった評価のポイントには大きな問題があるように思うのです。

はじめて保育者として仕事をする初任の年に，子ども理解，保育のあり方，職員や保護者との関係づくり，といった保育の仕事に必要な様々な側面でことごとくうまくいくなんてことがあるでしょうか。どれ一つとっても経験の乏しい初任者にはうまくいかないことの方が多いはずです。ですから，初任の段階で冷静に「自分が保育者に向いているか？」という観点で評価をすれば，どんなに資質に恵まれた人でも，当然のことながら「向いていない」という判断しか出てこないでしょう。つまり，初任の段階で「自分が保育者に向いているか」という観点で評価をすること自体に大きな誤りがあるのではないかということなのです。

いろいろな保育者の方に話を聞くと，「子どもや保育がちょっとわかるようになってきたかな」とか「保護者との関わりもようやく持てるようになってきたかな」と感じられたのは勤めて３年程経ったころからだということです。ということは，保育の仕事がうまくいくのに必要なものは少なくとも３年くらい仕事を経験しなければ身につけることが難しいということになるでしょう。実際に３年以上続けた保育者の方からは「仕事を辞めたいとはあまり思わなくなった」「保育者としてまあまあやっていけるかも，と思えるようになった」という話がよく聞かれます。

「石の上にも三年」という昔からの諺がありますが，まさに言い得て妙で，保育の仕事も，何をおいてもまず３年は続けてみてはどうでしょうか。そしてその３年間には「自分は保育者に向いているか？」などという観点で自らの保育実践を評価することがないようにしてほしいと思います。日々の保育実践の評価には，「今日よりも明日の保育をよくするためにはどうすればよいか」という観点がただ１つあればいいのです。

私の感じた悲しさや残念な思いを保育者養成校の先生方ができるだけ感じることなく，多くの優れた保育者が現場で活躍できることを願って止みません。

引用文献

【第Ⅰ部】

第１章

Erikson, E. H. (1959). *Psychological issues identity and the life cycle.* International Universities Press.（小此木啓吾（訳編）(1973)．自我同一性　誠信書房）

Freud, S. (1905). *Drei Abhandlungen zur Sexualtheorie.* Leipzig, Wien: Verlag Franz Deuticke.（懸田克躬（訳）(1953)．性欲論（フロイト選集第５巻）　日本教文社）

ゲゼル, A. L. (1941)．山下俊郎（訳）(1952)．乳幼児の心理学—出生より五歳まで　大日本図書

Piaget, J. (1936). *La naissance de l' intelligence chez l'enfant.* Neuchâtel：Delachaux et Niestlié.（谷村　覚・浜田寿美男（訳）(1978)．知能の誕生　ミネルヴァ書房）

Scammon, R. E. (1930). The measurement of the body in childhood. In J. A. Harris, C. M. Jackson, D. G. Paterson, & R. E. Scammon（Eds.), *The measurement of man.* Minneapolis, MN: University of Minnesota Press.

高石昌弘・樋口　満・小島武次（1981)．からだの発達—身体発達学へのアプローチ　大修館書店

第２章

上里一郎（監修）(2001)．心理アセスメントハンドブック第２版　西村書店

遠城寺宗徳・合屋長英（1977)．遠城寺式乳幼児分析的発達検査法　九大小児科改訂版　慶応通信

鎌原雅彦・大野木裕明・宮下一博・中澤　潤（1998)．心理学マニュアル質問紙法　北大路書房

厚生労働省（編）(2008)．保育所保育指針解説書　フレーベル館

鯨岡　峻・鯨岡和子（2004)．よくわかる保育心理学　ミネルヴァ書房

松原達哉（編著）(2002)．心理テスト法入門：基礎知識と技法習得のために第４版　日本文化科学社

松下　裕・郷間英世（編）(2012)．新版K式発達検査法2001年版—発達のアセスメントと支援　ナカニシヤ出版

松浦　均・西口利文（編）(2008)．観察法・調査的面接法の進め方　ナカニシヤ出版

森上史朗（1996)．カンファレンスによって保育をひらく　発達，68，１-４．

村川雅弘（2016)．ワークショップ型教員研修はじめの一歩　わかる！使える！理論・技法・課題・子ども・ツール・プラン77　教育開発研究所

民秋　言（編著）(1992)．幼稚園・保育所での研究の進め方と実例　萌文書林

田中教育研究所（編）(2003)．田中ビネー知能検査Ｖ　田研出版

津守　真・稲毛教子（1995)．乳幼児精神発達診断法増補版　大日本図書

吉田町・吉田教育委員会（2018)．「幼児期の終わりまでに育ってほしい姿」を踏まえた幼児教育の充実と小学校教育への効果的な接続を目指して　吉田町幼児教育カリキュラム教師・保育士用指導書

コラム２

倉橋惣三（1965)．倉橋惣三選集　第三巻　フレーベル館

【第Ⅱ部】

第１章

Barnett, W. S. (2004). *Benefit-cost analysis of preschool education.*

Heckman, J. J. (2013). *Giving kids a fair chance.* Cambridge, MA: MIT Press.（古草秀子（訳）(2015)．幼児教育の経済学 東洋経済新報社）

OECD（2015a). *Skills for social progress: The power of social and emotional skills.* OECD.

OECD（2015b). Fostering social and emotional skills through families, schools and communities. OECD.（池迫浩子・宮本晃司・ベネッセ教育総合研究所（訳）(2015)．家庭，学校，地域社会における社会情動的スキルの育成：国際的エビデンスのまとめと日本の教育実践・研究に対する示唆　ベネッセ教育総合研究所）

Rosenberg, M. (1965). *Society and the adolescent self-image.* Princeton, NJ: Princeton University Press.

内田千春（2017)．幼児教育における社会情動的スキル 子ども学，**5**，8-29．

コラム３

岡本かおり（2018)．保育者の子どもとの信頼関係構築に関する意識の検討—信頼関係構築のための子どもとの関わり方，及び信頼関係構築を意識させる状況や子どもの姿の検証—　応用教育心理学研究，**35**（１)，29-40．

第２章

薗　香代子（1989)．母親モラトリアムの時代　北大路書房

Butterworth, G., & Hopkins, B. (1988). Hand-mouth coordination in the newborn baby. *British Journal of Developmental Psychology,* **6**, 303-314.

DeCasper, A. J., & Fifer, W. P. (1980). Of human bonding: Newborns prefer their mothers' voices. *Science,* **208**, 1174-

1176.
Jackson, C. M. (1929). Some aspects of form and growth. In W. J. Robbins et al. (Eds.), *Growth*. Yale University Press.
昆　かおり・加我牧子（1994）．聴覚の発達　小林　登・早川　浩（編）　赤ちゃんの病気（からだの科学増刊）　日本評論社　pp.20‑23．
小西行郎（1999）．胎児・乳児の運動能力　正高信男（編）　ことばとココロの発達①赤ちゃんの認識世界 ミネルヴァ書房　pp.1‑49．
小西行郎（2006）．知れば楽しいおもしろい赤ちゃん学的保育入門　フレーベル館
MacFarlane, A. (1977). *The psychology of child birth*. London: Fontana/Open Books.（鹿取廣人・高橋　晃（訳）（1982）．赤ちゃん誕生　サイエンス社）
Maurer, D., & Maurer, C. (1988). *The world of the newborn*. New York: Basic Books.（吉田利子（訳）（1992）．赤ちゃんには世界がどう見えるか　草思社）
Miall, L., Rudolf, M., & Levene, M. I. (2007). *Paediatrics at a glance*. 2nd ed. Blackwell Science.（五十嵐　隆（監訳）（2008）．一目でわかる小児科学　第2版　メディカル・サイエンス・インターナショナル）
Peter, T. (2006). *In the womb: Witness the journey from conception to birth through astonishing 3D images*. National Geographic/Random House Australia.（落合和徳・大浦訓章（監修）三角和代（訳）（2008）．生命誕生―受胎から出産，子宮への旅　ランダムハウス講談社）
Portmann, A. (1951). *Biologische Fragmente zur Lehre vom Menschen*. 2nd ed. Basel: Beno Schwabe.（高木正孝（訳）（1961）．人間はどこまで動物か―新しい人間像のために―　岩波書店）
Prechtl, H. F. R. (1988). Developmental neurology of the fetus. *Bailliere's Clinical Obstetrics and Gynaecology*, **2**, 21‑35.
Salk, L., & Gardner, L. I.（原著）（1984）．日経サイエンス編集部（編）　小林　登（原訳）　母親はなぜ左胸で子供をだくのか　日経サイエンス社
多賀厳太郎（1996）．身体性の発達のダイナミックス　物性研究，**68**，522‑529．
竹下研三（2009）．人間発達学：ヒトはどう育つのか　中央法規出版
Wigglesworth, J. S., & Desai, R. (1982). Is fetal respiratory function a major determinate of perinatal survival? *Lancet*, **1**, 264‑267.

第3章

Fantz, R. J. (1973). Visual perception from birth as shown by pattern selectivity. In L. J. Stone, H. T. Smith, & L. B. Murphy (Eds.), *The competent infant*. New York: Basic Books. pp.622‑630.
Ferguson, C. A. (1977). Learning to pronounce: The earliest stages of phonological development in the child. In F. D. Minifie & L. L. Lloyd (Eds.), *Communication and cognitive abilities: Early behavioral assessment*. University Park Press.
Frith, U. (1989). *Autism: Explaining the enigma*. Oxford: Basil Blackwell.（冨田真紀・清水康夫（訳）（1991）．自閉症の謎を解き明かす　東京書籍）
Gibson, R. L., & Walk, R. (1960). The visual cliff. *Scientific American*, 202, 66‑71.

コラム5

Gibson, R. L., & Walk, R. (1960). The visual cliff. *Scientific American*, 202, 66‑71.
Sorce, J. F., Emde, R. N., Campos, J., & Klinnert, M. D. (1985). Maternal emotional signaling: Its effect on the visual cliff behavior of 1‑year olds. *Developmental Psychology*, 21, 195‑200.

第4章

厚生労働省（2018）．保育所保育指針解説書
厚生労働省雇用均等・児童家庭局（2011）．平成22年乳幼児身体発育調査報告書　p.20．
Kuhl, P., Tsao, M., & Liu, M. (2003). Foreign-language experience in infancy: Effects of short-term exposure and social interaction on phonetic learning. *Proceedings of the National Academy of Sciences* of the United States of America, **100**(15), 9096‑9101.
正高信男（1993）．0歳児がことばを獲得するとき　行動学からのアプローチ　中央公論社
文部科学省（2008）．幼稚園教育要領解説
七木田敦（2011）．障害児保育　樹村房
岡本夏木（1985）．ことばと発達　岩波書店
島村直己・三神廣子（1994）．幼児のひらがなの習得：国立国語研究所の1967年の調査との比較を通して　教育心理学研究，**42**（1），70‑76．

第5章

Biringen, Z. (2000). Emotional availability: Conceptualization and research findings. *American Journal of Orthopsychiatry*, **70**, 104‑114.
Bridges, K. M. B. (1932). Emotional development in early infancy. *Child Development*, **3**, 324‑334.

Calkins, S. D., & Hill, A. (2007). Caregiver influences on emerging emotion regulation: Biological and environmental transactions in early development. In J. J. Gross (Ed.), *Handbook of emotion regulation.* New York: Guilford. pp. 229-248.

遠藤利彦（1995）．乳幼児期における情動の発達とはたらき　麻生　武・内田伸子（編）　講座　生涯発達心理学２：人生の旅立ち：胎児・乳児・幼児前期　金子書房　pp.139-143．

Kopp, C. B. (1989). Regulation of distress and negative emotions: A developmental view. *Developmental Psychology,* **25**, 343-354.

Lewis, M. (1993). The emergence of human emotions. In M. Lewis & J. M. Haviland (Eds.), *Handbook of emotions.* Guilford Press. pp.223-235.

コラム７

倉盛美穂子（2008）．保育園における乳幼児の怪我の特徴と発達的変化　乳幼児教育学研究，**17**，１-８．

倉盛美穂子（2013）．乳児期における適応方略としての自己主張行動に関する研究　日本発達心理学会第24回大会発表論文集，319．

第６章

波多野誼余夫（1971）．性・出生順位による子どもへの社会的期待の差異（社会）　日本教育心理学会総会発表論文集，**13**，440-441．

Howes, C., Matheson, C. C., & Hamilton, C. E. (1994). Maternal, teacher, and child care history correlates of children's relationships with peers. *Child Development,* **65**, 264-273.

数井みゆき・無藤　隆・園田菜摘（1996）．子どもの発達と母子関係・夫婦関係：幼児を持つ家族について　発達心理学研究，**7**（１），31-40．

宮城音弥（1960）．性格　岩波書店

村上宣寛・村上千恵子（1999）．性格は五次元だった　培風館

詫摩武俊（1980）．パーソナリティの発達　大原健士郎・岡堂哲雄（編）　幼児期・児童期の異常心理　講座異常心理学２　新潮社

丹野義彦（2003）．性格心理学　ビックファイブと臨床からみたパーソナリティ　コンパクト新心理学ライブラリ５　サイエンス社

Thomas, A., Chess, S., Birch, H. G., Hertzig, M. E., & Korn, S. (1963). *Behavioral individuality in early childhood.* New York: New York University Press.

依田　明・飯島一恵（1981）．出生順位と性格　横浜国立大学教育紀要，**21**，117-127．

第７章

Bakwin, H. (1949). Emotional deprivation in infants. *The Journal of Pediatrics,* **35**（４), 512-521.

Bowlby, J. (1958). The nature of child's tie to his mother. *International Journal of Psychoanalysis,* **39**, 350-373.

Bowlby, J. (1969). *Attachment and loss,* Vol. 1 : *Attachment.* New York: Basic Books.

Bowlby, J. (1973). *Attachment and loss,* Vol. 2 : *Separation.* New York: Basic Books.

Bowlby, J. (1980). *Attachment and loss,* Vol. 3 : *Loss, sadness and depression.* New York: Basic Books.

Erikson, E. H. (1959). *Identity and the life cycle. Psychological Issues, Monograph,* Vol. 1 , No. 1 . New York: International Universities Press.

Hall, G. S. (1904). Adolescence: Its psychology and its relations to physiology, anthropology, sociology, sex, crime, religion, and education. Classics in the History of Psychology ２. Retrieved 16 November 2011.

星　薫（1994）．老年期と記憶　荒井保男・星　薫（編著）　老年心理学　放送大学教育振興会　pp.81-93．

Lorenz, K. (1943). Die angeborenen Formen möglicher Erfahrung. *Zeitschrift für Tierpsychologie,* **5**, 233-409.

Malaspina, D., Corcoran, C., Kleinhaus, K. R., Perrin, M. C., Fennig, S., Nahon, D., Friedlander, Y., & Harlap, S. (2008). Acute maternal stress in pregnancy and schizophrenia in offspring: A cohort prospective study. *BMC Psychiatry,* **8**（71).

三神廣子（1995）．おなかの中の世界　三神廣子・梶田正巳・中野靖彦（編著）　新・子どもの心理　福村出版　pp.10-12．

Piaget, J., & Inhelder, B. (1966). *La psychology de l'enfant* (Collection "Que sais-je" No.396). P. U. F.（波多野完治・須賀哲夫・周郷　博（訳）(1969)．新しい児童心理学　文庫クセジュ461　白水社）

Salthouse, T. A. (1982). *Adult cognition.* New York: Springer-Verlag.

シング, J. A. L. (1978)．中野善達・清水知子（訳）狼に育てられた子：アマラとカマラの養育日記　福村出版

Stern, D. N. (1985). *The interpersonal world of the infant: A view from psychoanalysis and developmental psychology.* New York: Basic Books.

鈴木光太郎（2008）．オオカミ少女はいなかった―心理学の神話をめぐる冒険　新曜社

Wechsler, D. (1972). 'Hold' and 'don't hold' test. In S. M. Chown (Ed.), *Human ageing.* Harmondsworth: Penguin Books. p.28.

コラム９

小塩真司・中谷素之・金子一史・長峰伸治（2002）．ネガティブな出来事からの立ち直りを導く心理的特性―精神的回復力尺度の作成―　カウンセリング研究，35，57－65．

【第Ⅲ部】

第１章

中央教育審議会（2016）．幼稚園，小学校，中学校高等学校及び特別支援学校の学習指導要領等の改善及び必要な方策等について（答申）

厚生労働省（2018）．保育所保育指針解説　フレーベル館

松岡　弘（監修）庵功雄・高梨信乃・中西久美子・山田敏弘（2000）．初級を教える人のための日本語文法ハンドブック　スリーエーネットワーク

文部科学省（2018）．幼稚園教育要領解説　フレーベル館

社会保障審議会児童部会保育専門委員会（2016）．保育所保育指針の改定に関する議論のとりまとめ　https://www.mhlw.go.jp/file/05-Shingikai-12601000-Seisakutoukatsukan-Sanjikanshitsu_Shakaihoshoutantou/1_9.pdf（2018年9月30日閲覧）

篠原孝子（2016）．幼児教育から小学校教育へ―映像記録DVDから～１ねんせいになるってことは～　保育とカリキュラム，平成28年９月号，pp.68－69．

篠原孝子（2018）．保護者等に「幼児期の終わりまでに育ってほしい姿」についてどのように共通理解を図るか　無藤隆（編）幼児期の終わりまでに育ってほしい10の姿　東洋館　pp.74－75

幼児教育映像製作委員会（企画・編集　篠原孝子）（2015）．幼児教育研修用DVD　幼児教育から小学校教育へ―１ねんせいになるってことは―

湯地宏樹・佐々木晃・佐々木宏子（2015）．保育の質を上げるために教師はいかに動くか―附属幼稚園の非認知的能力を促す実践から―　The Proceedings of the Sixth Japan-China Teacher Education Conference/Naruto University of Education，pp.75－86．

第２章

Miller, G. A.（1956）. The magical number seven, plus or minus two: Some limits on our capacity for processing information. *Psychological Review,* 63, 81－97.

第３章

ベネッセ次世代育成研究所（2011）．第４回　幼児の生活アンケート・国内調査　報告書［2010年］〈http：//berd.benesse.jp/jisedai/research/detail1.php?id=3207〉

Bühler, Ch.（1928）. *Kindheit und Jugend: Genese des Bewußtseins.* Leipzig: Hirzel.

Caillois, R.（1958）. *Les, jeux et les homes.* Gallimard.（清水幾太郎・霧生和夫（訳）（1970）．遊びと人間　岩波書店）

Csikszentmihalyi, M.（1990）. *Flow: The psychology of optimal experience.* Harper and Row.（今村浩明（訳）（1996）．フロー体験　喜びの現象学　世界思想社）

Ellis, M. J.（1973）. *Why people play.* Prentice-Hall.（森　楙・田中亨胤・大塚忠剛（訳）（1985）．人間はなぜ遊ぶのか：遊びの統合理論　黎明書房）

藤永　保（監修）（2013）．最新心理学事典　平凡社

Huizinga, J.（1938）. *Homo Ludens: Proeve Eener Bepaling Van Het Spel-element Der Cultuur.* Hearlem: H. D. Tjeenk Willink & Zoon.（高橋英夫（訳）（1973）．ホモ・ルーデンス　中央公論社）

かこさとし（1980）．日本の子どもの遊び（下）　青木書店

小林芳文（1977）．子どもの遊び―その指導理論　光生館

森　楙（1992）．遊びの原理に立つ教育　黎明書房

Parten, M. B.（1932）. Social participation among preschool children. *Journal of Abnormal and Social Psychology,* 27, 243－269.

Piaget, J.（1945）. *La formation du symbole chez l'enfant: Imitation, jeu et rêve, image et représentation.* Delachaux et Niestlé.（大伴　茂（訳）（1986）．遊びの心理学　黎明書房）

梅津八三・相良守次・宮城音弥・依田　新（監修）（1981）．新版心理学事典　平凡社

山下俊郎（1955）．改訂幼児心理学　朝倉書店

依田　新（監修）（1996）．新・教育心理学事典５版　金子書房

湯地宏樹・湯地由美（2018）．遊びの理論による幼児の運動遊びについての一考察：幼児期の教育における遊びと資質・能力との関係　鳴門教育大学研究紀要，33，266－276．

第４章

Ainsworth, M. D. S.（1963）. The development of infant-mother interaction among the Ganda. In B. M. Foss（Ed.）, *Determinants of infant behavior.* Ⅱ. New York: Wiley.

Bowlby, J.（1958）. The nature of the child's tie to his mother. *International Journal of Psychoanalysis,* 39, 350－373.

DeCasper, A. J., & Spence, M. J.（1986）. Prenatal maternal speech influences newborns' perception of speech sounds.

Infant Behavior & Development, **9** （2），133-150.
倉持清美・無藤　隆（1991）．幼稚園の中の遊び　日本保育学会大会研究論文集，**44**，600-601.
Lorenz, K.（1970）．日高敏隆（訳）（1977）．ソロモンの指輪　早川書房
Trevarthen, C.（1993）. The self born in intersubjectivity: The psychology of an infant communicating. In U. Neisser（Ed.）, *The perceived self: Ecological and interpersonal sources of self-knowledge.* Cambridge University Press. pp.121-173.

コラム12

Whitelaw, A., & Sleath, K.（1985）. Myth of the marsupial mother: Home care of very low birth weight babies in Bogota, Colombia. *Lancet,* 1985 May 25; 1（8439）, 1206-1208.

第5章

文部省幼稚園課内幼稚園教育研究会（1998）．幼稚園における園具・教具　活用事例集　ぎょうせい
鳴門教育大学附属幼稚園（2004）．研究紀要，**38**，7-9.
鳴門教育大学附属幼稚園（2007）．研究紀要，**41**，79.

第6章

遠藤由美（1999）．自尊感情　中島義明他（編）　心理学辞典　有斐閣　pp.343-344.
文部科学省（2011）．新学習指導要領・生きる力
文部科学省（2016）．幼児教育部会における取りまとめ
文部科学省（2018）．保育所保育指針解説・幼稚園教育要領解説・幼保連携型認定こども園教育・保育要領解説　フレーベル館

第7章

網野武博・久保健太・佐々木由美子（2009）．子どもの最善の利益と保育現場　子どもの文化，**41**（8），120-136.
中央教育審議会（1999）．「初等中等教育と高等教育との接続の改善について」平成11年12月16日
畠中宗一（2000）．子ども家族支援の社会学　世界思想社
Küler-Ross, E.（1969）. *On death and dying.* Simon & Schuster/Touchstone.（川口正吉（訳）（1971）．死ぬ瞬間　読売新聞社／鈴木　晶（訳）（1998）．死ぬ瞬間　読売新聞社）
中田洋二郎（1995）．親の障害の認識と受容に関する考察—受容の段階説と慢性的悲哀　早稲田心理学年報，**27**，83-92.

コラム15

de Saint-Exupéry, A.（1943）. *Le petit prince.* Reynal & Hitchcock.（内藤　濯（訳）（1962）．星の王子さま　岩波書店）
Fromm, E. S.（1956）. *Die Kunst des Liebens.*（鈴木　晶（訳）（1991）．愛するということ　紀伊國屋書店）

第8章

秋田喜代美（2011）．保育実践の評価と心理学　新 保育士養成講座編集委員会（編）保育の心理学　全国社会福祉協議会 pp.15-19.
日比暁美（2011）．保育実践の評価と心理学　長谷部比呂美・日比暁美・山岸道子（著）保育の心理を学ぶ. ななみ出版 pp.16-21.
厚生労働省（2018）．保育所保育指針
「保育プロセスの質」研究プロジェクト（2010）．子どもの経験から振り返る保育プロセス；明日のより良い保育のために　幼児教育映像製作委員会
梶田叡一（1983）．教育評価　有斐閣
木村直子・田村隆宏・谷村宏子（2017）．「保育実践力スタンダード（子どもとの関わり編）」作成に関する研究　応用教育心理学研究，**34**（1），17-21.
鳴門教育大学特色ＧＰプロジェクト（2010）．保育実践力スタンダード　鳴門教育大学特色ＧＰプロジェクト（編）　教育実践の省察力をもつ教員の養成　pp.286-288.
佐々木晃（2013）．接続期教育課程の評価要素　鳴門教育大学附属幼稚園研究紀要，**47**，51-67.

事項索引

人名索引

【執筆者一覧】（五十音順，*は編者）

岡本かおり（おかもと・かおり）
洗足こども短期大学准教授
担当：Ⅱ部1章，コラム3

小川内哲生（おがわうち・てつお）
尚絅大学短期大学部幼児教育学科教授
担当：Ⅱ部3章，コラム5

鍜治礼子（かじ・れいこ）
日出学園幼稚園園長
担当：Ⅲ部2章，コラム10

勝浦美和（かつうら・みわ）
四国大学短期大学部幼児教育保育科講師
担当：Ⅲ部6章，コラム14

加藤孝士（かとう・たかし）
長野県立大学健康発達学部准教授
担当：Ⅱ部6章，コラム8

木村直子（きむら・なおこ）
鳴門教育大学大学院学校教育研究科高度学校教育実践専攻
子ども発達支援コース准教授
担当：Ⅲ部7章，コラム15

倉盛美穂子（くらもり・みほこ）
日本女子体育大学体育学部教授
担当：Ⅱ部5章，コラム7

塩路晶子（しおじ・あきこ）
鳴門教育大学大学院学校教育研究科高度学校教育実践専攻
子ども発達支援コース准教授
担当：Ⅲ部5章，コラム13

田村隆宏（たむら・たかひろ）*
鳴門教育大学大学院学校教育研究科高度学校教育実践専攻
子ども発達支援コース教授
担当：Ⅱ部7章，コラム9，Ⅲ部8章，コラム16

千葉貴子（ちば・たかこ）
社会福祉法人石井記念愛染園附属愛染橋病院看護部師長
（助産師）
担当：コラム12

浜崎隆司（はまざき・たかし）*
鳴門教育大学大学院学校教育研究科高度学校教育実践専攻
子ども発達支援コース教授
担当：Ⅰ部1章，Ⅲ部4章

濱田祥子（はまだ・しょうこ）
比治山大学現代文化学部子ども発達教育学科講師
担当：Ⅱ部4章，コラム6

原田美代子（はらだ・みよこ）
四国大学短期大学部幼児教育保育科講師
担当：Ⅱ部2章，コラム4

湯地宏樹（ゆじ・ひろき）*
鳴門教育大学大学院学校教育研究科高度学校教育実践専攻
子ども発達支援コース教授
担当：Ⅰ部2章，コラム2，Ⅲ部1章，Ⅲ部3章，コラム11

吉田美奈（よしだ・みな）
四国学院大学社会福祉学部助教
担当：コラム1

やさしく学ぶ保育の心理学［第２版］

2020年4月20日　第2版第1刷発行　（定価はカヴァーに表示してあります）

編著者　浜崎　隆司
　　　　田村　隆宏
　　　　湯地　宏樹

発行者　中西　　良
発行所　株式会社ナカニシヤ出版
〒606-8161　京都市左京区一乗寺木ノ本町15番地
Telephone　075-723-0111
Facsimile　075-723-0095
Website　http://www.nakanishiya.co.jp/
E-mail　iihon-ippai@nakanishiya.co.jp
郵便振替　01030-0-13128

装幀＝白沢　正／印刷・製本＝西濃印刷㈱
Printed in Japan.

ISBN978-4-7795-1404-3